企鹅海盗史

The Penguin Book of Pirates

[美] 凯瑟琳·豪——编著
魏微——译

浙江人民出版社

“由浙江人民出版社有限公司与企鹅兰登（北京）文化发展有限公司 Penguin Random House(Beijing)Culture Development Co., Ltd. 合作出版”

浙 江 省 版 权 局
著作权合同登记章
图字：11-2024-070 号

This edition published by arrangement with Penguin Classics, an imprint of Penguin Publishing Group, a division of Penguin Random House LLC.

THE PENGUIN BOOK OF PIRATES

图书在版编目（CIP）数据

企鹅海盗史 / (美) 凯瑟琳 · 豪 (Katherine Howe) 编著 ; 魏微译. -- 杭州 : 浙江人民出版社, 2025. 8.

ISBN 978-7-213-11948-4

Ⅰ. D59

中国国家版本馆CIP数据核字第2025EP0304号

企鹅海盗史

QI'E HAIDAO SHI

[美]凯瑟琳·豪 编著　魏 微 译

出版发行：浙江人民出版社（杭州市环城北路 177 号　邮编　310006）
市场部电话：（0571）85061682　85176516

责任编辑：方　程　　责任校对：陈　春
特约编辑：落　剑　　责任印务：幸天骄
营销编辑：杨　悦　　封面设计：海云间
电脑制版：北京之江文化传媒有限公司
印　　刷：杭州丰源印刷有限公司
开　　本：880 毫米 ×1230 毫米　1/32　　印　　张：17.75
字　　数：280 千字　　插　　页：4
版　　次：2025 年 8 月第 1 版　　印　　次：2025 年 8 月第 1 次印刷
书　　号：ISBN 978-7-213-11948-4
定　　价：89.00 元

如发现印装质量问题，影响阅读，请与市场部联系调换。

献给 ZGL 与 CGHH

有关海盗的许多公开报道被夸大得无以复加，后来人们发现这些报道大多基于恐惧的想象。但毫无疑问的是，很多有价值的信息被掩盖，一些海盗也在海上失去踪影，他们的战利品，他们劫掠和摧毁的船只，一切的一切，也一同消失了。——弗朗西斯·B. C. 布拉德利（Francis B. C. Bradlee），《西印度群岛的海盗及其镇压》

死前那个晚上，黑胡子喝了一晚上的酒，哪怕他知道有快船正赶来与他们交战。他的一位船员问他，他的妻子是否知道他埋藏财宝的地方，可黑胡子回答，只有他本人和魔鬼才知晓财宝的下落，最长命的人将得到一切。据幸存的船员说，有人看到一个幽灵般的人影在船上徘徊，没人认识这个人，甚至多名船员发誓那就是魔鬼本人。——匿名者（查尔斯·约翰逊船长），《海盗通史：自海盗在普罗维登斯岛兴起与定居至今》

目　录

序　言

每逢万圣节，很多小孩会装上木腿，戴上眼罩，与恐龙、幽灵、“哈利·波特”和漫威超级英雄一起走上街头。我们会认出这些孩子，用海盗般夸张的语气对他们喊“哇呀呀呀”，虽然那些曾在大帆船上从事危险任务、断手断脚的海员，还有操着奇特外国口音的海盗，其身影早已从美国港口消失。

大多数人对海盗的了解仅限于万圣节或好莱坞的刻板印象。人们不知道，1726 年波士顿港入口处的礁石上，曾有尸身被挂在铁链上，作为对海盗行为的警告；也不知道 1821 年在得克萨斯州路易斯安那边界的海盗，曾大肆买卖从西班牙船只上绑架的奴隶。人们不知道，在马达加斯加海岸的小型热带天堂里，有一座臭名昭著的海盗镇，里面有欧洲人、美国人和非洲人，还有女扮男装在牙买加海岸掠夺他人的海盗；甚至还有皈依伊斯兰教后，在巴巴里海岸制造恐怖活动的英国人。人们之所以用浪漫的眼光看待海盗，不仅是因为对这个群体知之甚少，还因为海盗代表了一种理想的生活方式，正如巴塞罗缪·罗伯茨（Bartholomew Roberts）船长那句名言所述：“短暂一生，快活一生，这就是我的座右铭。”大航海时代（The Age of Sail）[①]的海盗遵循一套共同原则：抵制艰苦劳动，追求自治、金钱和酗酒。但他们也面临着共同风险：肢体残缺甚至死亡，或因挑战海事大国的陆上权威而被处决。

在今天的我们看来，最有意思的是，海盗的活动区域是一个不断变化的海洋空间，不受固定国界和特定身份的限制。海盗往往具有多民族、多语言、多国籍特征，有时甚至具有多性别特征。那些因海盗罪受审的人，相关文件往往列出的是他们的出发港，而非出生国。例如，一个海盗可能“来自巴巴多斯”，但他 / 她可能是苏格兰人、英国人或摩尔人。与军舰或商船相比，海盗船的组织结构更加平等，曾多次被视为一种类似乌托邦的实验，甚至被视为早期民主制度的体现。这种观点或许有些牵强，但与公

① 大航海时代是指 16 世纪中期到 19 世纪中期，帆船在全球贸易、远洋航行和战争中占主导地位的时代。——译者注。下同。

司或政府部门的雇员相比，决定“去海上讨生活”的船员更能从自己的劳动和冒险中获得直接回报。

海盗故事的核心矛盾恰好体现在极端自由与不自由的交会上。走上海盗之路的人，往往是那些反抗“苛刻待遇”、被强行征召或被迫入伍的人。塞缪尔·约翰逊（Samuel Johnson）曾说过一句名言：“没人愿意当水手，聪明人宁愿去坐牢，坐船就像坐牢，还要面临溺水的风险……真正的牢房更宽敞，吃得更好，伙伴通常也更理想。”可对那些在牢房度日、生活艰苦的人来说，成为海盗就能获得自由，即使这种自由是短暂的。

黄金时代的海盗活动与跨大西洋奴隶贸易代表的“不自由”密不可分。海盗常常袭击“几内亚奴隶船”（Guineamen）。在一次可怕的劫持事件中，他们把一艘船的名字从“Delight”（欢乐号）改为“Bachelor's Delight”（快活单身汉号），因为他们在船上发现女奴隶，有了发泄性欲的机会。被海盗劫掠的奴隶往往生死难料，现代数据库《奴隶航程》（*Slave Voyages*）尽量收录了16世纪至19世纪跨大西洋奴隶贸易的所有航程，在其记录的36108次航程中，与海盗活动相关的是153次，该比例似乎非常低，毕竟奴隶的价值很高，而商船往往配备重武器。[1]如果船被海盗劫持，只有船上幸存下来的人讲述这件事，才会留下记录，死人是无法开口的。另外，与海上失事、恶劣天气或天灾相比，保险公司可能会对奴隶贸易航程面临的海盗风险进行不同的评估。某些情况下，保险公司会为成功抵御海盗袭击的船长提供丰厚奖励，例如钱财、精美银器、荣誉等，也许这类海盗劫掠被归为其他情况，没有出现在上述记录中。

某些情况下，人们确实知道，极度自由的海盗与极度不自由的奴隶相遇会产生什么结果。有时，船只被船主夺回，人货完好无损；有时，奴隶会加入海盗的队伍。例如，海盗威廉·基德（William Kidd）被当局抓获，其船员当中便有“90 名摩尔人”。有时，劫掠的奴隶会被伪装成合法所得，在黑市出售。美国禁止奴隶进口之后，让·拉菲特（Jean Lafitte）仍在路易斯安那边界，即萨宾河以西的墨西哥得克萨斯一带经营海盗奴隶市场，并因此臭名昭著。据说，拉菲特以每磅 1 美元的价格出售“人质”。然而，更多情况下，被海盗劫掠的奴隶命运仍然成谜。

本书揭示了海盗浪漫色彩背后的真相，这些真相虽然有时令人心生同情，但往往非常残酷和悲惨。书中包含一系列原始资料，摘自当时的非虚构作品、审判记录、新闻报道和航海日志，同时也收录了一些二手资料。本书按时间顺序展开叙述，自 16 世纪 70 年代起至 19 世纪中叶结束。全书分为三部分：16 世纪和 17 世纪，一些广为人知和臭名昭著的海盗在江湖上取得传奇地位；黄金时代（广义上指 18 世纪），这一时期海盗的行为在很大程度上受到前一代海盗传奇的影响；以及 19 世纪，这时海盗对海洋的威胁开始消退，但在大众的想象中牢牢扎根。从地理角度而言，本书主要聚焦大西洋世界、加勒比海、地中海 / 巴巴里海岸和马达加斯加，偶尔涉及南中国海和苏门答腊，因为这些地区由不断流动的海员群体相连，他们在很大程度上是海洋世界的公民，而非某个国家的公民。

本书主要从趣味性角度选材，其中包含了一些对话和动作场景。此外，本书附有简短摘录，展现了两个最深入人心的虚构海盗形象：罗伯特 · 路易斯 · 史蒂文森（Robert Louis Stevenson）所著《金银岛》（*Treasure Island*）当中的约翰 · 西尔弗（Long John Silver）以及 J.M. 巴里（J. M. Barrie）所著《彼得 · 潘与温蒂》（*Peter pan and Wendy*）当中的虎克船长（该书别名《彼得 · 潘》更知名）。这两个虚构的海盗形象广为人知，其中一人甚至成为一家快餐连锁店[①]的名称，另一人则戴着复辟时代的浮夸假发，出现在每一部家喻户晓的迪士尼作品中。然而，对我们来说，这两个海盗依然陌生。他们演绎了黄金时代海盗的真正恐怖之处——对儿童的威胁、对财富的贪婪以及对复仇的欲望。他们在海上打拼，落得断手断脚的下场，这种肢体残缺可能体现或象征了他们灵魂的残缺。不过，这两部作品中的海盗被去人格化，进入历史的画卷：他们被聪明的男孩打败，要么被描绘得人畜无害（约翰·西尔弗），要么被书写得荒诞可笑（虎克船长）。在当时的历史背景下重新审视这些海盗形象，有助于理解海盗文化和神话的形成。

我承认，我对海盗的痴迷在一定程度上源于我对天祖父非凡人生的思考。我的天祖父名叫扎卡里亚·盖奇·拉姆森（Zachariah Gage Lamson），是来自马萨诸塞州贝弗利的海员，其坎坷的海上生涯自1797年开始，于1846年结束——他在格林纳达（Grenada）因发烧去世。其间，天祖父在海上两次与海盗作战。小时候，我祖母常说，海

① 此处是指国际连锁快餐店品牌海滋客（Long John Silver's），该快餐店品牌以海鲜、炸鱼块为主要特色。店名来自罗伯特·路易斯·史蒂文森名著《金银岛》中的海盗“Long John Silver”（约翰·西尔弗）。

盗“绑住他的两根拇指，把他吊起来”，实际上，海盗是用绳索圈住他的脖子，吊在横桅上，逼他说出船员藏匿贵重物品的地方，否则就吊死他。这次死里逃生之后，天祖父发誓再也不受海盗这般羞辱。后来，他驾驶贝尔维德号（The Belvidere）出海，从太子港到新奥尔良途中遭遇海盗袭击，但这一次，他做好了充分准备（见本书第三部分：19 世纪贝尔维德号）。天祖父成功抵御了海盗的劫掠，保险公司为此奖励他一套银币，我继承了其中两枚。他曾航行的那片海域，正是我今天扬帆出海的马萨诸塞州海域。有一次，我的船在贝弗利港外碰上一块岩石，我几乎能听到天祖父在笑我。

之所以编著本书，一方面是出于我的个人兴趣和职业需要，另一方面，是因为我们处在一个容易滋生海盗行为的时代。供应链中断让人们对陌生海洋世界产生新的认识。如今，活跃在印度洋的海盗驾驶摩托快艇，冒着水炮的威胁，劫持在各港口间运送全球财富的集装箱船，或从绝望的移民那里收取钱款，让他们登上危险的超载船只，这是一种通过地中海进行的人口走私，其模式与传统走私不同，但危险程度不相上下。流行文化似乎对海盗主题的讲述意犹未尽，根据《好莱坞报道》（*The Hollywood*

Reporter），《加勒比海盗》系列电影收入超过 45 亿美元，是有史以来最成功的系列电影之一。[2] 从文化层面来看，人们几乎无法摆脱海盗的身影。写这篇序言时，我刚好瞥见儿子的玩具箱里放着一顶配有金色滚边和红色饰带的黑色双角帽，帽子上还印着作为死亡象征的骷髅头和交叉骨。

让我们更仔细地审视海盗，看清这群人的真相吧！正如神秘的查尔斯·约翰逊所言，这些“可怜的家伙”几乎过着毫无快乐和满足可言的生活，他们的财物都是通过暴力从他人那里抢夺而来，注定要为此付出屈辱的、死亡的代价。

编撰说明

编撰本书资料时，由于原始资料字迹难以辨认，或某些段落对内容理解及事件叙述并无实质性帮助，本书使用省略号来表示缺失的文本。某些情况下，本书还对原始资料的拼写和标点进行了现代化处理，以便当代读者阅读，仅在原始拼写不妨碍理解的情况下才作保留。本书添加的注释对地点、历史定义，尤其是航海术语进行了说明，对分不清“brig”（双桅横帆船）和“brigantine”（双桅混合式帆船）的人来说（如本书编辑），这些注释非常有用。某些情况下，如果某词的具体含义不确定，我会用方括号将这些不确定的词括在内，用注释阐明推测的含义。对于被删减的长段落，有时我会在方括号内写明对缺失内容的总结。

每份资料来源我均以海盗的名字作为标题（如果海盗

名字已知），或以涉事船只的名字作为标题（如果海盗名字未知），并附上海盗的大致活动区域、年代或范围。此外，每份资料均以简短背景说明作为开头，时间顺序基于事件的实际发生时间，而非资料的出版时间。

致　谢

首先，我要感谢我的编辑约翰·西西利亚诺（John Siciliano），他同意我为企鹅丛书系列编写一册与海盗有关的书；感谢我的代理人苏珊娜·格卢克（Suzanne Gluck），她非常耐心地容忍我对海盗的持续痴迷；感谢我的丈夫路易斯·海曼（Louis Hyman），他提供了全面的研究帮助和康奈尔大学图书馆的访问机会；我还要感谢我的儿子查尔斯，他的双角帽选得很有眼光。我要感谢安妮·钱伯斯（Anne Chambers）及其出版公司 Gill Books，他们允许我复制安妮对格蕾丝·奥马利（Grace O'Malley）审讯的准确抄本，让我省去了长途飞行的麻烦，要不然我肯定会抄得两眼昏花，视力大降。我要感谢纽约公共图书馆人文学科研究中心的米莱恩·洛凯（Melanie Locay）及工作人员，他们为我提供了工作空间、研究支持与文献访问，没有他们，本书不可能完成。我要感谢我的海员朋友们，在我多年的航海生涯中，他们慷慨地与我分享他们的航海知识与热情。由于篇幅所限，此处无法一一列出所有为海盗及海盗行为研究做出贡献、令我深深钦佩的各位学者，但延伸阅读中列出了他们很多人的名字。感谢汉娜·奥古斯塔·马苏里（Hannah Augusta Masury），一切尽在不言中。最后，我想衷心感谢这些年遇到的每一位读者，无论是虚构作品还是非虚构作品，你们都让这个世界变得更加欢乐，敬你们一杯潘趣酒（Punch）！

The Seventeenth Century and Before

第一部分

海盗传奇（17 世纪及以前）

1

Francis Drake

弗朗西斯·德雷克（绰号：猛龙）

金鹿号
16 世纪 70 年代

弗朗西斯·德雷克爵士拥有多重身份：经验丰富的航海家、船长、私掠者、奴隶贩子。此外，他还是一名海盗，至少从西班牙人的角度来看，他是海盗无疑，因为他袭击了西班牙的船只、货物和殖民地。德雷克最著名的成就之一是他在 1577 年—1580 年进行的环球航行，这是英国人完成的第一次环球航行，也是人类航海历史上的第三次环球航行。[1] 德雷克对太平洋的探索引发英国与西班牙的进一步冲突，后者曾宣称拥有北美西海岸的主权，这也是德雷克被西班牙人戏称为“El Draque”（猛龙）的原因之一。由于他的突出贡献，英国女王伊丽莎白一世授予他骑士荣誉称号，西班牙国王菲利普二世则为抓捕和猎杀他而开出巨额悬赏。

大约 16 世纪 40 年代，德雷克出生于英国德文郡，后来与家人搬到肯特郡。年少时，德雷克在一位驾驶小型帆船（bark，有时拼作“barque”，此处是指适合沿海巡航的小型帆船）的船长手下当学徒，跨英吉利海峡与法国人开展贸易。后来，德雷克成为这艘小船的主人。德雷克早期 3
的伙伴约翰·霍金斯（John Hawkins）策划打破葡萄牙对西非奴隶贸易的垄断，德雷克参与该计划并取得成功，成为最早的英国奴隶贩子之一。由此可见，对海盗史的叙述必须考虑它与奴隶制发展史的关系。

16 世纪 60 年代，德雷克参加了一次远征：袭击非洲海岸的葡萄牙奴隶船，将抓来的俘虏运送到西属美洲殖民地出售。在霍金斯的护航队中，德雷克担任其中一艘船的船长，由于当时天气恶劣，再加上俘虏的抵抗，这艘船被迫停靠韦拉克鲁斯港（Veracruz）① 进行修理。他们在该港口遭遇一艘西班牙战舰的袭击，德雷克的船被烧到吃水线位置，据说他本人跳入水中才捡回一条命。后来，德雷克的野心发生变化，不再从事奴隶贩卖，而是转为袭击西班牙主要航道上的船只，英国人管这条航道叫作巴拿马地峡

---

① 韦拉克鲁斯港是今天墨西哥的港口之一。

（The Isthmus of Panama）①，这里是将财物装上大帆船，横跨加勒比海运输的装卸点。

以下文字记载了西班牙人对德雷克的看法，这些视角揭示了他性格的某些方面，解释了他为何拥有像海盗一般
4 令人生畏的名声。

弗朗西斯科·德萨拉特致新西班牙总督马丁·恩里克斯的信函，讲述了他与弗朗西斯·德雷克在南太平洋的遭遇。[2]

尼加拉瓜雷阿莱霍（Realejo）

1579 年 4 月 16 日

3 月 23 日，我们从阿卡普尔科（Acapulco）②港出发，4 月 4 日（星期六）前一切顺利。那天拂晓前半小时，我们在月光下看见一艘船离我们很近，我们船上的舵手大喊着让对方避开，不要靠近我们。但对方的船员假装在睡

---

① 巴拿马地峡地处美洲中部，从哥斯达黎加边界延伸至哥伦比亚边界，全长约 640 千米，连接南美洲和北美洲。巴拿马运河开凿于该地峡之上，连接大西洋加勒比海与太平洋，大大减少了美洲东海岸与西海岸之间的海上旅行时间。

② 阿卡普尔科是墨西哥一座美丽且古老的港口城市。

觉，没有回应。我们的舵手又大声喊，问他们的船来自哪里。对方回答说“来自秘鲁”，且他们的船归“米格尔·安赫尔（Miguel Angel）所有”，这是该航线上一位知名船长的名字。答话的那人是西班牙人，稍后我会将其名字告诉阁下。

对方的大船（ship）[3] 还带着小帆船（bark）[4]，就在船首处[5]，给人一种头重脚轻的感觉。突然间，那船从我们的船尾（poop）[6] 穿过，命我们“将帆降下”，还用火绳枪[7] 向我们发射了七八发子弹。

起初，我们以为对方是在开玩笑，后来才发现事态严重。

我们没有作出任何抵抗，因为当时我方只有六七人处于清醒状态，对方毫不费力就登上我们的船，好似友人来访一般。他们未伤害任何人，只是拿走了乘客的剑和钥匙。确认船上人员后，他们命令我乘他们的船去见其指挥官——我对此感到欣慰，因为这样一来，我似乎便有更多时间向上帝祈祷。不过，我们很快就到那位指挥官的宝船（galleon）上[8]，这艘船装配的火炮比我这辈子见过的任何船只的武器都要精良。 5

那位指挥官正在甲板上散步，走近他时，我吻了他的双手。他非常友好地接待我，并带我到他的船舱，示意我坐下。他说，“若你说真话，便是我的朋友。若你不老实，别怪我没耐心。因此，你告诉我（这是让我高兴的最好办法），你们船上装了多少金银？”我回答，“没有装。”他又问了一遍。我仍回答，“真的没有装，只有一些我自己用的小盘子和杯子——就这些。”对方沉默了一会儿，又问我是否认识阁下。我说，“认识。”他问，“船上有他的亲戚或与他有关的东西吗？”我回答，“没有，先生。”他说，“好吧，若能遇到他就太好了，甚过拥有印第安群岛上的所有黄金和白银。我说话算话。”我没有答话。对方站起来，带我去了甲板下方，船尾有一个囚室，他们管它叫“货舱”。[9]房间最里面有一个老人，这位指挥官对我说，“坐下，在这里等着。”我正打算坐下，对方又拦住我，说，“先不要坐，我想让你告诉我，里面那人是谁。”我回答说，我不认识那人。这位指挥官说，“好吧，那是一个名叫科尔切罗（Colchero）的领航员，副总督正打算派他去巴拿马，把孔卡洛（Concalo）先生送到中国。”接着，他把那位领航员放出来，我们一起上了甲板。那人正是我们被俘时从大帆船上朝我们喊话的人。我们聊了很久，一直聊到用餐时间。这位指挥官命我

坐在他旁边，从自己的盘子里分了一些食物给我，告诉我不要担心，我的生命和财产都是安全的。为表感谢，我吻了他的手。 6

他问我是否知道附近哪里有水，还补充说他不需要别的东西，一旦找到水源，他就会放我走。我当时不敢打听其他事情，等到时机合适，我恳请他不要让我们再经过特万特佩克湾（The Gulf of Tehuantepec）。[10] 他回答说他会考虑的，并且会尽快安排我离开。

第二天，也就是星期日早上，这位指挥官穿戴整齐，命手下把所有旗帜和横幅都挂上，将战舰装饰了一番。他还下令将我们船上的所有人员转移到他在智利海岸劫掠的另一艘船上，自他抵达智利海岸以来，便一直用这艘船来搭载转移的人员。此外，这位指挥官手里还有一艘船，船上载着大量黄金，另外还有几船，船上载着白银。进入利马卡亚俄港（Callao de Lima）[11] 之后，他割断所有在港船只的缆绳。风自陆地吹来，把所有船只都吹向海洋，这样他便有大把时间来掠夺这些船只。割断我们船只的缆绳之前，这位指挥官对我说，“让你的一名随从跟我来，给我看看你们的衣物。”[12] 大约早上 9 点，这位指挥官离开了他的宝船，一直待到黄昏时分，其间检查了我们船上的包裹和箱子里的东西。至于我个人，他只拿走了一些小物品。实际上，这位指挥官在这件事情上还挺有礼貌的。他看中了我的一些小东西，[13] 把它们带到了他的船上，并用一把弯刀和一个小银炉作为交换，我可以向阁下保证，他在这笔交易中一点也不吃亏。[14] 他回到船上时向我致歉，说他拿这些小物品是为了送给他的妻子。他说我可以在第二天早上起风时离开，对此我表示感谢。

第二天早上，也就是星期一，这位指挥官归还了一些乘客的箱子，然后一直忙到午餐时间。他下令用餐时，起风了。用餐后，他说想亲自带我上船。他命手下备了一只小艇，并带上了 24 名弓箭手。他还安排了一名炮手，将 6 门火炮搬上船。准备就绪之后，这位指挥官让我和他一起上船。我照做了，小艇开到我们的船旁边，他先登上船，将水手都召集起来，给每位水手发了一把钱币，他还给一
7 些看起来最需要帮助的人发了一把钱币。接着，他命其中一名水手随他上船，带他去找水源。所有人都推脱说不知道哪里有水，他强行把胡安·帕斯夸尔（Juan Pascual）弄到他的小艇上，威胁说要是帕斯夸尔敢磨叽，就吊死他。说完，这位指挥官向我道别，他的最后一句话是让我转告那些在利马的英国人，就说我 4 月 6 日遇见他，他一切安

好。从此话可以推断，他在整个地区和秘鲁都布下了密探。我可以向阁下保证，那些随他来的人当中，肯定有两三个人在我经过的新西班牙航线上走过一遭了。

这位指挥官把科尔切罗留在我船上，接着启航了。据我所知，他带了3000块银条，12或15箱八里尔银币①，还有大量黄金。他直奔英国，我想任何船只都不可能赶上他，因为他迫切希望回到自己的国家。

我遇到的这位英国指挥官是约翰·霍金斯的侄子，也就是大约5年前攻占圣名港（Nombre de Dios）[15]的那位。他叫弗朗西斯·德雷克，大约35岁，身材矮小，留着浓密的胡子，无论是作为领航员[16]还是指挥官，德雷克都是一位伟大的航海家。

他的船是一艘近400吨的战舰，航海性能非常出众。船上配有100名士兵，这些人年富力强，看起来战争经验丰富，个个都像意大利老兵一样骁勇善战，而且火绳枪都擦得很干净。德雷克对手下很亲切，手下对他也十分尊敬。他随身带着9至10名骑士，这些年轻人都是英国贵族，担任德雷克的顾问团。只要有事，不管事大事小，德

① 八里尔银币是旧时西班牙钱币，采用美洲波托西银矿制成，价值是西班牙银圆的1/8。

雷克都会召集他们开会，尽管他从不听取任何人的意见。但他喜欢先听这些人讨论，再下达命令。在这些骑士里面，他没有特别宠爱的人。

这些随从，还有一位他从英国带来的葡萄牙领航员，都坐在餐桌旁。我在船上的那段时间，那位领航员一直没
8 说话。德雷克用银质餐具盛放食物，盘子镶有金边和镀金的花环，花环中间是他的家徽。餐桌上摆放着各种美味佳肴和香水，他说很多都是女王赠送的。

一开始，那些随从光是站着，也不脱帽，德雷克一再催促，他们才照做。这艘战舰上装备了大约 30 门重型火炮、大量火器及所需的弹药和铅。德雷克进餐的时候有弦乐伴奏，船上还配备了训练有素的木匠和工匠，以便随时修理[17]船只。这艘船不仅崭新，而且有双层衬里。据我所知，他手下的人都能领到报酬，因为我们的船被掠夺时，没人擅自拿走任何物品。他待手下的人不薄，但要是他们犯错，哪怕最小的错误，都会挨罚。德里克的船上还有画家，专门为他描画沿岸风景，色彩十分逼真。[18]看了那些画之后，我内心惴惴不安，因为画中的每处细节都栩栩如生，有了这些画，谁都不会迷失航道。我从德雷克那里得知，他从本国出发时带了 5 艘船，其中 4 艘是长型小艇，[19]

而且一半的舰队属于女王。我相信这一点，接下来我将向阁下讲述我的依据。

这个海盗像先驱一样，比计划时间提前两个月穿越海峡，到达目的地，其间经历了许多天的暴风雨。一位随从对他说："我们在这个海峡辗转许久，所有随从和仆役都跟着你出生入死。谨慎起见，您应该命我们回到北海，而不是寻找新的财富。到了北海，我们肯定能将战利品弄到手。您也看到了，这探索的过程是多么艰难。"

在德雷克看来，这位随从提意见时的态度肯定太过冒失。他回答说，将此人拖到甲板下，铐上手铐。第二天，差不多跟前一天同一时刻，德雷克下令将那人带出来，在众人面前砍下了那人的脑袋。 9

2

Grace O'Malley

格蕾丝·奥马利

"女海贼王"
16 世纪 80 年代

格兰妮·尼·马希尔（Grainne Ni Mhaille），通常被英国人称为格蕾丝·奥马利或格兰努艾尔（Granuaile），其生平多年来一直笼罩着神话般的色彩。就像弗朗西斯·德雷克一样，她的“海贼”身份取决于外界视角。传记作家更倾向于将她称为“政治异见者”“激进分子”甚至“女性主义者”。不过，毋庸置疑的是，格蕾丝·奥马利是爱尔兰某航海家族的强大领袖，其活动范围远远跨越其出生的沿海地区。她的行为是否合法，与外界的视角有关。民间传说将她称为“女海贼王”或许有些夸张，因为很多海贼故事往往都会夸大其词，但她绝对算得上是一位传奇人物。

16 世纪 30 年代左右，格蕾丝·奥马利出生于今天的梅奥郡（County Mayo）。接受包办婚姻前，格蕾丝参与了家族的海上生意，其中一些是正经生意，另一些则可能处于灰色地带，其范围涵盖爱尔兰、苏格兰和西班牙。有传闻说，年幼的格蕾丝想跟随父亲去西班牙开展贸易，她的父亲没有答应，说她的头发会被船上的绳索缠住，于是格蕾丝剪掉自己的头发，因此被人戏称为“秃头格兰妮”（Grainee Mhaol），其中“mhaol”的意思是“秃头”。[1] 父亲去世后，格蕾丝接管家族陆上和海上的生意，包括从家族城堡附近海域捕鱼的渔民那里收取税款。时至今日，格蕾丝已从爱尔兰官方历史中消失，这种消失体现了英国文化视角在爱尔兰历史中的主导地位。格蕾丝出生、长大直至掌管家族生意的那段时间，爱尔兰正处于政治分裂状态，内部争斗不休，最终被伊丽莎白一世征服。格蕾丝的传记作家指出，格蕾丝于 1593 年被法庭指控犯下海盗罪及多项“背叛”罪，是“海上盗窃及谋杀案主谋”。[2] 针对这些指控，格蕾丝乘坐自己的大帆船前往英格兰，亲自在伊丽莎白一世面前辩护。

由于原始文献年代太过久远，其生平多见于英国档案，而非爱尔兰档案，加之爱尔兰人姓名拼写的英国化，格蕾丝的名字及其家族和盟友名字的拼写形式极为多样化，至今仍存在争议。以下是1593年格蕾丝在伊丽莎白一世面前辩护记录的誊写，我大体上保留了名字的原始拼写方式，该记录经安妮·钱伯斯（奥马利传记作家）授权转载。

1593年7月的18条质问[3]

11 由格蕾丝·奥马利回答

1. 其父母是何许人？

辩词：其父亲名叫杜达罗·奥马利（Doodarro O'Malley），[4]曾是上奥尔·奥马利（Upper Owle O'Malley）地区的领主，现称穆里斯克（Murrisk）男爵。其母名叫玛格丽特·奥马利（Margaret O'Malley），[5]是来自同一地区和家族的科诺赫·奥马利（Conogher O'Malley）的女儿。上述提到的整个奥马利地区包括如下岛屿：因尼斯·博芬（Inish Bofyne）、克莱利亚（Cleria）、因尼斯·特沃克（Inish Twirke）、因尼斯阿尔克（Inisharke）、凯赫（Caher）、因尼斯达鲁（Inishdallu）、达维伦（Davellen），此外还有一些几无价值的小岛，这些小岛和陆地的其余部分被划分为20个镇，每个镇分配4大块耕地，每块耕地每年向女王陛下缴纳 10 先令的固定地租。康诺特地区还有一个地方叫作下奥马利（Owle Eighter），12
也称为“Lower or Nether Owle”（意思是下奥马利），包含 50 个镇，每个镇分配 4 大块耕地，每块耕地每年支付相同的地租，其中麦克威廉（MacWilliam）家族领地的伯克家族拥有 20 个镇，奥蒙德伯爵（Earl of Ormond）拥有 10 个镇。

2. 其第一任丈夫是何许人?

辩词：其第一任丈夫名叫唐奈·伊乔吉·奥弗拉赫提（Donell Ichoggy Offlaherty），[6] 生前是巴利内亨西（Ballynehenssy）男爵领地的领主，该领地包含 24 个镇，每个镇有 4 个可耕种的地块，每年支付上述固定地租。唐奈去世后，在宫廷当差的莫罗（Morough）爵士的长子泰格·奥马赫提（Teige O'Maherty）继承上述巴利内亨西领地，在当地建了一座坚固的城堡，并管理这块领地多年。在其父亲的最后一场叛乱中，泰格被人杀害。

3. 奥马利与第一任育有几名子女？他们姓甚名谁？现居何处？

辩词：格蕾丝与第一任丈夫育有两个儿子，长子叫欧文·奥马赫提（Own O’Maherty），[7]其妻子是凯瑟琳·伯克（Katherine Bourke）。凯瑟琳是巴里堡（Castle Barry）埃德蒙·伯克（Edmond Bourke）之女。两人有一个儿子，名叫唐奈·奥马赫提（Donell O’Maherty），尚在人世。欧文生前一直是女王陛下的忠实臣民，其间尼古拉斯·马尔比（Nicholas Malby）爵士和理查德·宾厄姆（Richard Bingham）爵士先后担任康诺特地区的行政官员。1586 年 7 月，麦克威廉家族领地的伯克家族和肖斯（乔伊斯？）[Shoose（Joyce?）] 家族发起叛乱。欧文根据理查德爵士的特别指示，带领随从、租户，以及所有财物和牲畜，撤到一座防守坚固的岛屿避难。随后，理查德·宾厄姆任命兄弟约翰·宾厄姆（John Bingham）为这些地区的副官，带领 500 名士兵前去对抗叛乱者。他们未能找到叛乱者及牲畜，于是来到该岛对面的陆地上寻找食物。欧文带来好几
13 艘船，将所有士兵送到岛上，热情地招待了对方。那天晚上，欧文与 18 名主要随从一同被捕，并被绳子绑了起来。第二天早晨，士兵从岛上带走了 4000 头奶牛、500 匹种马和普通马匹以及 1000 只羊，岛上的穷人全被抛弃，身无寸缕。士兵们带着牲畜和囚犯回到巴利内亨西，约翰·宾

厄姆在此等候他们的到来。那晚，他没有经过审判，也没有给出正当理由就将这 18 人吊死，其中包括一位名叫特博尔特·奥·图希尔（Thebault O Twohill）的乡绅，这名乡绅已是耄耋老人。次日夜里，营地里传来虚假警报，欧文被残忍杀害，身中 12 处致命伤，以这种极其悲惨方式结束了不幸的一生，在宫廷当差的威廉·莫斯廷（William Mostyn）、梅里曼（Merriman）和莫丹特（Mordant）参与了这次事件。格蕾丝的次子名叫莫罗格·奥马赫提（Moroghe O'Maherty），[8] 如今还在人世，娶的是理查德·伯克的女儿霍诺拉·伯克（Honora Bourke），理查德来自加尔维郡马赫里平原（Magheri Reagh）的德里维拉（Derivillaghny）。

4. 他们依靠哪些土地维持生计？

辩词：格蕾丝次子莫罗格，以及上述被谋杀的长子欧文之子唐奈均拥有巴利内亨西男爵领地的 1/4，这是他们从祖辈继承的所有财产，也是他们仅有的生活保障。

5. 他们的配偶是何许人？

辩词：该问题在第三问中已详细说明。

6. 奥弗拉赫提（O'Flaherty），即奥马利第一任丈夫，与出席法庭的穆劳赫·麦勒·道·奥弗拉赫提（Mourrough M'Ne Dough O'Flaherty）爵士是何亲属关系？

辩词：格蕾丝第一任丈夫与如今在宫廷当差的莫罗格（Moroghe）爵士是表亲。两人拥有共同的祖先，其血缘
14 关系可追溯至 9 代以前。

7. 回答有关其丈夫和子嗣的类似问题及生活来源。

辩词：其第二任丈夫是理查德·伯克爵士，[9] 又名麦克威廉，是下康诺特（Low Connaught）伯克家族的领主。两人育有一子，名叫西奥博尔德·伯克（Theobald Bourke），[10] 尚在人世，其妻子是梅乌伊·奥康纳（Mewé O'Connor），她是如今在宫廷当差的奥康纳·斯莱戈（O'Connor Sligo）的妹妹。西奥博尔德继承了大约 40 块耕地，这 3 块男爵领地位于凯里（Carry）、下奥威尔（Nether Owel）和加林（Galling）。

8. 如格蕾丝·奥马利可继承亡夫遗产（即丈夫财产的 1/3），这笔遗产的价值几何？

辩词：在爱尔兰的康诺特地区，领主遗孀获得的遗产

份额通常不超过 1/3。过去该地区领主的地租金额大多不确定，且往往通过强制手段征收，但如今该金额已通过和解协议的形式明确，爱尔兰的苛捐杂税均被彻底废除。

9. 康诺特地区的财产安排是否有针对妻子的任何规定？

辩词：和解协议并未针对领主的遗孀提供任何救济，也未提及类似安排。

10. 根据爱尔兰习俗，妻子在丈夫去世后获得的财产是否不能超过其嫁妆？

辩词：根据爱尔兰习俗，妻子只能拿回第一笔嫁妆，无任何额外补偿。该习俗自古以来便是如此，爱尔兰女子将嫁妆交给丈夫之前，均要求丈夫保证，其嫁妆能以交付嫁妆时相同的方式退还，因为男人的开支往往非常大，尤其是领主，去世时不仅没有财产留下，往往还会欠下债务；在其他情况下，如果丈夫被证明先前与其他女子有婚约，妻子可能会被迫离婚；有时丈夫不经合法程序便将妻子赶出家门，娶其他女子为妻。因此，妻子必须为自己的嫁妆寻求保证，以防万一。 15

11. 自其最后一任丈夫去世以来，格蕾丝·奥马利如何维持生计?

辩词：最后一任丈夫去世后，格蕾丝召集所有随从，带着1000头（匹）牛和马，离开了夫家，并在康诺特布里索威尔（Borisowle）领地的卡里克霍利（Carrikhowlly）定居，这是属于奥尔蒙德伯爵的领地。在格蕾丝的儿子欧文被谋杀后的1586年，康诺特地区发生叛乱，理查德·宾厄姆爵士给她发放了保护信，并让她到自己的领地居住。旅行途中，格蕾丝遇到由约翰·宾厄姆指挥的五队士兵，她和随从被抓，并被绳子绑住，他们所有的牛和其他财物被掠夺，格蕾丝被带到理查德·宾厄姆面前，对方为她准备了新的绞刑架，计划送她最后一程。格蕾丝本以为自己的生命就这样结束，但在“魔鬼之钩”（Devil’s Hook）理查德·伯克的担保下，她获得释放。理查德·伯克叛乱时，格蕾丝因恐惧而逃往海上，前往乌尔斯特（Ulster），在那里与奥尼尔（O’Neill）和奥唐奈（O’Donnell）待了3个月，其间她的桨帆船因遭遇暴风雨而损坏。后来，格蕾丝返回康诺特，并在都柏林通过约翰·佩罗特（John Perrot）爵士获得女王赦免，恢复自由身，这是6年前的事。从此她在康诺特过着非常贫困的农民生活，需要向地方政府缴纳税赋，[11] 并向女王支付地租，彻底放弃了之前通过海上贸易谋生的做法。

12. 沃尔特·布尔（Walter Bourgh）和沙恩·伯克（Shane Bourke）与其儿子是何亲属关系？

辩词：沃尔特·伯克（Walter Bourke）和沙恩·伯克是远亲，两人可追溯至同一位祖先。沃尔特是特博尔特的儿子，特博尔特是梅勒（Meiller）的儿子，而梅勒是沃尔特·法迪（Walter Faddy）的儿子。第七条中提到的特博尔特·伯克是格蕾丝·奥马利的儿子，其父亲是格蕾丝的最后一任丈夫理查德·伯克爵士，理查德则是沃尔特·法迪的兄弟。 16

13. 其丈夫的领地附近有哪些领主及领地？

辩词：格蕾丝第一任丈夫的领地位置如下：其西北部是奥尔·奥马利的领地，东北部是麦克威廉的领地，东部是莫罗格·奥马赫提的爵士领地，南部是大戈尔维湾（Great Bay of Galway）。

14. 奥尔·奥马利（Owle O'Malley）在海边的莫里斯克

（Moriske）庄园由何人占有？

辩词：以莫里斯基（Morisky）城堡为中心的城镇和土地归欧文·麦托马斯·奥马利（Owen M'Thomas O'Mailley）所有，此人如今是奥马利家族的首领。

15. 麦克吉本（McGibbon）在哪个地区拥有哪些土地？

辩词：麦克吉本家族在本国任何地区均未继承任何土地，他们是伯克家族和奥马利家族的佃农。

16. 卡拉莫尔（Carramore）和梅因·康奈尔（Mayn Connell）的领地归何人所有？

辩词：格蕾丝对卡拉莫尔或梅因·康奈不了解。

17. 阿基尔（Achill）岛及基尔（Kill）堡归何人所有？

辩词：阿基尔岛由奥马利家族的一些成员占有，他们以奥尔蒙德伯爵租户的身份占据该岛。至于基尔堡，格蕾丝并不知道叫此名字的城镇。

18. 格蕾丝·奥马利最后一任丈夫与沃尔特以及尤利克·伯克（Ulick Bourke）有何亲属关系？

辩词：格蕾丝的最后一任丈夫有两个兄弟，即沃尔特与尤利克（Ulick）·伯克，他们在格蕾丝嫁给理查德·伯克之前均已去世，他们的父亲名叫大卫·伯克（David Bourke）。

以上是英国财政大臣伯利（Burghley）勋爵于 1593 年 7 月提出的 18 条质问，以及格蕾丝·奥马利对此做出的相应回答。 17

3

Jack“Chakour”Ward

杰克·沃德（绰号：查库尔）

突尼斯

1605 年—1610 年

在关于海盗的许多故事中，尤其是 17 世纪及以后的海盗故事，有一点非常令人着迷，即海盗们往往展现出独特的存在方式，他们来去自如，不受传统领土观念的限制。杰克 · 沃德就是一例，其出生地可能是肯特郡，这也是弗朗西斯 · 德雷克少年时期生活的地方。沃德后来成为巴巴里海岸的海盗，主要在突尼斯地区活动，最终“变成土耳其人”，即皈依伊斯兰教，并取名优素福 · 赖斯（Yusuf Reis）。杰克 · 沃德大约出生于 16 世纪 50 年代，如下文所述，他是一个相当强硬的角色。1588 年，西班牙无敌舰队入侵英国未果。之后，像沃德所在沿海渔村的许多男人都开始从事私人海盗活动，他们向王室申请私掠许可证（实质上是委任状），以合法名义袭击西班牙船只。

然而，詹姆斯一世于 1603 年登基，结束与西班牙的敌对状态，许多像沃德这样曾靠私掠谋生的水手，其行为不再合法，随即变成人们眼中的海盗。18

以下是沃德决定成为海盗的经过。这段记录生动描绘了沃德饮酒作乐的嗜好，并提出了一些有关沃德性取向的有趣假设。1606 年，沃德及船员夺取了一艘独桅帆船，这是一种船体较薄、吃水较浅的帆船，通常用于巴巴里海岸和红海的贸易，船上载有被奴役的天主教徒。沃德与突尼斯军事指挥官阿斯曼（Uthman）达成协议，对方允许他将突尼斯作为在地中海掠夺行动的安全港，作为交换，后者拥有优先挑选战利品的权利。沃德和同伙袭击的船只来自不同国家，他们袭击英国商人和富有的威尼斯商船，战利品的价值极高，以至于英国担心沃德可能成为政治负担。皈依伊斯兰教后，沃德被戏称为“查库尔”（Chakour），据说是因为他在船上掠夺时常用斧头。他娶了一位意大利妻子，但据说他仍给留在英国的发妻寄钱。沃德在有生之年成为好几部戏剧和小册子的主角。据说他于 1612 年左右“金盆洗手”，选择将衣钵传给有望继承其海盗大业的年轻人，并最终于 1622 年左右去世，可能死于瘟疫。

土耳其的一些报纸以及其他消息来源称，杰克·沃 19

德是《加勒比海盗》系列电影当中杰克·斯派罗（Jack Sparrow）船长的灵感来源，[1]但其他消息称约翰尼·德普（Johnny Depp）的表演灵感来自滚石乐队的基思·理查兹（Keith Richards）和动画角色臭美公子（Pepé Le Pew）。[2]

有关沃德船长的真实报告

作者：安德鲁·巴克（Andrew Barker），一位曾在突尼斯被囚禁的船长[3]

先生，我已收到您的信件，并非常乐意遵照您的请求，揭露沃德的恶行。关于这位臭名昭著的大海盗沃德，流言蜚语已经在整个基督教世界传播开来。我被他囚禁了很长时间，我早就知道沃德是无赖，而且我后来发现，他还是偷盗之人，他的成功反而给他招来厄运……我曾亲眼见识他的威力，在国外听说过他的事迹，在海上感受过他的行动能力，也了解他的不公正行为。我愿意满足各位朋友及世人的好奇心与期待，讲述沃德的恶行，揭示他对富有家庭、谨慎的航海者、冒险的商人、小心行事的水手、贫困的妻子以及可怜的孩子们造成的伤害。沃德就像恶棍和叛教者一样活着，而且他自甘堕落，就这样度过自己的一生。

沃德如今自封为船长，他那丧心病狂的行为让海上
旅行者感到恐惧，他的名字令英国国内的商人闻风丧胆。
在已故女王陛下统治的最后一年，[4] 沃德曾住在西部地区
的普利茅斯港（我凭亲身经历可以证明这一点），他就
是一个贫穷、卑微、毫无声望的人……他衣衫褴褛，生
活困苦，唯一值得自夸的就是出生在肯特郡费弗舍姆镇
（Feversham），[5] 并以打鱼为生。至于他现在所谓的“美
德”，那就是他在普利茅斯住了一段时间，尽管我听说他
从未付过租金。他白天几乎都泡在酒馆里，晚上回到家，
还要接着喝。沃德脏话连连，张口闭口就是“老子对天发 20
誓”。他常常闷闷不乐地坐着，言辞尖刻地抱怨命运不
公，嫉妒他人的好运，对自己的遭遇深深不满。非要说沃
德一生有什么美德，那就是他不喜欢打架斗殴，他宁愿被
别人打，也不会去挑事。别人常管他叫杰克·沃德，不管
哪个酒吧，都欢迎他的到来，准确地说，是欢迎他的银
子，而不是他本人。沃德的船员对他的评价是：他就是个
疯子，动不动就发誓，爱喝酒，改不了毛病。[6] 而且他像得
意的公鸡一样，只要口袋里有钱，或者能跟酒保赊账，他
就会一直泡在那些可恶的酒馆里头，一醉方休。

好长一段时间，沃德都在镇上喝酒，满口胡诌，惹得

众人惊讶。别人想知道他哪来的钱，[7]竟然能成天在酒馆里肆意地消磨时间。后来，国王（詹姆斯一世）刚登基那会儿，[8]他设法在国王的一艘小船上谋了一份差事，这艘船常被称为幼狮号（The Lion's Whelp）。可沃德依旧像以前一样愤愤不平，对自己谋得的正当差事不满。其实对那些比他优秀的人来说，能在国王的船上服役已经是千载难逢的良机。沃德又打起了新的主意，他挑选了一支精锐的船员队伍，这些人和他一样品行恶劣，居心不良。沃德打算带着这帮人实施恶毒的计划。

21 他煽风点火道："伙计们，接下来怎么办？这世道真他妈糟透了，[9]我们的生活也糟透了，渴了只能喝水，饿了只能靠国王的腌牛肉充饥，[10]等船靠岸，我们手头也没钱去买其他吃食。[11]想找点乐子，吃点好的，都得自掏腰包。所以，明天晚上，等船长和大副等人以为我们喝得醉生梦死的时候，我们要悄悄地把逃犯的钱搞到手。"

在这个诱人计划的召唤之下，众船员下定决心干上一票。依照之前的计划，他们上岸后来到一个店家的住处（他们特意选择了朴次茅斯城墙外的一处房子[12]）。说了几句粗俗的誓言后，[13]他们达成一致意见，接着举起酒杯，自愿推选沃德为船长，带领众人捞上一笔。他们跪地举杯，授予沃德“尊贵”头衔。仪式结束后，他们商量着弄一艘小船，下次涨潮时便能坐小船登上那艘大船，[14]伺机掠夺。[15]

事情的经过是这样的：沃德准备打劫的那位绅士原本打算启程去法国，并为这次航行做好了准备。这位绅士有个亲戚，就在那帮家伙打算劫财的前一天，这个亲戚看见沃德与一帮挥金如土的人和嚣张的无赖待在一起。他知道自己的亲戚船上有一笔钱，看到这些无赖的船员聚在城里，行为粗鲁，他便怀疑这帮人在打什么算盘。于是，他建议亲戚把钱取出来，[16]存放在更安全的地方，等风向合适再启航，以免遭遇不测。

他对那位准备去法国的亲戚说：“你也看到了，这些恶棍聚在一起，肯定没什么好事，虽然他们没有弄到确切情报，但他们八成想着你船上的钱。为了过上挥霍无度的生活，这帮人不惜冒生命危险，甚至拿灵魂来交换钱财。我的老兄，我恳请你听从我的建议，把船上的钱取出来，要是那帮人得逞，你定会追悔莫及。”

亲戚的一番话让这位准备去法国的绅士起了疑心，而 22
且他确实亲眼见到那帮人比平时更加有恃无恐，因此他决定听从亲戚的建议，悄悄地（在没有被人发现或引起怀疑的情况下）将钱和最珍贵的物品从船上取走，存放在红狮旅馆（他们没有引起那帮人的怀疑，稍微松了一口气，同时暗中观察那帮人接下来会有什么举动），等风向和潮水有利时再启航。

刚刚当上船长的沃德对此毫无察觉，仍按照之前的计划，待夜深人静时分，利用自己对潮水涨落的把握，趁机登上那艘船，带着手下进了船舱。他们没有遇到任何抵抗，只发现两个在船上当差的、可怜兮兮的船员。[17]沃德把两人锁在甲板下面，威胁他们不要像老鼠一样吱吱乱叫（否则小命不保），以免引起第一道哨所警卫的察觉，要是警卫鸣枪，他们的计划可就泡汤了。[18]接着，沃德起锚扬帆，驶向大海。等到远离守卫的视线，沃德大声呼喊，友好地向值班的守卫道了一声晚安。这个家伙，就像堂堂正正的船长一样，操控船只顺利脱险，离开了怀特岛。他准备审问那两名被关押的船员，于是下令船员把两人带到他的面前。沃德摆出船长的架势，跟对方说，要想活命就必须实话实说，船上天主教徒的财宝藏在哪里，他们只为发财不为别的，只有把钱弄到手，他们才会满意。面对这位可怕的劫匪，两位可怜的船员瑟瑟颤抖，回答说船上确实有很多钱财，但不知怎的，那些财宝前一天被人取走了。

船员们听到这个让人丧气的消息，在船上搜了一圈， 23
确实没有一点儿钱财的影子，这下只能喝西北风了。一帮人暴跳如雷，疯了似的骂爹骂娘。

有人大喊：“你们这帮该死的贼，真是害死人了，我咒你们全家。现在怎么办？我们要找的金翅雀飞走了，也找不到半点值钱的玩意儿。要是上了岸，我们肯定会被吊死的。我们玩完了，脖子已经伸进绞索里了。”

船员们像马夫一样骂骂咧咧好一阵子，[19] 等怒气消了，他们商量着，既然来都来了，还是再搜一圈，看能找到什么东西。搜寻过程中，饥肠辘辘的他们发现了两块美味的鹿肉饼、各种火鸡饼、肉公鸡、肉母鸡等美食，这些都是那位绅士为自己准备的食物，以便去法国途中享用。

看到这些食物，一连串咒骂就像子弹一样从沃德的嘴巴里飞出来。他喊道：“来吧，伙计们。金翅雀飞走了，我们千辛万苦才走到这一步，结果除了几个空箱子，什么都没找到。来吧，高兴点，这里有美味佳肴在等着咱们，大伙儿吃个够，愁眉苦脸也解决不了任何问题。这世道，光抱怨是没用的，每个人都得自食其力。伙计们，敞开肚皮吃吧，希望我们以后的运气会更好。”

听了沃德的一席话，一帮人几乎忘记了自己的不义行为，也不再担心什么绞刑架，敞开肚皮吃了起来。沃德又喊道：“怎么样，兄弟们，谁宁愿在幼狮号上天天吃冷鱼
24 和干酪，而不愿像我们这样，尽情享受鹿肉饼呢？”

随后，沃德打开一个装满葡萄酒的箱子，拿出酒递给手下，喊道：“来，伙计们，为将来的好运干杯！我们踏出这一步，最坏也就是当个吊死鬼，还不如往好的方面想。今晚，让我们尽情享受这些美酒和鹿肉馅饼，明天再
25 商量接下来该怎么办。”

4

Samuel Palache

塞缪尔·帕拉赫

海盗拉比
摩洛哥
1603 年—1614 年

塞缪尔·帕拉赫出生在费斯[1]犹太区，来自一个拥有悠久拉比传统的家庭。犹太人当时已在北非侨居数百年，通常从事放贷和金银交易，但对他们的穆斯林邻居而言，这些工作是被禁止的。犹太人的“工作”还包括支持苏丹资助的海盗袭击西班牙在地中海和巴巴里海岸的航运队伍。1603年1月，帕拉赫与兄弟一起前往西班牙，意欲向西班牙提供计划，阻止奥斯曼帝国在北非沿海扩张，以换取在西班牙定居的权利。结果，西班牙拒绝了帕拉赫的请求，帕拉赫最终定居荷兰，成为阿姆斯特丹犹太社区的创始人之一，并促成摩洛哥与荷兰达成友好协议。1614年，

① 费斯是摩洛哥的一座城市，历史上曾是摩洛哥的文化和宗教中心，也是犹太人和穆斯林之间重要的商业和文化交流之地。

帕拉赫在荷兰的支持下打着摩洛哥的旗号进行袭击（船上有一名犹太厨师），[1] 由于天气恶劣，帕拉赫被迫在英国普利茅斯登陆，与他同行的还有 3 艘被俘的西班牙船只。在西班牙驻英大使的敦促下，帕拉赫在普利茅斯因海盗行为接受审判。 26

从帕拉赫的事迹可以看出，由于他与各敌对帝国之间的关系，无论这种关系是自称的，还是实际存在的，帕拉赫的“海盗”身份都因政治因素和外界视角而变得模糊。1616 年，帕拉赫在阿姆斯特丹去世。作为受人尊敬的拉比，安放帕拉赫遗体的黑色棺材出殡时，荷兰亲王毛里斯（Maurice）以及帕拉赫所创立犹太社区的千余名哀悼者都来到街上送殡。[2]

1614 年 11 月 4 日，伦敦，约翰·钱伯林致其朋友达德利·卡尔顿爵士（时任英国驻威尼斯大使）的信函 [3]

一位犹太海盗在普利茅斯被捕，还带着 3 艘俘获的西班牙船只……他很可能会顺利脱身，因为他声称拥有国王签发的协议和许可，能自由进出，不过他的话在得到证实之前，不足为信。

1614 年 12 月 23 日，枢密院决议：

枢密院致高级市政官威廉 · 克雷文爵士：

枢密院指示，关押犹太人塞缪尔 · 帕拉赫。此人最近抵达普利茅斯，[被控] 对西班牙国王的臣民施暴并进行海盗行为……帕拉赫自称巴巴里国王的仆人，受命担任荷兰联省的代理人，[4] 持有国王颁发的正式授权，有权装备和派遣军舰。帕拉赫还称，根据国王的任命（以及荷兰联省的
27 许可），他的行为是正当的，绝非海盗行为。

5

William Jackson

威廉·杰克逊

罗阿坦岛

16 世纪 30 年代—40 年代

威廉·杰克逊是“海盗身份取决于人们视角”的又一个例子。他是英国私掠船船长，驻扎在洪都拉斯沿海的罗阿坦岛。他还是普罗维登斯岛公司（Providence Island Company）代理人，这是一家清教徒殖民企业，试图根据与马萨诸塞湾殖民地相似的宗教和经济原则，在加勒比海岛屿殖民。事实上，尽管普罗维登斯岛有着严格的道德规范，但该岛还是沦为海盗巢穴，殖民计划注定要失败。为公司工作期间，杰克逊袭击了一艘来自洪都拉斯的西班牙奴隶船，获得一批靛蓝染料以及 2000 里尔（八里尔银币）的奖励。

人们对杰克逊的了解并不多，而且当时在同一水域可能有两位同名同姓的威廉·杰克逊。总体而言，从西班牙的角度来看，杰克逊是完全不把法律放在眼里的海盗，在西班牙殖民海域肆意掠夺；而从英国的角度来看，杰克逊实际上是在为国家利益做事。以下是他袭击牙买加的记录。[1]

杰克逊与西班牙表面上保持良好关系，无风无浪，直到大约 1635 年，杰克逊船长率领一支小型舰队从背风群岛
（The Leeward Islands）出发，计划袭击牙买加。他的随行 28
人员不多，但个个勇敢坚决、无所畏惧。杰克逊知道，只要能弄到丰厚的战利品，这些人根本不把危险放在眼里。杰克逊率领不到 500 人的队伍登陆，袭击了驻扎在帕西奇堡（Passage-Fort）的 2000 名西班牙人。西班牙人奋起迎战，短时间内以极大的决心抵抗了敌人的猛烈进攻，但杰克逊麾下部队的战斗意志更胜一筹，西班牙人最终撤退逃跑，数百人在战斗和追击中被杀。英军取得战斗优势，立即乘胜逐北，迅速向约 6 英里①外的圣地亚哥进军，猛攻这座城市。尽管英军遭遇抵抗，但士兵很快手持利剑冲入城中，将所有值钱物品一抢而空。士兵们瓜分了战利品，西班牙人为避免敌人焚城，愿意支付一定数额的金钱来换取城池的安全。很快，西班牙人把钱付了，英勇的杰克逊

① 1 英里 =1609.34 米。下同。

船长带领部队返回舰队，未遇到丝毫阻拦，他在这次远征
29 中仅损失 40 人。

6

Thomas Veal

托马斯·维尔

马萨诸塞林恩
1658 年

企鹅海盗史

虽然人们经常把虚构的海盗故事当成事实讲述，但我接下来要讲的这个故事可以肯定是虚构的。19 世纪 20 年代流传着这样一则传说，1658 年马萨诸塞林恩的某个岩洞发生塌陷，一个名叫托马斯·维尔的海盗被困地牢岩（Dungeon Rock），其财宝也被埋在这个岩洞中。[1] 在新英格兰这个地震活动不频繁的地区，1658 年是否真的发生了大地震，造成岩洞塌陷，将某人埋在洞中？托马斯·维尔是否真的存在？ 1714 年，一个名叫托马斯·维利（Thomas Vealy）的人曾在马萨诸塞州塞勒姆（Salem）办理遗嘱公证，他的签名使用的是记号，而非亲笔签名，说明此人并不识字，但这件事与海盗维尔相隔一代人的时间。[2] 故事中特别提到的萨戈斯铸铁厂（Saugus Iron Works）是一家 17

世纪的铸铁厂，如今作为马萨诸塞州的历史地标存在，但这家铁厂并不能让传说变成事实。

1865 年，一名作家着手调查海盗维尔的传说，结果在法院和铸铁厂都没有找到相关记录，但公众对这则传说的广泛兴趣并没有因此消失。 30

19 世纪 30 年代，加勒比海的海盗活动依然猖獗，许多曾在公海亲身遭遇海盗的真实人物仍然居住在加勒比海北岸，人们还进行了两次互不关联的尝试，希望通过炸药炸开塌陷的洞口，寻找其中的宝藏。1852 年，热衷灵性主义的海勒姆 · 马布尔（Hiram Marble）买下岩洞遗迹所在的那块地，开始挖掘工作。他告诉围观者，他在海盗幽灵的指示下进行挖掘，而这些指示是通过折叠的小纸条传达的。

这个项目用时多年，耗尽了马布尔的积蓄，最终他将隧道作为旅游景点对外开放，并取名为“海盗谷”。门票为 25 美分，想要投资的人可花 1 美元购买债券，如发现宝藏，可获得相应分红。

马布尔从未放弃对宝藏的追寻。他于 1868 年去世，当时已挖出一条长 174 英尺[①]的隧道，隧道的高度足以让成年人站立行走。他的儿子埃德温（Edwin）继承了父亲依靠幽灵指示找到海盗宝藏的信念，直到 1880 年去世。埃德温被安葬在地牢岩，墓碑是粉色的。地牢岩仍然存在，如今是林恩森林保护区的一部分，据说隧道白天对外开放。如果你去岩洞参观，发现了宝藏，千万别忘了告诉我！[3]

1658 年，新英格兰发生了一场大地震。[4]在这不久之
前的一个美好傍晚，太阳刚落山，人们看到一艘小船在索
格斯河（Saugus River）河口附近抛锚。接着，一只小船
从船边放下，4 名男子爬上小船，沿着河流驶出了一段相
31 当远的距离。待小船靠岸，船上的人直接进了树林。虽然
当时只有几个人看到这 4 人，但在那个充满危险、容易引
发恐慌的年代，这样的事很容易引起怀疑，当晚这个消息
便迅速传到很多人的耳朵里。第二天早晨，人们想当然地
来到岸边，寻找那艘陌生的船——但它已经不见了，岸边
既没有船的踪迹，也不见那群神秘船员的身影。后来人们
得知，那天早晨，铸铁厂的一名工人走进铸造厂时发现

---

① 1 英尺约等于 0.3 米。下同。

了一张纸条。纸条上面写着，如果能秘密打造一批脚镣、手铐、斧头等，将其放在森林中的指定地点（纸条上写着详细地址），那么就能在那个地方找到等值的银币。几天内，人们按要求将上述物品制造出来，悄悄放在指定地点。第二天早晨，东西不见了，写纸条的人兑现承诺，将银币放在了原地。尽管当时有人在场守候，却没看到任何船只。几个月后，那 4 人再次出现，在索格斯森林中选了一块最偏僻幽静的地方住了下来。他们的藏身之处是一条狭长的深谷，两侧有崎岖陡峭的岩石遮挡，其他地方也被茂密的松树、铁杉和雪松覆盖，到了正午时分，只有一小块地方能透进阳光。爬上两侧极其陡峭的天然岩石台阶后，可以一览南边的海湾和周围的大片乡村景色。自那时起，这里就被称为“海盗谷”。在这片海岸的方圆几英里之内，他们确实也不可能找到比这座峡谷更适合藏身和放哨的地方。今时今日，当地的人口已经非常密集，但这座峡谷依然荒凉寂寞，[5] 当地几乎无人进入这个沉寂阴暗的幽谷。海盗们在峡谷里建了一座小屋，造了一个花园，还
挖了一口井，其遗迹至今可见。据说他们还埋藏了财宝， 32
可人们在其藏身之处和周围许多地方挖掘，都一无所获。几个海盗在峡谷里住了一段时间，他们的藏身之处被人发

现，国王的一艘巡洋舰出现在海岸边。老巢暴露之后，其中 3 人被抓捕并押送至英国，可能在那里被处决。还有一人名叫托马斯·维尔，他逃到了北边约两英里远的森林中的一块岩石处，岩石旁有一个宽敞的洞穴，几个海盗之前在那里藏了一些战利品。托马斯·维尔在岩洞中住下来，靠做鞋匠为生，[6] 偶尔下山到村里获取生活必需品。维尔一直住在洞中，直到 1658 年发生大地震，岩石顶部松动坍塌，堵住洞穴入口，这个不幸的海盗被困在了坚不可摧的石牢中。从那时起，这个地方就被称为“海盗地牢”。洞穴的一部分至今仍然开放，吸引了许多好奇的游客前来参观。

这块岩石位于一座覆盖着茂密森林的高山上，可以远眺 50 英里内南北两侧的海洋。只要站在岩石顶上放眼望去便能明白，这里是海盗匪帮藏身的最佳场所，因为从这里可以清楚地看到所有进出波士顿、塞勒姆以及周边港口的船只。南边不远处，索格斯河在山间蜿蜒流淌，还有无数支流延伸到浓密的灌木丛中，可为船只提供理想的藏身之处。海盗们一旦发现船只，可立刻划船顺河而下，突袭对方，再带着战利品返回洞穴。显然，这就是他们的作案方式。岩石前方的空地上，至今仍能清晰地见到一座小花

园的痕迹，角落里有一口小井，井中满是石头和杂物；花
园周围的墙基尚在，看得出来这里原先是一座三角形的花
园，选址极佳，非常适合种植土豆和普通蔬菜。岩洞仅约 33
5 英尺高，15 英尺深。指南针到这个地方会受到强烈的吸
引，可能是因为岩洞内有铁矿，或埋藏了某种金属物质。

离此地不远的“海盗谷”是一处十分粗犷且美丽的地
方，海盗小屋的地下室至今仍在，[7] 附近还有一块空地，显
然很久以前被耕种过。 34

7

Henry Morgan

亨利·摩根

牙买加

1674 年被授予爵位

企鹅海盗史

前文讲述了一则虚构的海盗故事，接下来要讲述的是一个传奇人物——亨利·摩根，比起以其名字命名的朗姆酒品牌“摩根船长”，摩根本人的经历更广为人知。人们更多地把他看成17世纪的海上豪客，类似于今天俄罗斯瓦格纳集团（Wagner Group）[①]的行动人员。摩根出生于威尔士，余生在牙买加度过，因效忠英国王室而被授予爵士头衔，还曾担任牙买加副总督。他把臭名昭著的海盗巢穴罗亚尔港（Port Royal）[②]当作基地，用掠夺来的财富购买大片甘蔗种植园，金盆洗手之后当起了种植园主。正如人们

① 瓦格纳集团是俄罗斯准军事组织，属于私人军事服务公司。

② 又译皇家港，是17世纪后半叶位于中美洲金斯敦港附近的一座城市，也是当时加勒比海地区的航运中心。

所见，海盗行为往往与奴隶制度密不可分。

摩根的早年经历有些模糊，不过以下记载声称对摩根生平的叙述具有权威依据。摩根可能于 17 世纪 30 年代在威尔士某地出生，该地区如今隶属加的夫（Cardiff）①，他第一次出海或前往加勒比地区的具体原因尚不明确。1667 年，英国与西班牙在航运与主权领域的紧张关系升级，摩根获得私掠许可，在西属美洲开展掠夺。在英国政府的授权下，摩根袭击了今天的古巴和巴拿马一带，这是海盗掠夺一国，却被另一国视为民族英雄的又一个例子。后来，英 35
国与西班牙的政局发生变化，摩根的行为不再符合当局的政策意图，他于 1672 年被逮捕并接受审判，但在英国，他受到极大的崇敬和欢迎，甚至得到国王查理二世的赏识。

1674 年，摩根被授予爵位，回到牙买加，过着富足的生活。他不仅参与政治事务，还经营种植园，直到 1688 年去世。作为一位大名鼎鼎的海盗，摩根的声名主要来源于 1684 年亚历山大·艾克斯默林（Alexander [Alexandre] Exquemelin）出版的一本书。这本书名字叫作《美洲海盗》（*The Buccaneers of America*），最早以荷兰语出版，后来

---

① 威尔士首府，英国西南部的重要港口和工业、服务业中心。

被翻译成多种文字。书中关于摩根的描写极为负面，甚至残忍到令人发指的地步。摩根为此起诉艾克斯默林的出版商，[1] 控告其诽谤，但艾克斯默林的这本书仍然是关于摩根海盗生涯的主要记述，也是以下两段摘录的来源之一。其中第一段摘自一本关于牙买加的历史书，这本历史书首次出版于 1740 年，直白地描述了摩根的勇敢和冷酷无情。第二段则从艾克斯默林的视角描绘了同一时期摩根的生平，读者可自行判断哪个版本更可信。

尽管这位海盗指控出版商诽谤，但不要误以为摩根是善类。作为种植园主，他曾多次发动对牙买加“马隆”
36 （Maroon）① 社区的攻击。马隆人是逃奴的后代，这些逃奴在牙买加蓝山建立了自己的社区。摩根去世时，他的甘蔗种植园中有 131 名非裔奴隶，其中 33 名是儿童。[2]

摘自有关牙买加历史的著作：[3]

各位，我现在要为您简述一位非凡人物的生平。此人出身卑微，不通文墨，其父母也是默默无闻之辈。但此人一身是胆，凭借过人的勇气，一路攀至美洲最富庶殖民地

① 马隆人是指殖民地时期加勒比海地区的逃亡黑奴及其后裔，19 世纪废除奴隶制后消失。

之一的副总督之位。他带领意志坚定的手下攻占城池，以少胜多，击败成千上万的敌人，以至于他的威名传遍新大陆的每一个角落，甚至殖民地总督也在他的军队面前瑟瑟发抖！

此人正是亨利·摩根爵士，他出生于威尔士公国，其父亲是一位声誉良好的农民，原本打算让儿子继承家业，但摩根却心怀他志。由于父亲坚持让他务农，摩根便离家而去，流浪到布里斯托尔，在那里签下 4 年契约，被送往巴巴多斯（Barbados）[①]。他在巴巴多斯被卖作仆人，[4] 忠心耿耿地侍奉主人。不过，契约到期后，摩根立即乘船前往牙买加，决心加入海盗行列，闯出一番事业。一到目的地，摩根便找到差事，登上了一艘计划前往西班牙海岸巡航的小船。他展现出非同寻常的果敢和勇气，很快声名远扬。干了几票之后，摩根谨慎地将自己分得的战利品交给可靠的人保管。他目睹同伴们的奢靡和放纵，这些人一到岸上便挥霍无度，最终陷入穷困潦倒的境地。但摩根则志存高远，生活节俭，很快攒下足够的钱买了一艘船，并组建了一支优秀的船员队伍，出海冒险。起初，摩根的收获并不大，但后来他俘获了几艘船，并将这些船带回牙买

① 东加勒比群岛中最东边的岛屿国家。

加出售。随后，摩根又进行多次成功的远征，名气越来越大。当时，老海盗曼斯维尔特（Mansvelt）[5]组建了一支规模不小的舰队，打算袭击西班牙人，并选摩根担任他的副
37 指挥官。这支队伍从牙买加出发，率领 15 艘船和 500 名手下，抵达哥斯达黎加附近的圣凯瑟琳岛（The Isle of St. Catharine）。[6]他们在岛上登陆，发动猛烈进攻，迫使城堡和驻军投降。海盗们彻底占领该岛，决定将其作为自己的据点，并安排 100 人在其中一座堡垒驻守，同时摧毁其他堡垒。

圣凯瑟琳岛附近有一个小岛，与主岛的距离非常近，近到可以架一座桥相连。他们占领这个小岛，将岛上值钱物品掠夺一空，然后退回船上，给驻守城堡的守军留下必要指示。他们带走了许多西班牙俘虏，但考虑到将俘虏留在岛上不明智，因为俘虏可能引发骚乱，他们便用船将俘虏送到波多韦洛（Puerto Velo）。之后，海盗们沿着哥斯达黎加的海岸巡航，继续寻找新目标。然而，巴拿马总督得知这帮人的到来和计划，打算好好“招待”他们一番。总督召集了一大批士兵，决定出兵将这帮人赶回船上。但这帮海盗没有老老实实地等着总督的大军到来，因为他们知道自己的行踪暴露，也没有足够的兵力与总督抗衡，于

是撤回船上，驶向大海。

海盗们回到圣凯瑟琳岛，发现驻军状况良好，一切顺利。他们之前留下法国人西蒙（Simon）先生负责指挥，此人表现出色，让所有人都很满意。曼斯维尔特很想保住这个岛，有了这个岛，他就能实施自己的计划，因此他向牙买加总督请求援助，但总督深知自己不敢公开支持这帮海盗。况且，跟海盗站在同一阵营对牙买加并无好处，因为海盗肯定会将圣凯瑟琳岛变为集结地，这样一来，原先通过他们流入牙买加的财富就会转向其他渠道。 38

曼斯维尔特接着向托尔图加岛（Tortuga）[①]的总督请求帮助，也未能如愿。不久后，这个老海盗结束了自己邪恶的一生，圣凯瑟琳岛也被西班牙人重新夺回。摩根想尽办法阻止圣凯瑟琳岛落入西班牙人手中，但无济于事。不过，摩根依然保持勇气和斗志，开始筹备另一支舰队，继续推进自己的计划。

不到两个月的时间里，摩根便弄到 12 艘坚固的船，集结了 700 名战士。这时的他认为自己足够强大，终于可以发起冒险行动。最初，摩根打算袭击哈瓦那，[7]但经过冷静思考，他意识到此举太过冒险，便决定攻打其他地方。

---

① 加勒比海岛屿，位于海地北部沿岸以外。

经过多番讨论，他们最终决定袭击位于古巴的美丽岛屿城镇——普林西比港（Puerto del Principe）。海盗们希望这次能获得丰厚的战利品，他们沿着靠近该岛的海岸航行，计划在圣玛丽亚港登陆。然而，他们的计划差点泡汤，这次远征差点让他们遭受灭顶之灾：一名被拘留的西班牙人设法逃脱，跑到镇上报了警。总督立即部署防御力量，并采取了一切谨慎且勇敢的措施。他召集城里的自由人和奴隶，将他们统统武装起来；下令砍伐大量树木，横在道路上，阻碍海盗通行；在有利位置安排多重埋伏；[8]控制海盗可能经过的通道，同时带领其他部队驻扎在一片开阔地上，从这个位置可以清楚地看到海盗大军的动向。

摩根和他的队伍惊讶地发现通道被截断，他们知道自己的行踪已暴露，但此时已来不及撤退。他们互相鼓舞，决心迎难而上。这帮人没有选择常规道路，而是穿过树林，避开埋伏。经过一番艰难跋涉，他们终于到达西班牙
39 人驻扎的平原。

总督立即发动进攻，激烈的战斗打响了。西班牙人表现得非常英勇，但无法抵挡海盗们的疯狂攻击。这帮海盗非常精通武器的使用，杀死了大量西班牙士兵。战斗持续 4 个小时，总督和许多有身份的绅士在战场上被杀。最

后，西班牙人溃败，逃离战场，取得胜利的海盗们穷追不舍。城中居民虽然顽强抵抗，但最终还是被迫投降。城镇被攻占，很快成为贪婪征服者的猎物。海盗们将男人、女人和孩子统统赶进教堂，将其锁在里面，自己则开始大吃大喝，狂欢作乐，不给囚犯任何食物来维持生命。他们继续搜刮能找到的所有财富，还派出队伍进入乡村，带回大量战利品。最后，海盗们开始考虑撤离，但在此之前，他们动用最残忍的手段，逼迫那些快要饿死的可怜西班牙人交出藏匿的钱财，有人甚至被折磨致死，还有大批人被活活饿死。

由于食物渐渐短缺，海盗们决定撤退。但在撤退之前，他们决定索要一笔赎金。他们释放了几名囚犯，以便去筹集款项。这时，海盗们抓住一名黑人，这人身上带着圣雅格（St.Jago）总督给镇上一些重要居民的信。[9] 总督在信中告诉当地居民，他将很快前来援救，不要与海盗达成任何协议，而是想办法敷衍对方，直到援军到来。这则不利的消息让海盗们感到有些恐慌，但他们将情报拦了下来。派出去的几名囚犯回来告诉他们筹款未果，摩根突然表现得很宽容，并告诉对方，如果镇上的人能宰 500 头牛，[10] 将牛肉腌成肉干作为船上补给，他和手下就会离开。

40 对此，镇上的居民欣然同意，并在几天内完成了任务。摩根随后扬帆启航。这时，船上一名法国船员被一个卑鄙的英国水手刺伤，船员之间发生纷争。尽管摩根极力挽留那名法国船员，但对方还是与摩根分道扬镳。摩根将罪犯用铁链锁住，带回牙买加，在当地将其绞死。他们在普林西比港缴获的战利品仅 5 万枚八里尔银币，[11] 分赃之后甚至不足以偿还他们在牙买加的债务，摩根等人立即决定寻找新的冒险机会。一番鼓动之下，海盗们决定听从这位头目的指挥，不再向他打听细节，而是完全信任他的出色领导、勇气与才智。

获得船员的完全信任之后，摩根带领 450 人乘坐 9 艘小船启航，向哥斯达黎加进发。到了那里，他向全体船员透露了进攻波多韦洛的计划。有人对此提出反对意见，认为他们人数不足，无法攻占如此坚固的城市。但摩根回答说，“虽然我们人数少，但我们决心大。再说，人数越少，每人分到的战利品就越多。”

对财富的渴望驱散了他们的恐惧，大家纷纷表现出无畏的雄心。确实，这次行动的大胆程度几乎史无前例。

波多韦洛距达连湾（The Gulf of Darien）[12] 约 14 里格 [13]，向西 8 里格是圣名港，这里是西印度群岛最坚固的地方之一，有3座坚不可摧的城堡，其中两座位于港口入口处，若无许可，任何船只或小艇都无法通过。此外，这些城堡有大量驻军把守，镇上有将近500户人家。这里还有商人们的主要仓库，贸易十分繁忙。

摩根对进入城市的所有通道都非常熟悉。夜幕降临时，他们到达距离波多韦洛以西约10里格的纳奥斯港（Puerto de Naos）。一行人从该港口出发，沿河而上，来到庞丁港（Puerto Pontin），并在此处抛锚。他们坐上小船，午夜时分到达埃斯特拉隆加勒莫斯（Estera longa le 41
Mos），上岸之后徒步前往城镇的第一个哨所，由一位曾被囚禁在此地的英国人充当向导。

这个家伙胆量过人，堪当重任。此外，他曾遭西班牙人虐待，内心充满愤怒，复仇欲望极强，加入摩根队伍的唯一目的就是复仇。这座城镇恰好是他之前被囚禁的地方，他因此表现出极大的勇气、出色的技巧和灵活的应变能力。

还有3个人像他一样大胆，自愿前去制服哨兵。几人小心行进，因为他们知道这次行动的成功与否关系到整个计划的成败。他们接近哨兵，迅速扑上去将其制服，对方根本没时间用火枪发出警报。他们还堵住哨兵的嘴，以防对方发生任何响动。

完成任务后，几人带着俘虏回到摩根那里。那个可怜的西班牙人在摩根等人的威胁面前吓坏了，毫不犹豫地将城堡和驻军的情况以及海盗们想了解的其他信息都吐露出来。根据这名哨兵提供的宝贵情报，海盗们立即行动，带着被俘的哨兵，悄悄逼近城堡，彻底将其包围，阻止任何人进出。

摩根命令被俘的哨兵向城堡守军喊话，要求对方投降，如果拒不投降，将遭到最严厉的惩罚。面对摩根等人的劝降，守军用炮火回击。整个城镇响起警报，海盗们担心城里的人反击，于是发起猛攻，占领了城堡。接着，他们立即将可怜的西班牙人赶到一处，点燃火药库，瞬间将
42 对方全部杀害。

摩根继续洗劫这座城市，民宅和教堂一处都不放过。他们还将修道院里的修女和神父赶出来，强迫对方帮忙将梯子架到城墙上，方便他们攀爬……

这座城镇现已落入摩根等人的掌控，他们像往常一样纵乐享受，犯下最可怕的强奸和谋杀罪行，不仅如此他们还折磨囚犯，冷酷地嘲笑对方遭受的苦难。等吃饱喝足，海盗们开始考虑撤退，并要求俘虏们支付 10 万枚八里尔银

币作为赎金。可怜的俘虏当中有两人被派往巴拿马筹集这笔钱。此时，地方长官已集结一大批军队，准备与海盗开战。筹集赎金的那两人本想等战斗结束再做打算，可地方长官麾下的队伍被 100 名海盗击败，很多士兵在战斗中丧生。两人意识到，只能满足摩根的要求。后来，他们筹齐款项，带回去给了摩根。

为船只补给充足的食物后，摩根等人扬帆启航，但在此之前，他们拆掉城堡上的大炮，还摧毁了西班牙人修建的几座堡垒。摩根很快回到牙买加，这次的战利品多达 25 万枚八里尔银币，除此之外还有其他商品。这次行动可能是历史上最大胆的海盗劫掠行动：400 名海盗，攻下了一座防守坚固且人口众多的城池——这座城由 3 座兵力充足的城堡守卫，且拥有大量军事物资，而海盗们只有刀剑和
火枪！他们靠着坚定的决心克服了所有困难！ 43

以下是艾克斯默林的叙述：[14]

亨利·摩根船长出生于大不列颠威尔士公国。其父亲是富有且声誉良好的农场主，正如威尔士大多数摩根家族的人一样。摩根年轻时对继承父业毫无兴趣，因此离开家乡，前往沿海地区，希望谋一份工作，实现自己的野心。

他发现几艘船停在岸边，准备前往巴巴多斯，于是决定搭乘其中一艘船。按照当地惯例，他一上岸就被卖了。摩根在巴巴多斯做了几年劳役，获得自由后，他来到牙买加，寻找新的机会。在那里，他碰到两艘准备出海的海盗船，由于没有找到其他工作，摩根决定加入海盗的队伍。他很快学会海盗的生存方式，并通过三四次劫掠获得了一些财富。后来，摩根与同样赚到钱的几个同伴达成协议，合伙买下一艘船，众人一致推选摩根为船长和指挥官。

摩根船长乘着这艘船从牙买加出发，在坎佩切湾（Campechy）巡航。[15] 在这次航行中，他俘获了几艘船归来。这时，摩根遇到一个名叫曼斯维尔特的老海盗……此人正在组建一支规模庞大的舰队，计划登陆美洲，开展掠夺行动。曼斯维尔特见摩根船长带着如此多的战利品归来，料想他是一个勇敢的人，于是选择他担任此次远征的副指挥官。接着，他们装备了 15 艘大大小小的船，带着 500 名船员，包括瓦隆人（Walloon）[16] 和法国人，从牙买加出发了。不久之后，舰队抵达圣凯瑟琳岛，该岛靠近哥斯达黎加，位于赤道以北 12° 30′ 处，距离查格雷河（Chagre）35 里格。[17] 他们在该岛登陆，并出动大部分士兵，很快迫使该岛的守军投降，逼对方交出所有堡垒。

海盗们立即将所有堡垒摧毁，只保留了其中一座，并留下100个自己人，还有从西班牙人那里俘获的所有奴隶。其余船员前往另一座小岛，那座岛离圣凯瑟琳岛很近，海盗们在几天内搭了一座桥，将缴获的所有军火都搬到岛上。他们通过焚烧和杀戮摧毁两座岛屿，并给相关人员留下重 44
要指示，带着西班牙俘虏再次出海了。不久后，他们在波多韦洛附近将这些俘虏送上岸。接着，他们沿哥斯达黎加海岸巡航，直到科拉（Colla）河。海盗们计划洗劫该地区的所有城镇，再前往纳塔村继续掠夺。

巴拿马总督得知他们的到来以及他们犯下的暴行后，认为有必要率领一支部队前去迎战。总督的到来迫使这帮海盗突然撤退，因为整个地区进入戒备状态，他们的计划也被识破，眼下只能作罢。接着，海盗们返回圣凯瑟琳岛，去探望他们留下的百人驻军。这支驻军的指挥官是一位法国人，人称西蒙先生，[18] 曼斯维尔特等人不在的时候，西蒙先生表现很好，把这座大岛防守得严严实实，他还在小岛上开垦了许多肥沃的种植园，足以补给整个舰队，不仅能满足当前需求，还能为下一次航行提供足够的粮食。曼斯维尔特很想永久占领这两个岛屿，因为它们离西班牙属地很近，位置极为便利，而且容易防守。为此，曼斯维尔特决定返回牙买加，派遣增援部队到圣凯瑟琳岛，为入侵做好防御准备。一到牙买加，曼斯维尔特便向总督提出自己的计划，但总督担心惹恼英国国王，拒绝了他的提议。况且，如果提供曼斯维尔特所需的士兵和物资，必然会削弱总督所辖岛屿的力量。

曼斯维尔特知道自己无法独自实现这个计划，便前往海盗基地托尔图加岛。然而，还没等这个老海盗将计划付诸实践，死神突然降临，终结了他邪恶的一生，事情陷入
45 悬而未决状态。

圣凯瑟琳岛的指挥官西蒙先生迟迟没有收到总司令曼斯维尔特的消息，迫切想知道个中原因。同时，刚刚上任的哥斯达黎加总督约翰·佩雷斯·德·古斯曼（John Perez de Guzman）认为，海盗若占领这座岛屿，将对西班牙极为不利。他集结了一支规模庞大的舰队，准备收复该岛。为避免使用武力，这位总督先写了一封信给西蒙先生，告诉对方，如果对方愿意将岛屿归还天主教国王，[19]将得到丰厚的回报；如果拒绝，将在被迫投降时受到严厉惩罚。西蒙先生看到无力独自防守，也无法从中获得任何好处，稍作抵抗后，便按照西班牙人最初拟定的条款，将岛屿交还给合法的主人和统治者。几天后，一艘来自牙买加的英国船

抵达，这艘船由牙买加总督秘密派出，带来了大量的补给物资和人员，其中有男人，也有女人。城堡中的西班牙人看到这艘船后，升起英国国旗，劝说西蒙先生登船，将船开往他们指定的港口。西蒙照做了，结果所有人被俘。一位西班牙工程师后来发表了一篇关于西班牙人重新夺回该岛的详细报告，我认为有必要将其部分内容摘录如下：

有关天主教国王军队在圣詹姆斯骑士、西属美洲和维拉瓜（Veraguas）省总督兼总司令约翰·佩雷斯·德·古斯曼的指挥和英勇领导下战胜英国海盗的真实记述。

西属美洲（Terra Firma）本身足够强大，[20] 可以抵御并消灭包括牙买加海盗在内的任何大规模舰队，并通过多种方式向该地区的总督传达了消息，称 14 艘英国船正在天主教国王的海岸巡航。1665 年 7 月 14 日，巴拿马方面获得消息，称这些船已抵达纳奥斯港，并迫使圣凯瑟琳岛上的西班牙驻军投降，岛上的总督是埃斯特万·德尔·坎波（Estevan del Campo）。海盗们占领该岛，俘虏居民，摧毁了他们遇到的一切。与此同时，约翰·佩雷斯·德·古 46
斯曼得到关于这些劫掠行为的详细信息。从该岛逃身的一些西班牙人报告说（古斯曼将这些逃离者送往波多韦洛），海盗于 5 月 2 日晚间悄悄登陆，第二天经过几场小规模战斗之后占领堡垒，并俘虏了所有未能逃脱的居民和士兵。根据这些情报，约翰召开了一次战争会议，他在会上表示，这帮海盗在天主教国王的领土上取得重大进展，提出“必须派遣足够的兵力收复圣凯瑟琳岛，因为此事关乎西班牙的荣誉和利益，更重要的是，海盗可能通过这种征服逐步占领该地区的所有土地”。

对此，一些人表示，海盗们无法在该岛上长期生存，必然会耗尽资源，最终被迫撤离，没有必要多此一举，投入大量费用和精力夺回该岛。

不过，约翰是一位经验丰富且骁勇善战的士兵，他命令将补给送往波多韦洛以供民兵使用，并冒着极大的生命危险亲自前往该地。7 月 2 日，他抵达波多韦洛，带来了这次行动所需的大部分物资。约翰在港口找到一艘名叫圣文森特号的船，这艘船装备良好，属于黑奴贸易公司。他为这艘船配备了足够的物资，并任命波多韦洛的少校约瑟夫・桑切斯・希梅内斯（Joseph Sanchez Ximenez）上尉为指挥官，船上人员包括 270 名士兵、从该岛俘虏的 37 名囚犯，此外还有来自波多韦洛的 34 名西班牙士兵、巴拿马的 29 名混血士兵、12 名擅长弓箭的印第安人、7 名经验丰富的炮手、2 名副官、2 名领航员、1 名外科医生以及 1 名担

任随船牧师的方济各会神父。 47

约翰很快给所有官员下达指示，告知他们，卡塔赫纳（Carthagena）[21] 的总督将会提供更多的人员、船只和其他必要物资来支援这次行动。为此，他已经致信总督。7 月 24 日，风向良好，约翰启航了。他召集所有人员，向他们发表演讲，鼓励他们与国家和宗教的敌人，特别是那些对天主教国王的臣民犯下严重罪行的残暴海盗作战，并承诺将为那些在战斗中表现优秀的人提供丰厚的奖励。之后，约翰向他们道别，船只顺风启航了。22 日，队伍抵达卡塔赫纳，当地总督递收到一封信，这封信正是来自高贵勇敢的指挥官约翰。总督对约翰本人及其为国王效力的决心表现出极大的敬意，表示愿意支持他们。他承诺提供一艘护卫舰 [22]、一艘大帆船 [23]、一艘小船 [24] 和 126 名士兵，其中一半来自他的驻军，另一半是混血人士。充分准备好所需物资后，这些人于 8 月 2 日离开卡塔赫纳港，8 月 10 日抵达圣凯瑟琳岛西侧。尽管风向不利，他们还是顺利抵达港口并靠岸，但由于恶劣天气，他们撞上一块叫作基塔西诺斯（Quita Signos）的岩石，损失一艘小船。

海盗们看到我方的船停泊后，立刻向我方投来 3 发炮弹，我方也用炮弹回击。此时，约瑟夫·桑切斯·希梅内斯少校派了一名官员上岸，代表天主教国王要求海盗们投降，因为他们是在西班牙与英国和平相处时期占领该岛的。如果他们拒不投降，他将毫不留情地将他们全部杀死。海盗们回应说，该岛曾属英国统治，他们宁愿战死，
48 也不投降。

8 月 13 日，星期五，敌方的 3 名黑人游泳来到我们的旗舰上，同时带来情报：岛上的海盗总共 72 人，在如此大规模的军事力量面前，他们感到极度恐慌。根据这些情报，我方决定登陆，向堡垒推进，海盗不断从堡垒向我方发射大炮，直到夜幕降临。8 月 15 日，星期日，即圣母升天节，天气晴朗，海上无风无浪，我方开始进攻。旗舰圣文森特号朝着名为“圣母显现”的炮台发射了整整两轮炮弹，副旗舰圣彼得号则对另一个名为“圣詹姆斯”的炮台开火。同时，我们的人乘小艇上岸，朝着“圣詹姆斯”炮台的方向前进，然后朝着名为“科尔图阿杜拉”的大门推进。中尉弗朗西斯·德·卡泽雷斯（Francis de Cazeres）只带着 15 名士兵前去探查敌方军力，但敌方炮火太过猛烈，他们不得不匆忙撤退。敌人不仅把铁块和小弹丸当成武器，还把教堂的风琴都拆了，每次向我方射来 60 根管子。[25]

尽管敌人火力猛烈，约瑟夫·拉米雷斯·德·莱瓦

（Joseph Ramirez de Leyva）上尉仍带领 60 名士兵发起激烈进攻，双方殊死搏斗，最终莱瓦上尉战胜敌人，迫使海盗们交出了堡垒。

与此同时，约翰·加莱诺（John Galeno）上尉带领 90 名士兵穿越山丘，向圣特雷莎堡进发。少校约瑟夫·桑切斯·希梅内斯担任总指挥，带领其他士兵从圣詹姆斯炮台出发，坐 4 艘小船穿过港口，突破敌人防线，成功登陆。此时，加莱诺上尉带领的队伍也开始向前推进，就这样，我们的军队从 3 个不同的方向同时发起 3 次进攻，表现出
极大的勇气。看到许多同伙被击毙，且无法再坚持战斗， 49
海盗们最终向科尔图阿杜拉撤退，并向我们投降，将整个岛屿物归原主。我们的队伍迅速占领所有据点，并在感谢全能的上帝赐予如此显赫的胜利之后，立即升起西班牙国旗。在这次战斗过程中，敌方 6 人阵亡，多人受伤，70 人被俘；我方仅 1 人阵亡，4 人受伤。

岛上发现了 800 磅火药、250 磅小子弹以及大量其他军事物资。被俘的囚犯中还有两个西班牙人，他们曾为英军效力，对抗天主教国王。根据少校命令，这两人次日被枪决。9 月 10 日，一艘英国船抵达岛上。少校从远处发现了这艘船，他命法国人西蒙前去告知船上人员，该岛屿仍

归英国所有。西蒙领命前去，发现船上只有16名男子、1名女子和她的女儿，这些人立即被掳。

后来，所有英国海盗都被运往波多韦洛，另有3人按总督命令被送到巴拿马，在圣杰罗姆（St. Jerome）堡服劳役。该堡垒是一项伟大的工程，结构坚固，位于港口中央，呈四边形，由非常坚硬的石材砌成：高88英尺，墙壁宽14英尺，外围直径75英尺。该堡垒由数人私下出资建造，当地总督提供了大部分资金，没有动用国王的任何资金。

摩根船长看到首领曼斯维尔特已死，便竭力保持对
50 古巴附近圣凯瑟琳岛的控制。他的主要目的是将岛屿变成该地区海盗的避风港和庇护所，将其改造成方便存放战利品和掠夺物资的窝点。为此，他不遗余力地致信弗吉尼亚和新英格兰的几位商人，劝说他们提供物资和必需品，以便将该岛建设成防御严密、不惧任何侵袭的据点。但一切无济于事，岛屿最终被西班牙人重新夺回。尽管如此，摩根船长依然保持勇气，准备展开新的计划。他装备了一艘船，计划组建一支尽可能强大的舰队。后来，他完成最初设定的目标，命令舰队所有成员在古巴某港口集合，准备
51 召开会议，商讨最佳行动方案以及首要攻击目标。

8

Henry “The Dread Pirate” Mainwaring

亨利·梅因沃林（绰号：恐怖海盗）

皇家海军抵抗号
纽芬兰
17 世纪初

与亨利·摩根一样，亨利·梅因沃林也处于合法与非法的交会地带，其身份取决于外界的视角，即所谓的视差。梅因沃林出生于16世纪80年代晚期，活跃于17世纪前20年，他曾担任英国下议院议员，海盗生涯结束后在皇家海军服役过一段时间。他将自己的经验写成一本关于海盗以及如何打击海盗行为的小册子，其中包括他在海上的生活经历。以下摘录的特殊之处在于，它是海盗自述，而非旁观者的记录。这份摘录以信函的方式呈现——梅因沃林向詹姆斯一世献言，阐述是什么原因导致一个人走上海盗之路。

梅因沃林与海盗关系的变化始于1610年左右，当时他获得一项委任，负责在布里斯托尔海峡打击海盗，该海峡将威尔士与英国西南部隔开。名义上，梅因沃林是为了捉拿一名被认为藏身于纽芬兰的海盗，但启航之后，他与船员决定，一旦发现西班牙船只，就展开袭击。1614 年， 52
梅因沃林袭击了位于加拿大海岸附近大浅滩的鳕鱼捕捞船队，随后越过大西洋，在西班牙海岸进行袭击，并以今天的摩洛哥作为行动基地（再次说明沿海区域跨越了国家和文化的边界）。梅因沃林是一个十分强大的海盗，以至于西班牙和英国争相为他提供赦免，以免遭受他的掠夺。最终，梅因沃林于 1618 年被封为骑士。[1]

在当代流行文化中，例如在小说《公主新娘》（*The Princess Bride*，1973 年）以及根据该小说改编的电影（1987 年）当中，依然能见到梅因沃林的绰号：恐怖海盗罗伯茨（如果他真的叫这个名字）。在这部小说和电影当中，梅因沃林被描绘成金盆洗手、住在巴塔哥尼亚（Patagonia）的海盗，而他从不俘虏囚犯。

《海盗的起源、行为与镇压》[2]

致我最恩慈的陛下，您代表上天之王，您的慈悲超越一切。

我因您而获得重生（您的赦免让我死而复生），请允许我恳求您的恩典，怀着恭敬、顺从和感恩之心向陛下呈上这份礼物，作为我罪行的补偿，以及我对您高贵恩典的衷心感激。我万万不敢为自己犯下的错误辩解，甚至无法提出任何理由，哪怕其他人能用这些理由为自己脱罪。

我并非故意犯下这些错误，一切皆出于偶然；哪怕我
53 经历了这一切，我仍始终尽力为这个国家及商人们服务。

梅因沃林随后列举了自己为弥补罪行所做的努力。

这些真相虽不能洗清我的罪责，但或许能减轻他人的过失，因此可称为“美丽的罪行”（Pulchrum Scelus），[3] 不过我本人无法享受这样的待遇。若非基督教和自然法则禁止，我完全可以成为自己罪行的证人、陪审团、法官和执法者。我相信，陛下不会轻视我，反而会更加看重我，因为我拒绝了其他君主主动提供的宽恕与优待，特别是梅迪纳（Medina）公爵。他曾提出，若我愿意将马莫拉（Mamora）[4] 交给西班牙国王，便能获得一笔巨额奖金，我和我的船员将获得完全赦免，甚至在国王的船上担任指挥。

萨渥伊公爵为我提供赦免，佛罗伦萨公爵也为我提供

赦免，他还停下船来等我，等了很长时间。突尼斯总督[5]与我共进餐，并用项上人头发誓（这是他们最庄重的起誓方式），如果我愿意留下，他愿意与我平分财产，绝不强迫我改宗，[6]而是允许我在任何时候离开，只要陛下宽恕我。这些都是我的亲身经历，很多人可以做证。

自从我回国以来，我听说，波尔图·莱戈尔伯爵[7]得知我靠两艘船击退西班牙国王的 5 艘军舰之后（我在去年仲夏节那天与他们作战），提出如果有人向我传话，他会为我争取赦免，每年给我 2 万达克特[①]，让我担任那支舰队的指挥官。此外，我曾在海峡遇到蒙曼蒂（Manti）先生，[8]他带着吉斯（Guise）公爵给我签发的保护文书。西班牙大使也非常乐意与我兄弟沟通，[9]希望我能为西班牙国王效力，并借此请求对我的赦免。由此，陛下可以看出，我请 54
求宽恕并非因为我遭到所有基督教君主驱逐，而是作为一名忠诚的臣子，我将对陛下和国家的效忠置于自己的利益之上。关于此事，我相信陛下会听到其他国家对我的恶意中伤，因为我拒绝了他们，所以他们试图抹黑我，使我失去陛下的青睐。但我恳请陛下，对每个诚实的人来说，既

① 达克特（ducat）是旧时在多个欧洲国家通用的金币。

然生命和荣誉是正直之人心中不可割舍之物，如今您的宽厚仁慈恢复了我的生命，也请您恢复我的荣誉，二者都由您来定夺。我承认，自己曾经的行为并不光彩，但既然命中注定如此，我很高兴能以某种方式为陛下效劳，如果有机会的话。以下这篇简短文章，内容粗糙、论述方式欠妥（实乃不堪入目之物），若非得到陛下最贤明的一位臣子委托，我万万不敢呈递给您。

承蒙陛下恩典获得重生的罪民

亨利·梅因沃林

《海盗的起源、行为与镇压》一书意在阐述：

第一章

海盗的起源以及海盗如何在陛下的领地内自给自足。

第二章

促使人们从事海盗行为的动机与社会因素，以及有关“被迫出海之人”（Perforstmen）的阐述。[10]

第三章

海盗如何在海上作业。 55

第四章

海盗通常在何时何处靠岸，给船只补水、装载压舱物、取用木材、修整船只和销售赃物。

第五章

防范和镇压海盗的措施。

第一章

根据日常经验，英国海盗确实先在陛下的领地内装备船只和武装自己，包括英格兰和爱尔兰。这种情况之所以容易发生，是因为许多地方（尤其是那些无法容纳大型船只的地方）没有监管，[11] 加上小船主的疏忽，导致这些地方缺乏防御力量，且警惕性不足，他们甚至经常将帆留在船上。对此，有关官员难辞其咎，因为他们没有认真察看那些在其港口内或附近活动的水手的情况。因此，人们常常可以看到，寥寥数人（10 至 12 人）也能轻松出海，并在任何沿海地区都能找到同伴（因为普通水手大多贫困且心怀不满）。这些人坚信，等自己的队伍壮大，就能前往布列塔尼（Brittany）[12] 贸易航线，劫掠其他船只。他们在该地区常能遇到轻装出海的法国小船、尖尾帆船 [13] 以及霍恩地区出产 [14] 的布拉姆船（Brawme），[15] 这些船人员配备不足，很容易被劫掠。不过，这些船通常状态良好，载重在 180 吨—200 吨之间。弄到一艘装备精良的船之后，他们很快就能用几门大炮压制任何小船，逐渐增强实力，与大型船只交战。如果他们恰好从英国海岸的北部出发，
56 他们将会在北海进行必要的装备。为了让陛下具体了解海盗如何轻松登船，我举一个例子：当小型尖尾帆船和小船在格雷夫森德（Gravesend）下游、蒂尔伯里港（Tilbury Hope）或昆伯勒（Queenborough）附近停靠时，若风向为西风，他们可以在夜间用一两艘渡船悄悄登船，[16] 顺风出海，这样就没人能阻止或拦截他们。通常情况下，海盗就是这样在英格兰和爱尔兰开始活动的。这类事情在英格兰发生得更频繁，因为那里港口和船只较多，海员也更充足，但按比例而言，爱尔兰远远超过英格兰。爱尔兰可称得上是海盗的巢穴和仓库，因为这里为海盗提供了良好的生活条件，有源源不断的粮食，还有从英格兰前来投靠的水手。[17] 此外，海盗对皇家舰船的情报掌握得清清楚楚，甚至更为精确，但陛下对海盗的活动却不甚了解。这是因

为，对爱尔兰来说，海盗带来的利益要远远大于皇家舰队带来的负担或麻烦。此外，还必须考虑地理位置的便利性，爱尔兰南部、西部和北部海岸有许多无人监管的港口和海湾，任何实力强大的海盗都可以在这些地方随心所欲。再者，当地很多人几乎没有受到任何民事管辖，与海盗进行交易时，没有太多顾忌。

我亲眼见过这些事情，因为我当时在西北地区，当地很少有海盗出现。虽然我不确定自己将来的命运如何，但我希望能得到陛下的宽恕。为了安全起见，我不得不留在海上，直到我派往英格兰的朋友传来好消息。此时，大约60个新手加入我的队伍，我也收到了来自南方的信件，信中提到那里有很多人在等着我去接应他们。通常情况下， 57
海盗可以在这些港口修整船只，不必担心受到当地人袭扰，尽管他们完全有能力伏击或挫败海盗，但海盗依然能在这些地方补给食物。[18]

当地人不会公开提供食物，也不会公开表示支持这样的行为，但他们会私下与海盗船长约定，晚上将海盗所需的牛肉[19]或其他补给放置在某处。为了让食物看上去是被抢走的，海盗们会朝岸上放几发炮弹，再将食物取走。海盗船长还会以同样隐秘和巧妙的方式将货物或金钱运上岸作为交换。根据惯例，其价值必须是补给物品价值的 2 至 3 倍。海盗船长还能补给各种弹药或船只所需物资，如果当地有这些物资的话。我并不是说，这些行为得到了地方高级官员和指挥官的公开允许或默许，但我可以想象，在双方存在共同利益的情况下，当地官员可能对海盗行为存在某种程度的默许。

第二章

普通水手，甚至那些自愿走上这条路的人，主要受到一种普遍观念和习俗的误导，认为只有船长、指挥官和少数重要成员会被处死。[20] 目前海盗通常面临的惩罚要么是被处死，要么是被释放，最多也是短时间的轻微监禁，但轻微监禁对陛下而言是一种负担，对海盗来说反而没什么痛苦，因为他们大部分时间都在流动的监狱中度过。如果大规模处死被捕的海盗，可能会导致大量流血和死亡事件的发生。这些人在战争中表现极为勇猛，国家将来可能需要他们的效劳。[21] 若将其释放，实际上等于让他们重操旧业，因为大多数人永远不会洗心革面，这一点从过去获得赦免的海盗身上就能看得出来。恕我直言（当然陛下的见解更高明），我认为对国家来说，让海盗成为奴隶，即类

似于船上干苦役的奴隶，[22] 不失为一种良策。虽说这些奴 58
隶现在派不上用场，但为了开展海岸防御工作，我们可以设计一些更有用、更强大的船只，尤其是适合夏季，可以用帆和桨航行的船只。同时，这些奴隶还能用于许多有益工作的开展，而且陛下的开支非常小，比如海军建设，清理淤塞的港口，尤其是东海岸，这些港口的淤积对整个王国造成了很大的损害，几乎使当地的居民陷入贫困；修缮陛下在沿海的城堡和堡垒，自从来到此地，我看到这些城堡和堡垒已破败不堪。此外，将海盗变成奴隶，还能让他们从事许多类似的工作，聪明人和有远见的人可以轻松想出对策。这样一来，可以拯救许多人的灵魂，让他们有更长的悔改时间，而且这种惩罚带来的恐惧和震慑也超过死亡本身。我见过战斗中的海盗，他们更愿意一死而后快，而不是面对漫长且不确定的奴役。其他基督教君主也采用这种惩罚方式，将其转化为公共利益，值得注意的是，凡是将罪犯变成奴隶的国家，其国内几乎没有海盗的存在。[23]

许多海盗，尤其是那些小船上的海盗，人数不多，而且出海时间不长，因此很少引起人们注意。他们获得一些战利品后，通常会将船只搁浅，或直接将其沉没，以此销毁证据，再坐小艇逃生，这样就不容易被人发现，因为这些地方离他们原来的栖息地较远，而且离他们获得战利品的海岸也非常远。这帮人的想法是，要么成功逃脱，保住战利品，万一被捕，他们也只需与海军中将或一些下级官员达成和解或交易，因为没人能提供对他们不利的证据，受害者可能也没有注意到他们被捕，因此当地官员可能很容易堂而皇之地释放他们。尽管这种情况过去普遍存在，尤其是在爱尔兰，但我知道，国家仍有相应的法律和制度来制止和惩罚他们。因此，问题的根源在于官员渎职，如陛下采取严厉措施来执行正义，该问题或许很容易得到
59 纠正。

陛下曾赦免一个名叫彼得·卡森（Peter Cason）的人，他曾在伦敦康科德号（The Concord）发动叛乱。您还赦免了一个名叫皮特斯（Peeters）的荷兰人，他曾劫掠一艘来自伦敦的船，赦免条件是他们必须对英国人进行赔偿。因此，海盗们普遍认为，如果能够俘获一艘装备精良的英国船，并且能够返航或弥补之前的损失，他们就能获得赦免。在海盗们看来，如果能弄到一两千英镑，就一定能找到朋友为他们争取赦免。他们还认为，未来几年内，英国必然与西班牙开战，他们会等到大赦的那一天。最后，他们还认为，即使在英国无法获得赦免，还能去里窝

那（Leghorn）[①]和自由城（Villefranche）[②]等地避难。

我不知道该如何改变特权滥用的情况，因为这种滥用与文明社会的运作以及基督教国家之间的正常交往相悖，恐怕只能与相关方面达成协议，废除这种恶习，或创造平等条件，为那些对其他国家犯下类似罪行的人设立自由港，向那些因当地对海盗提供保护，其财产遭到非法扣押的人发放报复性拘捕证。还有一事没有引起人们的重视，但此事是导致人们持续加入海盗队伍的重要原因，即人们对所谓“被迫者”的误解。所谓“被迫者”，通常指的是那些在船上被带走的人，也就是说，人们通常认为这些人是被迫的。但为了让陛下更好地理解和判断有关情况，我必须如实报告，曾经我的船员有六七百人，绝大多数都是从船上招募来的，我并不知道队伍中有 3 人被迫入伙，因为其他人没有一个以这种方式加入。当我们截获并控制一艘船后，一些商人会来找我或我手下的船长及官员，说他们希望为我效力，但他们不敢表现出大大方方的样子，否则会失去与客户约定的报酬；而且，万一他们因某种原因回到自己国家，或被其他国家抓住，被人当成“被迫者”

① 意大利一港口。

② 法国南部港口城市。

60 对他们有好处，但对我没有坏处。我倒也希望别人心甘情愿地为我做事，因此我会出具一张证明，表明这些人是“被迫”的，并派人登船，装作强行把他们带走的样子。有了我的证明，这些人可以顺利地回到自己国家，不会受到任何骚扰或困扰，除非海军部哪个下级官员碰到他们，趁机劫财。由此带来的不便和危害在于，这些人知道自己享有特权，会变得比老船员更加暴躁、固执和叛逆，他们可能对自己的同胞施暴，也可能对他人施暴，而且毫无忌惮。此外，这些人通常不愿意被送回国，直到攫取一定的财富，才会伺机在陛下的领土登陆。他们会隐匿自己的财富，主动向邻近地区的官员或法官寻求庇护，埋怨他们因被强行扣押而受到的伤害，因此这些人通常不仅不会受到审判，反而能得到救济。

针对这种情况，在我看来，既不惩罚无辜者，也不让罪犯逃脱的办法是将这些人拘留，直到公正地查明，他们掠夺的物品是否超过他们的基本生活需求。如是，则他们和海盗船指挥官一样存在主观故意，和指挥官一样有罪。因为我从未见过哪位海员会如此慷慨，以至于强迫别人接受金钱，也没有见过哪位海员如此有礼貌和良知，以至于拒绝别人给予的东西。

第三章

海盗们的操作通常是这样的：天亮前不久，收起所有
帆，让船处于漂流状态，[24]以便观察周围船只，据此调整
航向，让自己看起来像正在航行的商船。如果其队伍是舰 61
队，那么他们会在天亮前稍微分散，保持一定的距离，如
果周围没有其他船只，则迎风行驶，假装正在巡航。[25]

如果有船只靠近，海盗们会尽量扬起所有船帆，挂上拖拽物[26]以减缓速度，让追赶的船只误以为他们害怕，实际上他们会趁机逃脱。[27]

海盗船的桅顶[28]始终有人值守，并且彼此间有信号指示何时追击、何时放弃、在何处会合，以及如何远距离识别对方。追击商船时，他们很少使用火炮，而是希望尽快登船，[29]震慑对方，同时减少自己的人员损失。他们通常会悬挂与自己船只最匹配的旗帜，[30]而他们的船大多是弗拉芒商船，因为这种船航行性能良好，空间宽敞，吃水浅，[31]成本低。

第四章

这部分内容对陛下而言或许有些乏味，因为陛下可能

不太熟悉海事，但依鄙人浅见，写下这些内容是有益的，如陛下有意派遣战舰镇压海盗，并发放委任状，可略加参考。

在直布罗陀海峡内，只有阿尔及尔和突尼斯可供海盗栖身，他们可以在这两个地方获得各种补给，躲避基督教国家派出的军队。然而，在阿尔及尔，他们的船常被土耳其人出卖，船员被招募，其中土耳其人与英国人的招募比例为 150 : 20，但英国船员的待遇通常更好，也能按时分得战利品。[32] 至于突尼斯，当地人更为正直，尤其是总督乌祖夫（Uzuff）掌权之后。该总督是一个非常讲信用的人。

阿尔及尔的海盗大多在直布罗陀海峡外活动，如果他们待在海峡内，通常会在卡塔尔角、巴洛斯角或圣马丁角附近活动，很少向更南的地方移动。进入海峡时，他们紧靠巴巴里海岸航行，但出海时则沿着基督教国家的海岸
62 航行。抵达突尼斯的第一个城镇得土安（Tetuan）之后，海盗们可以补给大量水资源和食物，购买大量火药（这些火药大多由英国和弗拉芒商人运入），而且能顺利出售赃物，因为这里的小船能迅速装卸货物。海盗们在当地没有特别的任务需要执行，只需保持一定的警惕。他们有时也在条件恶劣的水域停靠，如果地中海风暴来了，就必须出

海。当地人非常正直可靠。

海盗们也可以在特莱姆森（Tlemcen）补充淡水和压舱物，出售赃物，获得一些其他补给，但这个城镇距离海岸30英里，物品运输较慢，而且该地区的航道非常危险，因为这条航道位于一个深湾的底部，东北方向是鹰角（Cape Falcon），[33] 西北方向是三叉角（Cape Tres Forcas）。[34] 这里的人非常狡诈。

在伊维萨（Iviza）附近[35] 的弗门特拉岛（Formentera）[36]，海盗们可以补充水资源、木材和压舱物，但不能补充其他东西，因为当地没有居民。他们必须根据风向改变锚地，如果刮的是东风或西风，他们必须穿越岛屿间的水道，其中最佳航行区域水深约3英寻[37]，潮汐变化时，水深可达五六英寻。

到了基督教国家海岸的卡塔尔角（Cape De Gata），[38] 他们可以补给淡水，但如果身份暴露，就会遭到驱逐。

在阿尔及尔控制之下的博内（Bona）[39] 和博吉（Bougie）[40]，海盗能获得充足的食物、水和面包，并顺利出售赃物，对他们来说是理想的停泊地，但他们不敢与任何人交易，除非携带阿尔及尔的授权文书。他们可以在堡垒的指挥下靠岸，这里的人民非常公正。

突尼斯的海盗很少离开直布罗陀海峡，通常停泊在撒丁岛（Sardinia）附近的圣彼得湾（St. Peters）[41]、西西里帕萨罗角（Cape Passaro），[42]或在安杰洛角（Cape Angelo）与桑特岛（Zante）之间活动，但他们对威尼斯加利格罗斯（Galligrosses）大型战船[43]有些畏惧。从地中海南部出发的船只通常在坎迪岛（Candy）和卡尔帕索斯岛（Scarponto）之间的萨拉蒙角（Cape Salamon）活动，或者在坎迪岛附近的戈佐（Gozzo）活动，很少前往更南的水域。

在圣彼得岛和兰佩杜萨岛（Lampedusa），以及通常在所有的希腊岛屿上，海盗船可以补充淡水，而且这些地方还有大量的猪肉可取用，当地人也很友善，米洛岛（Milo）的居民更是如此。

若在罗德和塞浦路斯出示突尼斯或阿尔及尔的通行证，海盗们会受到款待，但一般来说，不能完全信任这些
63 地方的人。

到了巴巴里的黎波里（Tripoli），海盗们会受到招待，获得补给，安全停泊。但这里的水道对任何吨位的船只都不友好，很少有海盗敢来这里。

索维西（Sowsey）[44]在突尼斯的控制之下，是一处良

港。持有突尼斯官方信件的海盗会受到热情接待，且在城堡的保护下安全停泊。

法里纳港（Porto Farina）[45]距迦太基角（Cape Carthage）约 7 里格，这里有充足的淡水供应，而且是内陆港口，适合修理船只，但此地的西北风很危险，因为风暴会从高山上袭来。[46]若未经突尼斯许可，海盗船在此处无法获得除淡水以外的任何资源。

突尼斯是一片开放海域，城堡无法保护船只。整个海湾水深在 5 英寻—7 英寻之间，一两艘强大的船可以控制所有土耳其船只，一旦有基督教军队进来，他们就会马上弃船上岸。

阿尔及尔有一处港湾[47]，海盗船可以在其中停泊，这里有性能极为优越的火炮，可以控制整个海域。不过，若北风袭来，此地会变得非常危险，船只要么无法停靠，要么不敢冒险停靠。贝莱斯马拉加港（Velez Malaga）[48]和哈韦阿港（Jabea-Roads）[49]没有防卫，海盗可以趁船只停泊时发动袭击。在阿利坎特（Alicante）[50]，装备精良的船只常停泊在港口外的开阔水域，当风从海面吹向陆地，他们便能趁势打劫。在库列拉（Cullera）[51]，船只通常停泊在城堡的防御范围之外。

通常从 5 月初或 5 月中旬到 9 月底，几乎没有海盗在直布罗陀海峡活动，除非他们使用的是战舰或轻型舰艇。不过，到了 8 月中旬，阿尔及尔的海盗会在风向合适的时候离开海峡。

我不打算向陛下赘述这些海域的状况或打击海盗的
64 方法，因为这些地方更适合邻近的王公来防守和镇压。然而，在我离开直布罗陀海峡之前，我认为有必要向您说明我们与突尼斯和阿尔及尔之间的不平等关系，尽管我们的商人和代理人[52]在这些地方活动，与当地人开展自由贸易，但在海上，海盗仍会劫持我们的商船。如果我们不反抗，他们就不会把船员变成奴隶，也不会扣留我们的船只，但他们会抢走商人的货物。依我愚见，他们更多的是出于自身的利益，而不是出于对我们的善意，因为这样一来，普通水手将不太愿意为保护商人的货物而战。尽管这是极大的不公，但我认为与他们交往是必要的，因为英国若与西班牙开战，从西西里到直布罗陀，我们的商人在遇到困难时将找不到合适的避难所。

在整个直布罗陀海峡，没有任何地方适合吨位较大的船只搁浅或靠岸维修，他们只能将船体倾斜进行维修，这对海盗来说非常不方便。

大多数情况下，海盗在直布罗陀海峡外的活动主要集中在西班牙和葡萄牙海岸，并根据季节变化在不同的地方停留。2 月中旬到 3 月底，他们通常在圣玛丽角（Cape St.Maries）以南或南偏西方向 20 里格—30 里格处埋伏，专门伏击驶往印度的船只。一般而言，2 月至 5 月，他们会在西班牙海岸附近活动，埋伏在圣文森特角（Cape St. Vincent）以西约 20 里格处，寻找返航经过直布罗陀海峡的船只。其他寻找补给的海盗则会在巨岩（The Rock）[53]或布灵群岛约 15 里格处徘徊，等待东欧商船的到来。这些商船满载粮食，准备给西班牙舰队提供补给，同时还载有大量的铜、亚麻和衣物。在北纬 39° 和 44°[54]之间，海盗们还经常拦截那些常年从巴西往返的商船。他们在这片海岸附近活动时，通常会在夜间靠岸，白天则远离海岸。如果刮的是西北风（因为这几个月当中，沿海一般刮的是北风或东风），他们会靠近海岸，但仍保留三四里格的距离，如果刮的是西风，他们则会保持更远的距离。 65

一些海盗船在航行时会将东南或东南偏东方向的圣文森特角作为标记物，在距离该角 8 里格—16 里格埋伏，专门等待那些绕过圣文森特角前往圣卢卡湾（San Lucar）、加的斯（Cadiz）或直布罗陀海峡的船只。但一般来说，海盗们必须使用强大、结实的战舰，以便在西班牙国王的战舰经常活动的水域中航行。其他小型船只可能会在北角（North Cape）附近活动，特别是一些小型加列戈船（Gallego）和布顿船（Burton），这些船通常会紧贴海岸航行，尤其是刮东风时。一些需要在 1 月、2 月前往爱尔兰修理的船只会在 3 月初前往松德海峡（The Sound），但由于丹麦国王的军舰在附近活动，他们在那里待不了多久，随后便会返回爱尔兰进行修理，有些船只会驶向西班牙海岸。

到了卢波（Lupo）[55]，他们可以弄到一些山羊，但除此之外，别无其他。

到了西部群岛[56]，海盗们可以在圣乔治岛[57]靠近火山顶[58]的那一侧取水。在弗洛雷斯岛（Flores）周围，[59]他们可以补充淡水、木材和压舱物，岛上的居民通常不会干扰他们，但由于特塞拉岛（Terceiraes）[60]总督的严厉惩罚，他们不敢再像以前那样与海盗交易。然而在科尔武岛（Corvo）[61]，当地人会与海盗偷偷交易，而且交易频繁。

在纽芬兰（Newfoundland）[62]海岸，海盗们可以轻易获得面包、葡萄酒、苹果酒和鱼，以及船只所需的一切物品。

如果海盗的实力足够强大，甚至能控制整个纽芬兰，因为当地渔民缺少互助精神，而且停靠的船只很少，小规模海盗团伙可以在不同的地方靠岸。不过，前往纽芬兰的人不多，因为航程非常漫长，而且途中刮的大多是西风和西北风，除非他们在 6 月中旬之前到达，否则如果准备不足，可能在航行途中遭遇困境。[63] 人们曾多次建议国家派遣护航船只保护渔民，[64] 但最有效、最实惠的方式是命各港口加强防御，配备一些火炮，这在年初的时候比较容易做到，因为这时人们手头几乎没有其他事情。不过我必须承认， 66
安排两三艘战舰将大有帮助，尽管这样做无法完全解决海盗问题，因为向南的洋流非常强大，而且海面上多半刮的是西风和西北风，北上的船只将逆风而行。此外，来往的船只非常多，他们将难以判断该追击哪一艘，浓雾也使得长时间追击变得困难。在苏格兰周围岛屿 [65] 以及陆地上多个地方，海盗船可以进行良好的修整，并在岛上获得所需物资；不过我们与这些地方的贸易不多，对其有所了解的人也很少，因为领航员很少前往这些地方。

在圣乔治（St. George）海峡的米尔福德（Milford）和威尔士海岸，海盗们可以修理船只，但这里的海岸和海峡十分危险，大多数情况下，陛下的船只要么停靠在米尔福德，要么停靠在都柏林，因此海盗船很少去这些地方，除非是一些灵活的小型船只。

我从未去过冰岛[66]或弗里斯兰（Friesland），因此无法根据自己的了解说出海盗船在这些地方能做什么。但我听说海盗会从当地渔民招募人手，补给食品。依我之见，可能确有此事。不过，我的经验来自我见过的海员及其航海经历，我确实知道他们在回西班牙海岸时必须在爱尔兰停留，以便清理船只。我最后才提及这个地方，是因为这里是他们最常光顾的地方，也是最重要的地方。这里不仅有其他地方能提供的所有物品和便利，还有很多英格兰、苏格兰和爱尔兰姑娘，这些姑娘是吸引普通水手前来的强大诱因。我省略了拉特岛（Rat Isle）、贝尔岛（Belle Isle）和布列塔尼（Brittany）海岸的多个地方，因为这些地方鲜有人光顾，我的目的是简明扼要地谈论海盗们最关心和最
67 常去的地方。

第五章

有关海盗的大概情况已经明确，接下来需要的是制定对策，找到最佳方式解决问题，打击在海上活动的海盗，防止新的海盗出现。对国家而言，这是一件光荣的事，对

上帝而言，也是可接受之举，并且将给所有基督教商人带来巨大好处。

首先，为防止海盗滋生，陛下可命令陛下领土内所有港口的官员调查各海员的行为，尤其是曾经与海盗为伍的人员，对那些无所事事且不寻求正当差事的人进行约束或者监禁。爱尔兰地区几乎没有航运，必须严禁任何海员，尤其是曾参与海盗活动的人，进入距离海岸 10 里格—12 里格的范围内。

我知道目前已有这样的规定，[67] 且在南海岸得到妥善执行，然而（据我所知），在一些情况下，最近仍有海盗从这些地方劫走船只。在西部和西北地区，相关规定并未得到妥善执行。我认为，设计一些更普遍的就业方式，是大幅提升我们国家财富和声誉的良策，这样那些心怀不满的人就不会因为找不到合适的工作而被迫走上违法道路。这样做的好处显而易见，因为自陛下统治以来，海盗的数量是之前女王统治时期的 10 倍之多。[68]

现在稍微理想的是纽芬兰航线，但人们认为这条航线太艰辛。至于纽卡斯尔航线，许多人又认为太低贱。至于陛下的舰船，待遇极低，薪水极差，海员们认为在这些船上服役是一种奴役。[69] 我说的是普通水手，而非官员。对

此，我必须提醒自己，“鞋匠只应守鞋楦”，[70]该计划还是留待陛下判断，我唯一想提醒的是，单纯追求惩罚而不
68 预防罪犯的政策恐非良策。

为了打消海盗的侥幸心理，陛下必须下定决心，永不赦免任何人，对于那些被捕的海盗，要么处死，要么罚其为奴。如果陛下问我，这些人何时会停止作恶，我会像一位聪明的宠臣对已故女王所说的那样回答。女王问他何时会停止乞讨，他回答说，唯有女王停止施舍[71]，他才会停止乞讨。因此我也想说，只有当陛下停止宽恕，他们才会停止作恶。根据我在有限的旅行中所做的观察，我发现治理良好的国家，法律的执行往往非常严厉。例如突尼斯，任何罪行都不会获得赦免，而是根据当地习俗和法律受到严厉惩罚。在我往返突尼斯的 5 个月中，我从未听说过谋杀、抢劫或私人争斗。据我所知，基督徒甚至可以携带大量钱财，在突尼斯独自一人走上 150 英里，而不会被人盯上，这在其他基督教国家是无法保证的。同样，对我手下那些极为粗鄙和野蛮的海员（我指的是普通海员，他们是所有人当中最不文明和最野蛮的），如果我曾经对任何罪大恶极的行为给予宽恕，即便是宽恕我最忠诚的追随者，我也无法活到现在。通过持续的严厉惩罚，我能在短时间

内让他们保持良好的服从和秩序，以至于我的手下在几年内从未犯下任何暴力罪行。他们在我的船上秩序井然，与文明社会相差无几。毫无疑问，惩罚的恐惧使人们对犯罪
心存顾虑，而宽恕使他们更容易犯错。 69

鄙人认为，审慎决策，行动果断，实乃良策。[72]

9

Alexander O. Exquemelin

亚历山大·O. 艾克斯默林

西印度群岛
1684 年

前文提到艾克斯默林，他是被亨利·摩根指控诽谤的水手，以下是他关于海盗如何组织船队的描述。一些历史学家认为，海盗船的组织形式代表了一种原始的民主，甚至代表了一种在近代早期闻所未闻、共享权威的乌托邦愿景。虽然这种解释可能带有某种浪漫主义色彩，但与水手在商船、海军舰艇甚至内陆遇到的森严阶级制度相比，艾克斯默林所描述的海盗船组织方式可能确实更加平等。对生活在那个时代的许多人来说，这种对自决权的承诺可能也确实非常具有吸引力。

海盗船的武装以及航程管理[1]

海盗出海之前会通知参加此次巡航任务的所有船员，

明确告知他们必须在哪一天准时上船。他们还会明确告知每个人，必须带多少磅火药和子弹，具体由此次巡航所需的数量决定。所有人登船后，他们会共同商议，讨论首先 70
应该前往何处获取补给，特别是肉类，因为海盗们几乎无肉不欢。海盗常吃的是猪肉，其次是海龟肉，吃之前，他们会稍微腌一下。有时他们会去抢劫养猪场，西班牙人的养猪场通常养了上千头猪。海盗们趁夜黑风高来到养猪场，围住守卫的小屋，强迫对方起床，他们想要多少头，对方就得交出多少头。他们还会威胁说，如果对方不听命令或者乱嚷嚷，就把对方给宰了。别以为这是开玩笑，海盗们往往都会来真的，毫不留情地结果猪倌或任何试图阻止他们抢劫的人的性命。

弄到足够的肉之后，海盗们会回到船上。每人每天可敞开肚皮吃两顿肉，没有任何限制，也无须称重或计量。船长分给管事的肉类和其他食物不会比普通水手更多。船上物资充足时，海盗们会召开另一次会议，商讨接下来去哪个地方寻求财富。在这次会议上，他们还会商定一些条款，以书面形式记录下来作为约束或义务，所有人都必须遵守。此外，所有人或主要成员都要在上面签字。海盗们会明确列出每个人在此次航行中应得的具体金额，所有酬

劳均来自这一票所得的战利品，因为海盗团伙就是这样，
71 没有战利品，也就没有报酬。首先，条款会列出船长应得的报酬，接下来是负责修理和装备船只的木匠或造船师的报酬，通常是 100 枚—150 枚八里尔银币，具体金额根据协议而定，实际上会有些许出入。海盗们还会从战利品中抽出一笔共同资金，即大约 200 枚八里尔银币，作为食物和补给开支。同时，他们还为外科医生及药品支付合理的报酬，通常为 200 或 250 枚八里尔银币。最后，他们还以书面形式规定，有人若是在这次任务中受伤、残废（断手断脚或失明），[2] 此人将会获得多少补偿或奖励。他们规定，失去右臂的赔偿为 600 枚八里尔银币或 6 个奴隶；失去左臂的赔偿为 500 枚八里尔银币或 5 个奴隶；失去右腿的赔偿为 500 枚八里尔银币或 5 个奴隶；失去左腿的赔偿为 400 枚八里尔银币或 4 个奴隶；失去一只眼睛的赔偿为 100 枚里尔银币或 1 个奴隶；断指的赔偿与失去眼睛相同。所有赔偿金，如前所述，都从劫掠行动获得的钱财或公共资金中抽取，剩余部分则在所有船员之间进行精确、公平分配。不过，分配时也会考虑到船员的职位和等级。船长或主要指挥官的份额是普通船员的 5 到 6 倍，大副的份额是普通船员的两倍，其他高级船员的报酬根据其职责比例

分配。剩余人员，从最高职位到最低职位的水手，均会获得相应的份额，即便茶房也能获得半份，因为当海盗们俘获一艘更好的船只时，茶房的职责是点燃他们原本的船只或小艇，然后撤退到俘获的船只上。

海盗非常遵守秩序。他们严禁任何人私占物品，所有
战利品均须按照之前的约定平分。他们甚至互相起誓，不
隐瞒或隐匿在战利品中找到的任何值钱物品。如果有人不
忠，违反誓言，此人将被立即除名，驱逐出整个队伍。海 72
盗们彼此之间非常友好和慷慨，如果某人恰好拥有另一人
需要的物品，他们会非常慷慨地赠予对方。

海盗捕获任何船只或小艇后，会先把囚犯送上岸，仅保留少数几人以供自己使用。对这些囚犯，他们也会在两三年后给予自由。海盗经常在某个岛屿停留，补给资源，尤其是那些位于古巴岛南侧的岛屿。靠岸的时候，有的人修理船只，有的人去狩猎，有的人则乘坐独木舟在海上巡逻，寻找机会。他们经常抓住捕捞海龟的可怜渔民，把对方带到自己的栖息处，迫使对方工作，直到自己满意
为止。 73

10

Henry "Long Ben" Avery/Every

亨利·埃弗里/埃夫里（绰号：高个子本）

幻想号

大西洋与印度洋

17 世纪 90 年代

企鹅海盗史

人们读完亨利·埃弗里的故事会发现，海盗的浪漫色彩在很大程度上遮盖了海盗的真实历史，即像埃弗里这样的人在成为海盗的过程中，充斥着多少暴力和残酷。一方面，这个故事包含了海盗故事中梦寐以求的浪漫元素：钻石、宝藏、莫卧儿公主、热带岛屿，以及从波士顿到加勒比海再到马达加斯加的海上冒险。但另一方面，这个故事也同样充满了可怕的情节：虐待儿童、强奸、奴役、欺骗、人与人之间的不信任以及暴力。

亨利·埃弗里，有时拼作埃夫里（Every），出生于1659年左右。根据一名船员被捕后的证词，1696年时的埃弗里约40岁，其母亲住在普利茅斯，妻子以卖假发为生。[1]埃弗里曾在皇家海军服役一段时间，之后参与了从几内亚到百慕大的跨大西洋奴隶贸易。其绰号“高个子本”（Long Ben）来源不明，有人称该绰号来自他偶尔使用的别名“本杰明·布里奇曼（Benjamin Bridgeman）”。 74

埃弗里曾在一艘名为查尔斯二世号（Charles Ⅱ）的军舰上担任大副。有一次，船员们在西班牙海岸锚泊了很长时间，但迟迟没有等来私掠许可证，也没有等来报酬。骚乱不安的船员最终发动叛乱，推选埃弗里为船长。1695 年，埃弗里发起所谓“黄金时代”最具盈利性的海盗活动。他将船改名为幻想号，在红海袭击了一队返回麦加朝圣的莫卧儿帝国商船，其中一艘大型商船冈依沙瓦号（Ganj-i-Sawai，意思是“宝藏”）装载了大量用于朝圣的宝藏，包括金币、丝绸、宝石以及中国出口的瓷器。当代一位历史学家估计，这些物品的价值约为 9800 万美元（按照 2022 年货币价值计）。[2]

这次单方面的海盗行为破坏了英国与莫卧儿帝国之间脆弱的关系，部分原因是后者的巨额财富被掠夺，但这次袭击伴随的性暴力也是重要因素。不过，从以下摘录可以看出，埃弗里对性暴力并不陌生，他在成为海盗之前的生活同样充满了残酷。

英国枢密院与东印度公司联合悬赏埃弗里的头颅，

从某种程度上而言，埃弗里因此成为首个被全球追捕的对象，但他从未落网。

1696 年之后，埃弗里在世间的记录消失了。有人推测，他可能是最早在马达加斯加海岸的圣玛丽岛建立海盗乌托邦的海盗之一，接下来的叙述也印证了这一观点。大多数历史学家认为，埃弗里死于 1699 年—1714 年，但无
75 人知晓确切时间。

人们也不知道埃弗里掠夺的莫卧儿宝藏后来去了哪里，尽管埃弗里的部分船员确实曾在北美殖民地寻求庇护。2014 年，来自冈依沙瓦号的金币在罗得岛米德尔敦的甜浆果农场（Sweet Berry Farm）被发现，类似金币也陆续在马萨诸塞州、康涅狄格州和北卡罗来纳州被发现。[3]

在这个事实与传说交织的海盗故事中，从人间蒸发的埃弗里成为人们广泛关注的对象，他的行为常常被美化或浪漫化，甚至被视为工人阶级对权力阶级不公正压迫的正当反抗。在黄金时代的海盗还没长大的时候（见本书第二部分），埃弗里的壮举早已广为人知。

埃弗里船长生平[4]

亨利·埃弗里的父亲名叫约翰·埃弗里（John

Avery），是普利茅斯附近的酒商。几年间，约翰通过高价倒卖酒水赚了不少钱，身材也发了福，因为他自己也喝了不少。约翰的妻子聪慧过人，善于经营，仿佛从小就受过这方面的训练。确实，她从小就在酒馆长大。嫁给埃弗里之前，她的母亲一直在经营这家店。一家人很快变得富有，甚至能给整艘船的船员赊账。那个年代，船员们赊账的票据价格往往不到票面价值的一半。

夫妻俩只有一个孩子，也就是亨利·埃弗里。起初，他们决定把小埃弗里培养成学者，提升家族地位，可小埃弗里不但没有好好读书，反而学会了下流话，甚至能够对着指南针的不同方位骂脏话。对在厨房喝酒的水手长[5]和船员来说，这是一幕非常有趣的场景。他们刚在复仇号上领到少量报酬，可还没等踏出埃弗里的家门，他们就花光了所有钱。埃弗里太太行为放荡，孩子则满口污言秽语，说不清究竟谁给船员们带来更多乐子。等这些船员的钱花光之后，埃弗里太太差点以“闹事”为由把他们都关起来，所以一行人离开埃弗里的家时，心里都庆幸不已，恨不得快点回到船上。可惜，这时船已经解缆出海了。水手长和 76
船员气得破口大骂，只好又回到房东埃弗里太太家，但她将几人拒之门外，大骂他们是一帮穷酸的浑蛋，还发誓说如果他们不离开，她就会叫巡警来。尽管6岁的小埃弗里一再哭泣和哀求，她也不肯让他们进门，几人不得不在街上游荡了一整夜。第二天早上，他们看到船因逆风的缘故又靠了岸，便决定赶紧上船。途中，他们遇到小埃弗里，小埃弗里一看到他们喊着追了上去。水手长说，见鬼，[6]咱们把这小狗崽子带上船，那贱女人为了见到儿子，肯定会少让我们付点钱。其他人纷纷表示同意，小埃弗里也很乐意跟他们走。他们一起上了小船，差不多一个小时后到了大船上。刚一上船，他们就被带到船长面前。这时风向变了，全体船员都得行动起来，做好出海准备，船长又缺人手，便让他们赶紧去干活。

整个过程中，小埃弗里一直跟在水手长后面，据说他骂的脏话比水手长还多。船长听见后，便问是谁把这个小杂种带上船的。水手长回答是他带来的，接着抱怨说这孩子的母亲，也就是他的房东，简直是他的灾星。他原本只想开个玩笑，但他现在担心恐怕不得不管这小兔崽子的吃喝拉撒。

忙完之后，船长下令把男孩带到自己的舱房。与小埃弗里聊了一会儿后，船长便喜欢上了这个男孩，还说只要小埃弗里表现好，就让他留在船上。船长很喜欢孩子，

常跟小埃弗里聊天打发时间。他对小埃弗里的喜爱与日俱 77
增，还给小埃弗里在舱室安排了一张小吊床。两人变得非常亲近，不过这事差点给船长带来天大的麻烦。一天晚上，小埃弗里看到船长和几个准备去卡罗来纳的乘客喝得酩酊大醉，就拿着一根点燃的火绳玩，差点把船炸毁。如果不是炮手无意中跟着他进了储藏室，整船的人可能真的要去见上帝。从那以后，船长对这个小家伙起了防备之心。[7]小埃弗里被狠狠抽了一顿，接着被关进底舱，直到四五天后抵达卡罗来纳。靠岸后，小埃弗里被交给一位商人，商人很喜欢他，便送他去上学。然而，小埃弗里在学校没学到什么东西，还常常捣乱，闯祸不断。大约 3 年后，商人乘坐无敌号（The Nonesuch）将小埃弗里送回普利茅斯的亲人身边。小埃弗里一到家，他的母亲喜极而泣，而他的父亲在他回来前一个月已经去世。

后来，亨利·埃弗里的母亲也去世了。过了一段时间，埃弗里不得不自己谋生，多年来靠小偷小摸度日，再后来，他出海当了海盗，最终因抢劫而“声名鹊起”，与犯下叛乱的克伦威尔一样出名……

亨利·埃弗里登上由吉布森船长指挥的公爵号，船上有 24 门火炮和 100 名船员，这是由布里斯托尔商人装备的两艘船之一，任务是前往西班牙服役。两艘船刚刚装备完成，便接到代理人的命令前往布里斯托尔，在码头等待指示。[8] 埃弗里报名登上其中一艘船，那时他大约 20 岁。登船没多久，埃弗里便注意到船长极度嗜酒。他不仅鼓动自己船上的船员，还与另一艘船的部分船员达成共谋。当他发出暗号，另一艘船——公爵夫人号的长艇出现了。密谋者向长艇上的人打招呼，对方问道："你们的醉鬼水手长在船上吗？"这是双方事先约定的暗号。埃弗里回答，
78 "一切安全。"随后 20 个壮汉登上船，加入埃弗里的队伍。待一切安排妥当，他们控制了舱口。尽管海湾里有好几艘船，还包括一艘装备了 44 门大炮的护卫舰，但他们在没有引发骚乱的情况下顺利启航。

这时，船长被密谋者操控船只的噪声吵醒。他敲响铃铛，询问究竟发生了什么事。埃弗里和一些船员回答说："没什么事，见鬼，你是不是喝多了？你就不能安静躺下睡觉吗？"船长说："不，这艘船一定有问题。它是不是在漂移？外面是什么天气？暴风雨吗？"埃弗里说："别嚷嚷了，你能不能安静点？我告诉你，一切都好，我们在海上，风和日丽。"船长说："在海上？那不可能。"埃弗里回答："说出来你别害怕，我实话告诉你，现在我才

是这艘船的船长，你赶紧起来出去，这是我的房间，我和同伴们准备去马达加斯加，寻找属于自己的财富。”

听了埃弗里的一番话，船长更慌了，不知道说什么好。埃弗里察觉出对方的神情，便告诉对方要打起精神来。埃弗里说：“如果你愿意加入我们这支勇敢的队伍，那你就能在我手下谋一个职位；如果不愿意，那就跳进小船，爱干什么干什么去。”船长听了，松了一口气，但他还是对亨利和其他人的叛乱行为不满，说他们这样做是不道德的。亨利说，去他妈的，道德与我何干；人不为己，天诛地灭。

来吧，做个了断，船长，如果你要走，那就快走，魔鬼陪着你走。小艇在等着你，如果船上还有其他懦夫，赶紧一起滚蛋。这番话吓坏了全体船员，只有不到十个人敢冒险，乘着小艇前往岸边，逃命去了。

船长一走，船员们立即召开会议，一致同意推举埃弗里为船长。埃弗里以极为谦逊的态度接受了这个职位，称自己在航海方面经验不足，但他巧舌如簧，反而让众人更加相信，推选他当船长是正确的。埃弗里说，各位，我们 79
做事必须承担后果，无论生死，都要勇敢面对；若我们齐心协力，我相信要不了多久，就能发大财。我建议先把船开到马达加斯加，在当地建立关系网，找好退路。船员们一致同意。不过，埃弗里又说，为了更好地管理船员，我们有必要制定一些规矩。几天后，这些规矩由船上的书记员起草完毕。埃弗里向他们承诺了许多好处，最终他们都同意了，不过其中禁止带女人上船的规定让很多人非常不满。埃弗里等人抵达马达加斯加时，看到一艘船停靠在该岛东北部，这艘船是一些从新英格兰逃走的人偷来的。他们见到埃弗里，以为对方是英国派来抓他们的，但埃弗里很快打消了这些人的疑虑，并保证给予对方保护，这些人决定与埃弗里等人一起航行。整支队伍中，只有不到 10 人自称通晓航海技术。埃弗里不会写字，阅读能力也有限，他之所以被选为船长，完全是因为他的勇气和计谋。他们在德斯卡达岛（Descada）[9]附近海域俘获两艘单桅帆船，从船上弄到了补给，随后决定前往西印度群岛。到了巴巴多斯，他们碰上一艘去伦敦的船，这艘船上有 12 门火炮，他们从船上抢了一些衣物[10]和钱、10 桶火药和 10 桶牛肉，还带走 5 名船员，然后放走了那艘船。接着，埃弗里和同伙将船开往圣多明各补水，在那里遇到 6 个英国人，这些人自愿加入埃弗里的队伍。不久后，他们抵达格林纳达岛，清理了船只。不过，这一消息被法属马提尼克岛

（Martinico）[11] 的总督得知，总督派出 4 艘装备精良的小船追击埃弗里及同伙。但这帮海盗在格林纳达岛没待多久便迅速前往纽芬兰，挂着黑旗，鼓声震天，号角齐鸣，进了特雷帕西港（Trepassi）。[12] 他们在这个港口大肆破坏，几乎烧毁一切。离开纽芬兰后，埃弗里和同伙再次驶向西印度群岛，然后前往德尔卡达岛（Delcada），[13] 因为他们认为这是当时最适合掠夺大量战利品的地方。 80

埃弗里等人从德尔卡达岛出发，驶向阿拉伯海岸。他们在靠近印度河的流域航行时看到一艘船，随后展开追逐。等他们靠近，那艘船升起莫卧儿帝国的旗帜，摆出防御姿势。埃弗里选择远距离炮轰对方，许多船员对这种做法不满，大骂埃弗里是懦夫。然而，埃弗里比他们更懂得如何应对，他命令小船分别从那艘船的船头和船尾发起进攻，两头夹击。那艘船降下旗帜，投降了。船上一名女子是莫卧儿皇帝的女儿，此外还有几位贵族，他们正带着珠宝和其他珍贵礼物前往麦加朝圣。这次行动的战利品非常丰厚，因为莫卧儿帝国的权贵出行时总是极为奢华，不仅带着奴隶和侍从，还有用于日常开销的大量珠宝和金钱。然而，金钱没有让埃弗里满足，他玷污了那位公主，而且像禽兽一样玷污了她随行的侍女。随后，他将公主带上自己的船，迅速驶向马达加斯加。到了岛上，公主生下一个孩子，但孩子不久后夭折，公主为此悲痛欲绝。不久后，公主的父亲——莫卧儿大帝（The Great Mogul）[14]得知此事，威胁要向整个欧洲复仇。当他发现是英国人玷污他的女儿并抢走他的财产时，他发誓要派遣一支强大的军队，用火与剑将印度沿海所有英国人的据点铲平。此事令伦敦的东印度公司极为不安，他们宣称自己是无辜的，并称此事违反了英国法律和国际法，但安抚莫卧儿大帝耗费了相当长的时间和巨额费用。[15]最终，他们不得不承诺派遣一支舰队营救他的女儿，并赔偿他遭受的损失。

与此同时，埃弗里正带着公主和战利品迅速前往马达加斯加，打算将这个地方作为他的财富藏匿点，并建造防御工事，以防万一。埃弗里深知，他所做的事情会让自己变成整个欧洲的公敌，如果不能保护自己，他将死无葬身
81 之地。

埃弗里首先考虑的是确保钱财的安全，但这些钱财仍然放在船上。他向各位船长发出信息，请他们前来商讨，下一步该如何确保自身安全。船长们一上船，亨利就开始了他那言辞简单粗俗的演讲。[16]他赞扬了他们的勇敢，并邀请他们进入自己的舱室，说自己已经准备好桶装烈酒招

待他们。[17]待各位船长微醺之后，埃弗里说：各位船长，各位英雄，你们都知道这次行动是多么幸运。我们已经赚到大把的钱，如果我们小心保管这些财富，就不必再去海上冒险。让我们尽快前往马达加斯加，我们有足够的钱，可以在那里建一块殖民地，建造防御工事，保护自己。你们也知道，我们对莫卧儿商船所做的事情震惊了全世界。勇敢的伙计们，我们不要再冒险了，先保住战利品，以防风暴或船队分散。至于我的船，它足够强大，能防御任何突袭。如果你们认为没什么不妥之处，可以把所有箱子都放到我的船上，大家用各自的印章封好，直到我们到达事先约定的马达加斯加东北部。这时船长们已经喝醉，纷纷同意了。幸运的是，箱子被搬上船时，船长们除了烟斗之外，没有任何正式印章。[18]还有一位船长看走了眼，把他妻子的顶针当成了印章。渐渐地，埃弗里开始厌倦这些船长，思忖着分赃的人这么多，如何才能保住所有财富。他决定以其人之道还治其人之身，假装生病，晕死过去。其中一位船长说，见鬼，我们把指挥官弄死了！赶紧逃吧，不然等船员们发现，我们都得死。几位船长火速逃走，埃弗里顺理成章地把他们的财富据为己有，而且这事以后也怪不到他头上。 82

埃弗里现在要做的就是确保自己船上的人站在同一阵营。他告诉船员，他们现在手里有了大把的钱，什么都不怕。如果他们支持他，他不仅能把其他船员的份额骗到手，然后分给他们，还能让其他船员在新定居点计划中卖命。此时，他们看到马达加斯加的海面上有两艘单桅帆船，正为了寻求补给而靠岸。船上分别是乔治·迪尤（George Dew）和托马斯·图（Thomas Tew）船长，这两人来自百慕大，而且都以海盗为营生。埃弗里又捡到便宜，控制了那两艘船及船员，扩大了自己的队伍，为应对其他挑战做好了准备。

一到岸上，埃弗里就让船员开始修建新的防御工事。如果有人提起分赃问题，他就告诉对方，现在没有时间讨论此事。埃弗里对普通水手有极大的震慑力，有两个大副刚开始抱怨，他便立即将他们吊在桅杆上，威吓其他人不要做出类似举动。防御工事有些许进展之后，埃弗里建了一个社区，并设立多个职位。他就像统治者一样，总是优先提拔那些对他有利的人。至于那些不满的人，他会采取措施，确保对方的服从。几年之内，这里成为全球海盗的聚集地。埃弗里认为自己不仅能让岛上那些小国王臣服，还能与外国势力结盟。不过他屡次尝试，都未能成功。

埃弗里不允许任何船只在没有他颁发的通行证的情况下出海，每当船只归来，他都会获得战利品的1/10。渐渐地，埃弗里变得非常强大，岛上那些小国王纷纷请求他的保护，并每年向他缴纳贡品，通常是将他们的女儿和年轻的处女献给埃弗里的部下。

要知道，当地人类似于黑人，留着长发，肤色不像几内亚人那么深。当地有许多王公，彼此纷争不断。埃弗里最初决定在当地定居时，每个国王都极力寻求他的保护。
谁给的报酬多，埃弗里便与谁合作，因为他相信钱多的人 83
肯定能获胜。没过多久，埃弗里和部下的名字在当地的黑人中变得如雷贯耳，以至于当地人要是在敌人当中看到一队白人，就会像见到魔鬼一样，撒腿就跑。

埃弗里的内心时常感到恐惧，良心也备受煎熬。他知道自己拥有巨大的财富和无数的珠宝，但他无法在欧洲挥霍，因为他在那片大陆无法开展任何正常商业活动，只能通过海盗活动和抢劫来获取财富。他曾向英国一些权贵提出秘密建议，承诺支付巨额款项来换取特殊待遇。有人说，当海盗交付的金额足以偿还国家债务，就能获准回国。然而，尽管当时政府急需资金，但出于对公正与荣誉的考虑，以及对莫卧儿帝国的尊重，加之东印度公司与莫卧儿帝国有重要的贸易往来，政府没有接受埃弗里的提议。埃弗里变得越来越暴虐，他的统治开始让邻国感到不安，也让他的手下感到不安。他的残忍行为变得越来越肆无忌惮，每天都会因一些微不足道的事情或捏造的罪名，对两三名同伴处以酷刑。然而，埃弗里很快发现，单凭恐惧或权力不足以防止突如其来的背叛。他的手下在黑人当中分散开来，还教黑人如何使用火器。埃弗里意识到，与其冒险在自己的国家被绞死，不如选择逃离，因为继续待下去，迟早会被自己的手下砍成碎片。他将自己的计划告诉了几个亲近的朋友，带着剩下的财宝，悄悄与他们坐上一艘小帆船，准备重新寻找新的机会。

埃弗里和几个同伴启程了，他们在美洲的几个地方靠了几次岸，在一些出人意料的地方冒险上岸。最终，他们抵达新英格兰的波士顿，埃弗里曾考虑在此定居，但他
84 的大部分财富是钻石，而此地不适合存放或交易钻石。埃弗里决定和剩下的同伴一起前往爱尔兰。在新英格兰的时候，埃弗里的许多同伴离开了他，想必他们对自己的分红感到满意，而且不知道埃弗里身上带着钻石。

前往爱尔兰途中，一行人朝北行驶，进入爱尔兰王国北部某港口，在那里卖掉小帆船，上岸后很快分道扬镳，

埃弗里前往科克（Cork），他的同伴们则前往都柏林，在那里等来了威廉国王颁布的赦免令[19]，大家都接受赦免，并对这个结局感到高兴。埃弗里如今孤身一人，面对着广阔的世界，心中充满了疑虑，不知该何去何从。有时埃弗里想把钻石拿去卖，又担心当地人不识货。最终他决定去布里斯托，心想可能会在那里找到一些朋友，哪怕他们不念旧情，看在钱的份上也会帮他处理这些钻石。但到了布里斯托，在爱尔兰体验的那种恐惧再次袭来，埃弗里连自己的影子都怕。于是他离开布里斯托，前往德文郡。刚到比迪福德（Biddiford）[20]，他就派人去找父亲的一位故交，请对方来见自己。埃弗里将自己的秘密和盘托出，询问对方该如何处理这些财富。这位朋友提了几条建议，不过他认为将钻石交给商人打理是最安全的方式。他向埃弗里保证，他跟一位有名的商人非常熟，这个商人不会背叛埃弗里，如果埃弗里委托此人卖掉钻石，将收到丰厚的回报，而且此人只收取少量费用，值得信任。埃弗里听后非常满意，对这位朋友千恩万谢一番，并承诺给对方一笔丰厚的酬金。随后埃弗里请这位朋友去找那位商人，摸清对方的底细，如果对方真的可靠，再把自己的秘密告诉对方。这位朋友同意了，并把商人带到比迪福德，跟埃弗里见了

面。商人向埃弗里保证，自己绝对诚实可靠。于是，埃弗
里将钻石和一些金器交给商人，商人则付了一些钱作为交
85 换，并承诺如果埃弗里需要，还可以提供更多资金支持。

根据一些不可靠记载，改名为约翰逊的埃弗里被钻石商欺骗，失去所有财富，最终病逝并葬在比迪福德教堂的墓地。他死于乔治一世登基那年，即 1714 年 6 月 10 日。对这样一个臭名昭著的海盗来说，如果他的下场果真如此，确实有几分耻辱。

行文至此，且再回到马达加斯加，探寻埃弗里手下海盗的去向。那时他们在岛上各地定居，每人都娶了两三位最美的黑人女子为妻。

他们雇用奴隶捕鱼、打猎、种植水稻，为当地黑人提供保护，当地人则每年向他们进贡最优质的农产品。他们的势力变得如此强大，甚至开始在岛上分割地盘。然而，他们像暴君一样滥用权力，黑人们计划联合起来，连夜造反，摆脱这些新主人。如果不是一位黑人妇女走漏风声，当地黑人肯定能取得成功。事情发生后，这些海盗对黑人更加谨慎。他们发现，单靠权力无法确保自己免受突袭，于是他们挑拨黑人之间的矛盾，袖手旁观……当这个办法也无法奏效时，他们又试图激起黑人之间的私人争

斗，让黑人互相残杀。他们还教黑人如何偷袭敌人，并提供枪支帮助黑人解决问题，因为他们确信那些杀人者会加入自己的阵营……一来二去，海盗的数量大幅增加，他们前往被森林覆盖且临近水域的地方安营扎寨，在营寨周围挖掘深沟，进行防御…… 86

他们生活在对黑人的恐惧中，不过当地黑人也怕他们。后来，罗杰斯（Rogers）船长乘坐德丽西亚号（The Delicia）前往马达加斯加购买奴隶，准备将其卖给巴达维亚（Batavia）的荷兰人，他在岛上遇到了这帮海盗。那时，这些海盗已经在岛上生活近 30 年，生下了许许多多子孙。他们第一次看到罗杰斯船长时，以为对方是来抓他们的，便逃进洞穴和山洞。后来，他们发现船上的人没有敌意，且对方的目的只是与黑人开展贸易，他们才大摇大摆地走出来，不过他们没有穿衣服，只是披着未经鞣制的兽皮，脚上没有鞋子，也没有袜子。

然而，他们很快卖掉奴隶，换来好衣服和其他生活必需品。穿上衣服后，他们冒险登上德丽西亚号，这是一艘配备了 40 门火炮的船。很快他们与船员攀谈起来，似乎对这艘船很感兴趣的样子。后来这帮海盗承认，他们是在试探夜间是否能偷袭这艘船。但罗杰斯船长似乎早已识破海盗们的企图，并加强警戒，使他们的阴谋无法得逞。海盗们见偷袭无望，便打算诱使一些船员上岸，再说服这些船员抓住船长和其他船员。若船员从船上发出信号，他们便会赶来相助。这帮海盗还承诺，打劫这艘船将获得巨大的利润，而且有了这艘船，就能够在海上劫掠任何船只。幸运的是，罗杰斯船长发现这帮海盗与一些船员过于亲密，便不准双方再有任何接触，而是派了一名官员与海盗们谈判奴隶贩卖事宜，阻止了整个叛乱计划。

罗杰斯船长启航前，这帮海盗供认了所有阴谋。罗杰斯船长把他们留在岛上，他们又过上了恶棍般的生活，只不过手中的奴隶比之前少了。我记得其中一位大人物告诉我，他曾是泰晤士河上的水手，在英国杀人后，乘单桅帆船匆忙逃往西印度群岛，加入了英国逃亡者组成的海盗队伍。我还注意到，他们当中没有一个人会读书写字。如今这些可怜的家伙大多已经死去或被消灭，他们的故事也无
87 须我再赘述。

11

William Kidd

威廉·基德

冒险号
马达加斯加与纽约
1695年—1701年

威廉·基德是苏格兰人，约 1645 年出生在格林诺克（Greenock），其父亲是长老会牧师。基德曾在加勒比海的几艘船上服役，最后升任天佑威廉号（Blessed William）船长。[1]令人惊讶的是，这位声名狼藉的海盗竟然结了婚，在后来成为纽约的珍珠街定居下来，并与有影响力的苏格兰移民罗伯特·利文斯顿（Robert Livingston）建立密切的商业关系。通过利文斯顿的商业人脉，基德与贝洛蒙伯爵理查德·库特（Richard Coote）牵上线。这位伯爵同意支持基德执行私掠任务，追捕在印度洋袭击英国贸易港口的海盗。伯爵等人组成的财团负责出资提供船只，基德担任船长，从那些在马达加斯加海岸的圣玛丽岛安营扎寨的海盗手中夺取战利品之后，所有投资者按比例瓜分。

基德的委任书于1696年生效，他指挥的冒险号是一艘287吨、装备34门大炮的战舰。基德招募了约100名水手，大伙儿同意只有获得战利品之后，无论是法国船还是海盗船，才会领取报酬。然而，当基德的探险队抵达印度 88
洋，他们没有发现任何战利品。他的许多船员原本就是海盗，他们在等待的过程中变得饥肠辘辘、焦躁不安。1698年，基德和船员无奈之下劫持了从印度苏拉特（Surat）开往香料群岛的奎达商人号（Quedah Merchant），这艘船重400吨，船上装满了纺织品、鸦片、糖和硝石。[2]货物属于莫卧儿帝国，但奎达商人号悬挂的是法国国旗，船长是英国人。基德用上海盗惯常的伎俩，挂上法国旗帜靠近。船长试图说服基德，他的法国通行证能让他免受攻击。基德不为所动，将货物洗劫一空，转手卖掉。后来，基德在印度洋上袭击葡萄牙船只，并袭击定期在英国与东印度群岛之间往返的船只，而这正是他受命铲除的海盗行为。冒险号被遗弃在马达加斯加东南海岸的圣玛丽港，漏水严重，无法修复。基德继续利用夺来的奎达商人号进行臭名昭著的海盗活动，这艘船后来改名为冒险奖励号。

伦敦，1699年12月21日[3]

您多次恳切地催促我谈一谈基德船长的事，您说这位船长的故事已成为贵国民众的日常谈资。我们的朋友贝洛蒙伯爵有幸是贵国的一位贵族，您说考虑到我们对他的共
89 同尊敬，我还是谈一谈这位基德船长。

众所周知，多年来有两种非常有害的现象在我们的美洲殖民地滋生。一是违反航海和种植园法案的非法贸易，这对英国造成了极大损害，二是遭天谴的海盗行为，完全破坏了商业活动。许多人在无意中被卷入这些罪恶行径，他们在短时间内攫取大量财富，而且还不受惩罚。一些总督不仅纵容和保护罪犯，而且从这些勾当中分一杯羹。战争期间，[4]这些恶行有增无减，有可能是因为人们的注意力都在国内事务上，无暇顾及或根本无法严格监管那些偏远地区的情况，当然也可能是其他原因。虽然不得不承认，海关委员会雇用了一些官员来调查非法贸易，并经常向殖民地总督以及派往西印度群岛的海军中队和士兵下达命令，要求他们尽最大努力打击海盗，然而海盗很容易躲避海军中队，也很容易躲避为特殊目的被派往固定位置的军舰，这些军舰受到驻地限制，无法有效追击到处流窜的掠夺者。正因为如此，海盗的胆子越来越大，不仅在美洲海

岸大肆掠夺，还越过好望角，在东印度群岛和红海入口处抢劫。

贝洛蒙伯爵被任命为总督的消息一经传出，纽约的所有相关人士都向他提出建议，其中包括罗伯特·利文斯顿上校。利文斯顿上校拥有大量财产，声誉良好，在该省担任多个职务。利文斯顿上校经常拜访伯爵，与伯爵商量公共事务，处理议会和财政部悬而未决的问题。伯爵向利文
斯顿提到，纽约因对海盗的庇护和纵容而名声受损。利文 90
斯顿上校承认这种抱怨确有充分依据，并表示如果不迅速采取有效措施遏制这些恶行，越来越多的人将牵涉其中，届时控制局面将变得极其困难。

后来，利文斯顿再次拜见伯爵，他提到伯爵在上次谈话中表现出来的对打击海盗活动的热情。利文斯顿说，自那次谈话以来，他与一位名叫威廉·基德的船长谈了话，此人最近从纽约乘坐自己的单桅帆船前来，因贸易事务到访。基德说他认识大多数海盗头目以及刚入伙的新手，他还知道他们常去的聚集地。如果能给他安排一艘装备大约 30 门火炮、150 名士兵的官方战舰，他愿意执行任务，将大部分海盗抓捕归案。基德表示，尽管海盗数量众多，但他们并没有强大的战舰。利文斯顿坚称，基德是一个勇敢

且诚实的人，他相信基德比其他任何人都更适合执行这项任务。

利文斯顿上校发现原先的方案无效，便向伯爵提议，如果能够说服有影响力的人士共同出资购买和装备船只，他相信基德的能力和善意，并且非常希望能遏制海盗行为，因此愿意成为该计划的出资人之一。利文斯顿上校表示，他和基德愿意承担 1/5 的费用。利文斯顿上校还向伯爵保证，基德是纽约居民，生活规矩，拥有大量财产，并且在纽约娶了一位富有的妻子，[5] 两人育有一子。利文斯顿上校还补充道，基德肯定不敢逾矩办事，如果他不尽职尽责，他将无处可去。自英法七年战争以来，基德曾对法国
91 人采取敌对行动，因此他无法寻求法国庇护。作为对基德诚信的进一步证明，利文斯顿提出与基德一同向伯爵提供担保，确保其忠实履行任务，安全归还船只。

基德于 1695 年 12 月 10 日获得海军部委任，成为私掠船船长，但这份委任仅授权他针对法国人采取行动。他还于 1695 年 1 月 26 日获得英王签发的另一份委任书，内容如下：鉴于国王接到举报称……国王陛下的臣民与许多邪恶之徒结伙，在美洲及其他地方犯下重大海盗罪行，违反国际法，阻碍贸易发展，如此等罪大恶极的罪犯不受惩

罚，将对皇家权威造成极大羞辱。为此，国王特授权冒险号战舰现任指挥官基德船长及未来指挥官，逮捕并扣押上述人员以及该等指挥官在美洲海岸或其他海域遇到的海盗，连同他们的船只和货物；如遇抵抗，该等指挥官有权与其作战，迫使其投降，并将其带至法庭审判，以接受法律惩罚。

这艘船于 1695 年 2 月从伦敦启航，4 月才抵达普利茅斯。船员全是英国人，但几乎所有人都是被强制征召的……

很长一段时间，人们都没有收到关于基德船长行动的消息。后来，埃弗里船长的一些船员被捕（埃弗里曾掠走查尔斯二世号并参与多起海盗活动）。[6]1696 年 8 月底， 92
枢密院发出信函，通知所有殖民地关注查尔斯二世号的海盗行为，并要求各地总督发布公告缉拿埃弗里及其同伙，命令他们竭力抓捕从各殖民地出海的其他海盗。大约同一时间，大法官们收到一封信，信中提到参与埃弗里海盗活动的一位海员表示愿意作为证人出庭，前提是获得赦免。此信被送往东印度公司，询问他们是否需要证人。东印度公司趁机提出请愿书，称他们已经有足够的证人，但希望所有从海盗那里缴获的黄金、白银或珠宝，无论是当前缴获的，还是将来缴获的，都不应擅自处理，而应交给公司保管，以供印度的合法所有者使用。

约1698年8月，东印度公司向大法官们报告，他们从东印度的贸易站点收到情报，称基德船长犯下几起海盗罪行，尤其是劫持了一艘名叫奎达商人号的摩尔人船只。大法官们立即命国务大臣向美洲殖民地各总督发出消息告知此事，要求他们严密监视并逮捕基德，以便依法严惩之。

基德返回美洲海域的消息最早来自尼维斯岛（Nevis）总督和议会致国务大臣的一封信，信件的落款日期是1699年5月18日。信中称，有人在一艘严重漏水的热那亚（Genouese）[7]船只上看到基德，当时他因缺乏补给陷入困境，曾在两三处停靠寻求援助，他们已派遣当时在该地区执勤的昆伯勒号（The Queenborough）战舰追捕基德。

随后有关基德的另一条消息来自宾夕法尼亚海事法院法官夸尔（Quare）船长，他通知说基德曾驾驶一艘单桅帆船，带着约40名船员进入特拉华湾，许多人曾登上他的
93 船，为他提供援助。

后来，基德驶入纽约长岛海湾，在当地几个地方将货物运上岸，随后前往罗得岛，并派了一个名叫埃莫特（Emmot）的人前往波士顿会见贝洛蒙特伯爵。埃莫特告

诉伯爵，基德曾将摩尔人的一艘船，也就是他在印度劫持的奎达商人号遗弃在西印度岛的一处小港口，船上装满了价值不菲的货物。基德船长带着一艘单桅帆船来到西印度群岛，船上载着价值 1 万英镑的货物，声称他此行是为了与当局达成协议，并且能通过多名证人证明自己的清白。

几天后，基德回信，信中写满了辩解。1699 年 6 月 1 日，基德驾驶自己的单桅帆船抵达波士顿，在贝洛蒙伯爵及该省议会面前接受审问。

1699 年 6 月 6 日，贝洛蒙伯爵命令将基德及其部分船员拘捕并监禁，同时命令将货物交给议会指定的几个人保管。伯爵决定不私自处理任何财物，也不对基德采取任何行动，而是与议会共同安排有关事宜。

这封信接着叙述了基德离开英国后的行动……

基德从普利茅斯[8]启航前往纽约，途中俘获了一艘法国船。然后，他驶向马德拉群岛（The Maderas）[9]，接着是博纳维斯塔（Bonavista）[10]和圣哈戈（St. Jage）[11]，最后前往马达加斯加（途中在多个地方停靠），在红海入口处巡航，但没有任何收获。

之后，基德前往加尔各答（Calicut）。[12]约 1698 年，他俘获了一艘约 150 吨的船，船长以及三四名船员是荷兰人，其余是摩尔人，基德将船带到了马达加斯加。

他再次出发，约 5 周后俘获载重 400 吨的奎达商人号。船长是一个名叫赖特（Wright）的英国人，船上的大副、二副是荷兰人，炮手是法国人，船员为摩尔人，共约
94 90 人。

基德将船带到马达加斯加附近的圣玛丽岛，与大约 151 名船员瓜分了战利品，他自己分得 40%。干完这一票之后，90 名船员与他分道扬镳，登上东印度公司的莫塔号（The Motha）护卫舰，这艘船已变成海盗船，当时就停泊在圣玛丽岛。

基德和剩下的船员烧毁冒险号，说服当时在圣玛丽岛的其他人跟他们一起走。众人登上奎达商人号，向西印度群岛驶去。

基德在安圭拉岛和圣托马斯岛请求援助，但被拒绝，之后他驶向波多黎各和伊斯帕尼奥岛之间的莫纳岛（Mona），[13] 在这个岛上通过一个名叫博尔顿的人帮助，将部分货物装上船，并将剩余货物和奎达商人号留给博尔顿，由博尔顿和十七八名船员看守。基德乘坐单桅帆船在多个地方停靠，卖出了几捆货物，最后来到波士顿，于当

地被捕。

当时新英格兰地区的海盗行为不会被判死刑，当地人对海盗也比较宽容。基德被引渡回伦敦受审，最终于 1701 年被绞死。

关于基德船长的故事有一则有趣的后记，我们可以借此思考历史与传说之间的关系。基德在美国东海岸的活动传闻赋予了他独特的传奇地位，1895 年，一名对基德生平感兴趣的人——富兰克林 · H. 黑德（Franklin H. Head）自费出版了一本小册子，标题起得相当俏皮——《早期美国历史研究：一场著名的诉讼》（*Early American History: A Notable Lawsuit*），其中部分内容摘录如下。[14]

在奥姆斯泰德（Olmsted）先生住所附近的岩石海
岸，[15] 即迪尔岛最南端，[16] 有一个洞穴，洞口朝向大海。这 95
个洞穴约 10 英尺宽，10 英尺高，形状不规则，洞深约 25 英尺……1892 年，奥姆斯泰德先生在洞穴内的岩石上发现了一些凹痕，这些凹痕类似于粗糙的十字形，他认为这些标记可能是人为的。一天，奥姆斯泰德先生在洞穴里对他的家人说，既然关于基德船长宝藏的传说曾提到，其宝藏可能位于缅因州海岸，那么他们可以在十字下方挖掘，寻找这些藏匿的财富。

他们在沙子里挖掘，在泥土中发现了一个印痕，形状就像一只生锈的箱子，而印痕位于泥土底部，于是他们用石膏做了一个模具。由于涨潮的缘故，他们只能趁潮汐间隙工作，每天干上几个小时，这表明故事本身可能是虚构的传说，但接下来的情节更有趣，各位且莫急。

关于这则传说，人们提出了各种疑问。箱子里存放的是否是基德船长失踪已久的宝藏？如果是，箱子和其中物品应归谁所有？奥姆斯泰德先生向威廉·M. 埃弗茨先生寻求法律意见，仔细审查证据后，埃弗茨先生的意见大致如下：

基德船长于 1700 年通过掠夺获得大量黄金和宝石，他在 1701 年被执行绞刑前将这些财宝藏匿于某处。

如果这些宝藏位于鹿岛（Deer Isle），而该岛当时是科顿·马瑟·奥姆斯泰德（Cotton Mather Olmsted）的绝对财产，[17] 尽管该岛的所有权是在乔治·华盛顿总统任期内的 1794 年登记的，但该岛的所有权在 1699 年已获确认，弗雷德里克·劳·奥姆斯泰德（Frederick Law Olmsted）通
96 过继承和购买获得了其祖先对岛上藏宝之地的所有权。

奥姆斯泰德是这些不动产的所有者，作为土地一部分的宝藏应归其所有，除非基德船长的直系后代尚在人世，

则该等后代可能有权对宝藏提出主张。

这本小册子还记载了一件不可思议的事情，一个名叫雅克·卡蒂尔（Jacques Cartier）的皮毛猎人于 1801 年发现这个箱子，并以 5000 美元的价格卖给了约翰·雅各布·阿斯特（John Jacob Astor）。[18] 弗雷德里克·劳·奥姆斯泰德查阅阿斯特的银行记录，证明阿斯特曾前往伦敦，将大量西班牙黄金和珠宝以近 49.5 万美元的价格卖给了一个名叫罗德里克·斯特里特（Roderick Streeter）的珠宝商，并在接下来的两年里，以总计超过 100 万美元的金额出售了更多的黄金和珠宝。

到目前为止收集到的信息使奥姆斯泰德先生得出如下结论：雅克·卡蒂尔发现了藏有基德船长宝藏的箱子；他把箱子带到纽约并交给了阿斯特先生；阿斯特先生用 5000 美元的支票买下了箱子里的物品或其所有权；阿斯特先生将物品带到英国并出售，获得斯特里特先生支付给他的巨额款项。

小册子接着猜测阿斯特最后如何处理这个铁箱，他是把箱子当成了传家宝？还是卖作了废铁？

奥姆斯泰德先生得知，约翰·雅各布·阿斯特住过的最后一座房子于 1893 年被拆除，取而代之的是一座豪华

的现代建筑，旧建筑以极低的价格卖给了一家著名拆迁公
97 司，因为拆除和搬运费用几乎与房子价值持平……

这本小册子还说，奥姆斯泰德在《纽约论坛报》（*The New York Tribune*）上刊登广告，声称一只铁箱在 1893 年被误卖，并提供了归还箱子的酬劳。离奇的是，这只箱子居然回到他的手中，箱盖上有“W. K.”字样。更荒诞的是，基德在被执行绞刑前的 30 分钟偷偷给妻子传递了一串密码，这串密码为“44106818”，后来证明这是传说中的宝藏所在地——鹿岛的纬度。更离奇的是，小册子说基德船长从一位名叫邓斯莫尔（Dunsmore）的女士那里偷走了一对珍珠手镯，如今同款手镯在邓斯莫尔女士的后代手中，最初的那对手镯则出现在约翰·雅各布·阿斯特出售的一批珠宝中。小册子用以下内容结束了这起荒诞的“案件”。

基德船长在被逮捕前曾沿缅因州海岸航行，一只标有他姓名首字母的铁箱随后从奥姆斯泰德先生土地上的洞穴中取出，这只箱子的所有权后来由阿斯特先生取得。

雅克·卡蒂尔受阿斯特先生雇用，在那个藏有箱子的洞穴附近扎营多年，在同一时期内，其财富与阿斯特先生

的财富迅速增加。

阿斯特先生之所以拥有巨大财富，是因为他通过斯特里特先生出售古老的西班牙和法国黄金及宝石，其中一些已证明是基德船长的战利品，因此可以合理推测，这些财产的来源相似。

人们知道基德船长被捕且在某处藏匿了大量黄金和珠宝，而他在被绞死前交给妻子的纸条，通过合理解读，表明奥姆斯泰德先生土地上的洞穴是藏匿点。

基德船长的后代已不在人世，无人能与奥姆斯泰德先生争夺藏匿在其土地上的财产。

无论审判结果对奥姆斯泰德先生有利，还是因为某 98
些技术性原因对其不利，对大西洋沿岸的人民都是一大福音，因为审判将揭示基德宝藏的实际下落。答案一旦公开，人们将无须再花费巨额资金无休止地挖掘基德船长留下的财宝，而且这些挖掘通常一无所获，通灵师、印第安灵媒、拍击寻物师、职业通灵者，还有使用金缕梅占卜的
专家也无法再利用寻宝人的迷信来寻找基德的藏宝地了。 99

12

Thomas Tew

托马斯·图

友谊号

罗得岛与马达加斯加

17 世纪 90 年代

什么是海盗？是不是只要在海上违反法律就算海盗？是不是任何为自己利益，而非为政府、财团或雇主服务的人都是海盗？具体该如何区分？托马斯·图是亨利·埃弗里在圣玛丽岛（位于马达加斯加附近的海盗巢穴）遇到的海盗之一，但他最初其实是雇佣兵，其雇主是皇家非洲公司（Royal African Company），这是一家成立于1660年的英国奴隶贸易公司，由查理二世的弟弟约克公爵领导，其使命是打击今天塞内加尔（Senegal）附近岛屿上的法国奴隶贸易势力，并沿冈比亚河上行，进一步加强斯图亚特王朝对俘获和贩卖奴隶的控制。图是英国人，就像许多“黄金时代”的海盗一样，他来自罗得岛，当时该岛还是英国殖民地。后来，图从百慕大启航，开启海盗生涯。

图于 1691 年移居百慕大，并以此为家。图驾驶着友谊号（Amity），[1] 靠掠夺积累了数百万英镑的战利品，包括黄金、白银、象牙、宝石和丝绸。[2]1695 年，图在第二次海盗活动中袭击了一支由 25 艘船组成的莫卧儿船队，不过图在这次行动中丧生，他的船员也被迫投降。 100

还有一点值得注意，档案对揭示有色人种海盗的记载非常含糊。史料记载了 1694 年的一名混血奴隶，此人名叫卡利科·杰克（Calico Jack），“身材高大”且“引人注目”。杰克自称从纽约波坎蒂科河畔的种植园中逃脱，沿长岛海湾一路逃至康涅狄格的斯特拉特福德（Stratford）。种植园主弗雷德里克·菲利普斯（Frederick Philipse）一直在追捕杰克，试图将其带回。菲利普斯认为，杰克拥有丰富的航海知识，且语言能力出众（杰克不仅会说英语，还会说荷兰语），因此在纽波特（Newport）① 的一队私掠船上谋了份差事，其中一艘船可能由托马斯·图指挥，准备前往红海进行掠夺。多年后，菲利普斯对手下的船长下达指示，如果他们在马达加斯加停靠，务必打听杰克的消息，要么将他抓捕，要么劝他回来。[3]

① 纽波特是威尔士的第三大城，位于威尔士东南，靠近英格兰。

另有传闻称，图是“利伯塔利亚”（Libertalia）的创始人之一。据称，利伯塔利亚由海盗和亡命之徒在马达加斯加建立，是乌托邦式的自由或无政府主义社区，但这个社区很可能是虚构的。

他们遇到了几位同乡，这几位同乡是托马斯·图船长指挥的一艘私掠船的船员。不过这只是一个小插曲，下面简要讲述这些人是如何来到此地的。[4]

乔治·杜（George Dew）船长和托马斯·图船长曾从百慕大当时的总督那里获得委任状，直接驶向非洲的冈比亚河（The River Gambia）。抵达目的地之后，两人在皇家非洲公司代理人的建议和协助下，尝试夺取位于该海岸
101 戈雷岛（Goerie）[5]的法国工厂。几天后，他们驾船出海，杜船长的船只在一场猛烈的暴风雨中被折断桅杆，他们还失去与护航船只的联系，不得不返航维修，图船长没有继续原来的航程，而是转向好望角，绕过该角后，朝着巴贝尔曼德海峡（The Straits of Babel Mandel，即红海入口）航行。他在此遇到一艘载着贵重货物的大船，这艘船从印度出发驶往阿拉伯半岛，船上除了水手之外，还有 300 名士兵。然而，图船长大胆地登上这艘船，迅速将其占领。据说，图的船员每人分得近 3000 英镑的战利品。他们从俘虏

那里得知，还有5艘装满财宝的船会从此经过，尽管这些船只非常强大，但图船长打算发动袭击，不过他的想法遭到舵手和其他船员的反对，并引发了一些矛盾。最后，舵手等人决定结束海盗生涯，前往马达加斯加，因为没有什么地方比该岛更适合栖身。他们朝着该岛航行，打算上岸之后好好享受他们抢来的财物。

图船长和其他人很快回到罗得岛，与当局达成和解。 102

The Golden Age

第二部分

海盗的黄金时代（18 世纪）

13

The Proclamation Pardoning Pirates

《海盗赦免公告》

1717 年 9 月 5 日

企鹅海盗史

乔治国王颁布

有关打击海盗行为的公告[1]

本王获悉，自 1715 年 6 月 24 日以来，几名大不列颠臣民在西印度群岛及毗邻我们殖民地的公海犯下多起海盗与抢劫，导致大不列颠商人以及在这些地区开展贸易的其他人蒙受巨大损失。虽然王室已派遣我们认为足以镇压这些海盗的武装力量，但为了更加有效地打击海盗行为，按照枢密院建议，本王决定发布此皇家公告。本王承诺并宣布，若 1718 年 9 月 5 日或之前，[2] 任何海盗向大不列颠或爱尔兰的首席国务大臣，或英国任何殖民地或海外领地的总督或副总督投降，则其在 1719 年 1 月 5 日之前犯下的所
105 有海盗罪行均将获得宽大赦免。本王特此命令，所有舰队

司令、船长、各总督、城堡或殖民地的指挥官以及所有其他文职和军事官员，逮捕并拘留拒不投降或不愿投降的海盗。此外，本王宣布，自 1718 年 9 月 6 日起（含当日），任何人发现或逮捕（或促成发现或逮捕）该等拒绝或不愿投降的海盗，使该等海盗被绳之以法，均可获得如下奖励：海盗船指挥官，赏金为 100 英镑；副官、船长、水手长、木匠或炮手，赏金为 40 英镑；低级官员，赏金为 30 英镑；普通船员，赏金为 20 英镑。此外，若任何海盗船上的船员自 1718 年 9 月 6 日起（含当日）抓捕并交出其指挥官，使该等指挥官被绳之以法，则每抓捕一名指挥官可获得 200 英镑赏金。以上奖励将由财政大臣或财政委员会按照规定支付。 106

汉普顿宫颁布

1717 年 9 月 5 日，乔治国王登基第四年

天佑国王

经托马斯·纽科姆（Thomas Newcomb）以及亨利·希尔斯（Henry Hills，1717 年去世）委托，由皇家印刷商约翰·巴斯克特（John Baskett）印发。

14

Howell Davis

豪威尔·戴维斯

“卡多根”号
加勒比海与西非
1718年—1719年

豪威尔·戴维斯的海盗生涯光辉而短暂，与亨利·摩根及其同伙在金盆洗手之后过上平静、富足的生活相比，戴维斯的一生更能凸显黄金时代海盗的常态。戴维斯是威尔士人，约 1690 年出生。成为海盗之前，他在一艘名叫卡多根号的奴隶船上服役，后来船只被海盗爱德华·英格兰（Edward England）劫持，戴维斯决定跟随英格兰成为海盗。他们一同航行，前往巴西的奴隶市场，但船员在中途发动了叛乱，因为盗贼之间本就没有忠诚可言。最终，戴维斯来到臭名昭著的海盗窝点——巴哈马的新普罗维登斯岛（New Providence）。在加勒比海待了一段时间后，戴维斯驾船前往佛得角群岛，并与其他海盗合谋，一度囚禁了巴塞洛缪·罗伯茨（Bartholomew Roberts），此人后来

被人称为“黑色准男爵”，名声盖过戴维斯。戴维斯擅长骗术，诡计多端，以下是其海盗生涯的一个片段。 107

戴维斯船长生平及其占领冈比亚堡的传奇故事[1]

戴维斯出生于蒙茅斯郡（Monmouthshire）[①]，自幼接受海上训练。他最后一次从英国启航乘坐的是布里斯托尔的卡多根号，在船上担任大副。这艘船在几内亚海岸被海盗船长英格兰俘获，[2]英格兰及同伙洗劫船员，杀害了船长，这一切与英格兰的生平吻合。

斯金纳（Skinner）船长去世后，戴维斯声称，英格兰船长[3]曾劝说他入伙，但他坚决拒绝。戴维斯还说，英格兰对他的行为表示满意，在斯金纳船长的舱室内任命他为船长，并将一张封好的纸交给他，告知他等船行驶到达某个纬度时才能打开，并严格按照纸上的指示行事。戴维斯到达指定地点后，召集全体船员，郑重其事地读出纸上的指示：将船只及所有物品慷慨地赠予戴维斯及其船员，前往巴西，通过最有利的方式将货物出售，平均分配所得的钱财。

---

① 英格兰西南部一郡，与威尔士东南部边境相接。

戴维斯随即命令船员们表态，是否愿意过这种生活，令他震惊和愤怒的是，大多数人坚决拒绝。于是，他怒气冲冲地叫那帮船员滚去其他地方。

戴维斯如今知道部分货物需要交给巴巴多斯的商人，他们便调整航向，前往巴巴多斯。到达目的地后，他们向商人说明了斯金纳船长的悲惨死亡，并提及他们之前收到的指示。戴维斯因此被逮捕并监禁，但由于他从未参与海
108 盗活动，当局无法证明他的罪行，他被无罪释放。戴维斯心想，自己以后恐怕也找不到其他差事，便朝着海盗巢穴普罗维登斯岛出发了。[4]然而，当戴维斯到达这座岛屿时，他感到非常失望，因为曾频繁在此出没的海盗们已接受国王赦免，放下武器投降了。

罗杰斯船长装备了两艘用于贸易的帆船，戴维斯在其中一艘名叫巴克号的船上找到了事做。这些船满载价值不菲的欧洲商品，计划与法国和西班牙开展贸易。他们一开始停靠在法国的马提尼克岛，戴维斯知道许多船员曾是海盗，于是诱惑他们夺取船只控制权，[5]带走这艘帆船。计谋得逞后，戴维斯等人向另一艘船喊话，因为他们知道那艘船上的许多人也准备造反。他们靠近那艘船时，大部分人加入了戴维斯的队伍。不愿加入的人留在那艘船上，继续

原来的航程，不过戴维斯掠夺了船上的一些物品。

戴维斯等人完全控制了这艘船以及船上的货物和船员后，便给每人准备了一大碗潘趣酒来助兴。大家提议推举一位船长，制定未来的行动策略。选举很快结束，大多数人投票支持戴维斯，且无人提出异议，戴维斯被宣布当选船长。随后，他制定了一套规矩并宣誓遵守，同时要求其他船员缔结同样的盟约。接着，戴维斯发表简短演讲，宣布与全世界开战。

接下来，他们商量决定最合适清理船只的地方，最后决定前往古巴东端的科克森洞（Coxon's Hole），[6] 此地入
口狭窄，一夫当关、万夫莫开，非常安全。 109

然而，船上没有木匠，戴维斯等人清理船只时遇到不小的困难。最后，他们费尽力气完成船只的清理工作，驶向伊斯帕尼奥拉岛北侧。行驶途中，他们遇到的第一艘船是一艘装备了 12 门火炮的法国船，他们成功俘获了这艘船。正当他们掠夺这艘船的时候，另一艘船出现在视野中。询问船上的法国人后，他们得知那是一艘装备了 24 门火炮以及 60 名船员的船。戴维斯提议袭击这艘船，并向船员保证，他们肯定能俘获大量战利品。船员们认为，此举太过冒险，一开始不愿意参与，但戴维斯告诉他们，他已

想好对策，保证成功，船员们大可以放心。于是，戴维斯开始追击敌船，并命令刚俘获的那艘船也加入追击行动。戴维斯的航速更快，很快就追上敌人，并升起黑色旗帜。敌船对戴维斯的大胆行为感到非常惊讶，命令他投降。戴维斯回答说，他打算在援军到来之前，先给对方一点颜色瞧瞧，还警告说，如果对方拒不投降，肯定会吃大亏。说完这话，他向敌船发射了一轮炮火，敌船也用炮火回击。

另一艘海盗船接近时，船员们按照戴维斯的指示穿上白色衬衫，登上甲板，装出人多势众的样子，那艘法国船上的船员见状十分害怕，降下旗帜投降了。戴维斯命法国船长带着 20 名船员登上自己的船，除了船长外，其他人全部上铐。随后，戴维斯派了 4 名船员去另一艘海盗船，大声吆喝着，让船员把他的问候带给那艘船的船长，并请对方派足够的船员登上他们刚刚俘获的船只，看看船上有什么值钱的东西。同时，戴维斯还给了他们一份书面文件，详细说明该如何操作，包括封住小型火炮，取出所有武器和火药，然后每个人都登上刚俘获的船只。戴维斯的手下登上敌船后，他命令将大多数俘虏转移到空船上，这样船
110 只就不会被敌人夺回。

3 艘船一起航行了 3 天，不过戴维斯发现刚俘获的那

艘船航速较慢，于是他将船上的所有物品掳走，把船只及船员还给了法国船船长。法国船长这时发现中了戴维斯的奸计，愤怒不已，差点跳海自尽，幸好被船员阻止了。

随后，戴维斯放弃另一艘船，快速向北航行，途中俘获了一艘西班牙单桅帆船。接着，戴维斯转向西部群岛，在佛得角群岛的圣尼古拉斯岛停泊，[7]挂上英国旗帜。葡萄牙人以为戴维斯的船是私掠船，对上岸的戴维斯十分欢迎，双方开展了有利可图的贸易活动。戴维斯在圣尼古拉斯岛待了 5 周，和一半船员参观了岛上的主要城镇。戴维斯的穿衣打扮像绅士一样，赢得了葡萄牙人的好感，他们热情招待了戴维斯以及船员们。玩乐一周后，他们回到船上，另一半船员来岛上参观，同样享受了类似的款待。这些船员回来后清理了船只，再次起航，但有 4 名船员被岛上的女子和奢华生活迷住，留在了岛上，其中一人在岛上结婚并定居。

戴维斯后来驾船抵达博纳维斯塔，发现当地没有什么值得掠夺的物品，便驶向梅岛（The Isle of May）。[8]到达目的地之后，戴维斯发现港口有几艘船，便从中掠夺了所需物品。由于那几艘船上的很多人自愿入伙，戴维斯的船员规模也扩大了。他还夺取了一艘船，装备之后命名为詹姆斯国王号。接着，戴维斯前往圣地亚哥补充淡水。他和一些船员上岸寻找水源，岛上的总督前来询问他们是谁，并表达了他们是海盗的怀疑。对此，戴维斯表现出极大的
111 不满，并以礼貌但坚决的方式表达了自己的不悦。不过，戴维斯还是匆忙返回船上，告诉船员们，他们将在夜间突袭堡垒。所有船员准备好武器，向堡垒进发。由于守卫疏忽，海盗们趁居民还未发现便摸进了堡垒。居民发现海盗来袭，躲进总督府邸，加强了防守。然而，海盗们投出几枚手榴弹（grando）[9]，摧毁了一些家具，打死了几个人。

次日早晨，警报声响起，乡民们聚在一起准备还击。海盗们不愿发起围攻，便拆除大炮，洗劫堡垒，逃回了船上。

到了海上，戴维斯集合所有手下，清点人数之后发现共 70 人。随后，他们商量该朝哪个方向航行，一开始众说纷纭，但根据少数服从多数原则，他们决定前往几内亚海岸的冈比亚。戴维斯也支持这一决定，因为他曾经在这片海域干过类似勾当，[10]对这一带非常熟悉。他告诉同伴，那里的城堡总是存放着大量钱财，如果把事情交给他，他有信心攻占那个堡垒。船员们之前见识了戴维斯的谨慎和勇气，纷纷同意听从他的指挥，确信这一回肯定会成功。

到达冈比亚后，戴维斯下令，除了留下必要的几人操控船只，其余船员都下船，这样堡垒的人看到船上的船员只有几人时，便不会怀疑这是海盗船而不是贸易船。他们把船开到堡垒下方停靠，然后放下船上的小艇，6 人打扮成普通船员划船前往岸边，戴维斯与船长和医生则打扮成绅士，这样一组人看起来像是普通水手，[11] 另一组人看起来则像是商人。划船上岸途中，戴维斯还交代船员，如果堡垒守卫提问时该怎么回答。

戴维斯等人上岸后，被一队火枪兵[12] 带进堡垒，受到总督热情接待。总督问他们是什么人，来自哪里。戴维斯等人回答说，他们来自利物浦，正前往塞内加尔开展贸易，主要买卖橡胶和象牙，但他们在这片海岸被两艘法国战舰追击，差点被俘。戴维斯还说：“我们现在打算充分 112
利用这次航程，在当地开展奴隶贸易。” 总督接着问，他们的货物主要是什么。戴维斯回答说，主要是铁和板材，这些物品在当地是必需品。总督随后表示，他愿意用奴隶交换他们所有货物，并问他们船上是否有欧洲烈酒。戴维斯回答说，船上存了一些酒，主要供大家伙儿饮用，但他可以给总督一箱。随后，总督非常热情地招待他们，邀请他们一起用餐。戴维斯回答说，作为指挥官，他需要下去检查船只是否妥善停泊，并安排其他事宜，但其他人可以留下，他会在晚餐前回来，并带上酒箱。

戴维斯在堡垒里警觉地观察四周，寻找武器的位置，并计划如何最有效地发动突袭。他发现一个哨兵站在警卫室附近，角落里有一堆武器，而且总督府的大厅里也有不少小型武器。戴维斯回到船上，命令一些船员登上一艘锚泊的单桅帆船，万一发生骚动，可以赶来堡垒支援。然后，他又叮嘱船员们不要喝太多酒，这样他从堡垒的墙上升起旗帜时可前来支援，说完便前往堡垒。

一切安排妥当之后，戴维斯命令每个随从携带两把手枪，自己也将手枪藏在衣服下。他随后指示随从进入警卫室，假装跟警卫闲聊，等他从总督府的窗户鸣枪示意，就立刻把警卫关起来，夺走警卫室里的武器。

戴维斯到达堡垒时，晚餐还没准备好，总督提议喝点潘趣酒打发时间。戴维斯的水手长这次也一同前来，趁机
113 参观了堡垒各个部分，观察了它的防御力量。水手长将情报悄悄告诉戴维斯，戴维斯看到周围都是自己人，而总督没带任何随从，于是拿出一把手枪顶住总督的胸口，威胁说如果他不交出堡垒和所有财富，他就死定了。总督大吃一惊，不得不屈服。戴维斯将大厅里挂着的所有手枪都取

下来，装上子弹。然后，他从窗户开了一枪。顷刻间，戴维斯的船员们如猛虎下山，纷纷拿出手枪瞄准堡垒的士兵。他们有的搬走武器，有的擒拿堡垒里的士兵，将其全部关进警卫室，并在门口设岗把守。接着，一名船员降下堡垒顶部的联合旗帜，船上的人看到后，立刻冲过来，瞬间占领了堡垒，没有发生任何骚乱或流血事件。

戴维斯随后向士兵们发表演讲，许多人加入他的队伍，那些不愿意加入的人则被送上小船。戴维斯不想派人看守小船，同时防止士兵们逃脱，于是带走了船帆、索具和缆绳。

接下来，戴维斯等人大办宴会，大肆庆祝，堡垒和船上的海盗互相鸣炮致敬。第二天，他们开始查看战利品，可结果让他们大为失望，因为几天前一大笔钱被送走了，但他们还是找到了约 2000 英镑的黄金和大量贵重物品。他们将所有值钱的东西搬上船，将一些物品赠给小船的船长和船员，并允许他们离开。他们还拆下大炮，摧毁了堡垒的防御工事。

戴维斯和同伙在堡垒无恶不作，等玩乐够了，便准备起锚扬长而去。这时，他们看到一艘船正以最快速度驶来，于是他们赶紧做好防御准备。船只靠近时，他们发现那是一艘法国海盗船，配备了 14 门炮和 64 名船员，其中

114 一半是法国人，一半是黑人。

那艘船的法国船长本来想夺取丰厚的战利品，结果等他靠近，看到戴维斯船上的大炮和人手数量，不禁怀疑这是一艘小型英国军舰。尽管如此，他还是决定尝试登船，并立即开火，升起黑色旗帜，戴维斯回以同样的礼节。法国船长对戴维斯的回应十分高兴，双方放下小艇，互相表达了礼貌和善意。法国船长提议与戴维斯一同沿海航行，寻找更好的船只下手，并保证俘获的第一艘船归戴维斯所有，因为对于勤劳的伙计，他总是愿意有所表示。

一开始，他们在塞拉利昂停靠。这时他们发现了一艘大船，戴维斯的船速更快，先追上那艘船。令戴维斯非常惊讶的是，这艘船并没有打算逃跑，戴维斯怀疑这艘船的实力不容小觑。待他靠近，这艘船发出一轮齐射，升起黑色旗帜。戴维斯也回礼，朝背风方向开了一炮。[13] 这两位罪恶的海上兄弟对彼此的回应感到满意，因为这代表着双方能够结盟，在海上干一番更大的事业。接下来两天，他们沉浸在欢乐和歌声中。第三天，戴维斯与新结盟的船长科克林（Cochlyn）达成共识，开法国海盗船去攻击堡垒。他们接近堡垒时，对方怀疑他们的身份和意图，齐刷刷地开火。戴维斯的船用火力还击，压制对方，直到另外两艘船赶到。堡垒中的人看到海盗船上人数众多，士气大大受挫，拱手将堡垒交给了海盗们。

戴维斯等人占领堡垒，待了7周，清理了船只。接着，他们召开军事会议，讨论未来的行动计划，决定一起沿海航行。为了提高整支队伍的气势和威严，戴维斯被选为总指挥。可那危险的敌人——烈酒，几乎在这些亲如兄弟的船员之间播下不和的种子。戴维斯下定决心，不管接下来是和谈还是战斗，都要把自己的态度讲清楚。“听 115
着，科克林和拉·博伊斯（法国船长的名字），3艘船组成一支队伍，你们的力量增强了，但我的麻烦也变大了，不过我还是有能力对付你们两个。既然我们因友谊相遇，那就让我们好聚好散吧。我发现，3个人干同一行，注定无法长久和睦。”说完这话，另外两位船长分别回到各自的船上，朝着不同的方向驶去。

戴维斯沿海航行，抵达阿波洛尼亚角（Cape Appolonia），俘获了3艘船，其中两艘来自英格兰，一艘来自苏格兰，戴维斯洗劫一番之后放它们走了。5天后，他遇到一艘荷兰船，船上有30门大炮和90名船员。这艘船向戴维斯开火，打死了他的9名手下。接着，激烈的战斗爆发，一直从中午1点持续到第二天早上9点，荷兰船才投降。戴维斯将这艘船装备成海盗船，命名为流浪者号（The Rover），然后带着他的两艘船驶向阿纳马博湾（Anamaboa），约中午时分进入这片海湾，俘获了几艘在那里等待装载奴隶、黄金和象牙的船。戴维斯将其中一艘船赠给荷兰船长及其船员，允许他们去寻找自己的财富。当地堡垒得知戴维斯等人是海盗，便朝他们开火，但没有击中目标。戴维斯用炮火还击，升起黑旗，但他认为眼下撤离才是上策。

离开阿纳马博湾的第二天，桅杆上的瞭望员发现一艘船。根据海盗的规定，第一个发现船只的人有权获得船上最好的两把手枪，而且这两把手枪通常能卖到 30 英镑。

戴维斯追赶那艘船，对方发现一侧是敌人，另一侧是海岸，因此拼命试图靠岸搁浅。戴维斯意识到这一点后，赶紧将船开往那艘船与海岸之间，同时向那艘船开火，结果对方立刻投降。那艘船上载着极为丰厚的战利品——阿克拉（Acra）总督[14]及其全部财产，正驶向荷兰。船上有 15000 英镑现金，此外还有大量商品和贵重物品。

戴维斯和同伙还没抵达王子岛（The Isle of Princes）[15]，圣詹姆斯号漏水，船员和贵重物品都转移到戴维斯自己的
116 船上。这时，戴维斯看到一座堡垒，便升起英格兰旗帜。

葡萄牙人看到一艘大船驶向岸边，派出一艘小艇前来探查船只的身份和目的地。戴维斯告诉对方，自己驾驶的是英国军舰，受命寻找这片水域的海盗。于是，葡萄牙人引导戴维斯进入港口，让他在堡垒的炮火射程内锚泊。总督很高兴看到英国船只进入自己的港口，为表示对戴维斯的敬意，他还派了一队火枪手护送戴维斯等人进入堡垒。戴维斯则按照英国习惯，命令 9 名船员陪他一起划船上岸，这样就能掩盖自己的意图。

戴维斯还趁机清理了船只，方便后续开展行动。他不想两手空空地离开堡垒，于是制订了一项计划，并将其告诉了自己手下。他打算假装将一些黑人作为礼物送给总督，回报对方的好意，然后邀请对方以及岛上的几位重要人物和修士一起登船用餐，趁机将他们全部囚禁，让每人支付一笔巨额赎金。总督等人欣然受邀，在他们看来，这番邀请是他们的荣幸。如无意外，一行人肯定会登上戴维斯的船。然而，一位得知戴维斯可怕计划的黑人夜间游上岸，及时向总督透露了消息。

总督整晚都在加固防御工事，并将士兵布置在最有利的位置。天刚亮，总督发现戴维斯船长率领的海盗正在乘坐小艇登陆，迅速穿过空地向堡垒进发。堡垒发起猛烈

的火力攻击，海盗们也狠狠回击。堡垒从木制阳台上投掷
了一颗手榴弹，打死了3名海盗，但几名葡萄牙人也死在
海盗的炮火之下。由于堡垒的阳台由木头制成，十分干
117 燥，海盗们放了一把火。对戴维斯一方来说，这番操作带
来巨大的优势，因为他们现在可以更清楚地看到堡垒中的
人，对方却难以看到他们。就在这时，戴维斯船长被一颗
火枪子弹击中腹部，身负重伤倒下。[16] 船长受伤，加之堡
垒的顽强抵抗，使海盗们的进攻势头遭到遏制。他们犹豫
片刻，决定带着身负重伤的船长撤向小艇。葡萄牙人欢呼
起来，在总督的带领下开始反攻。但海盗们的撤退十分有
序，他们一边射击，一边一排接一排地往后撤，始终保持
阵形。他们到达小艇时，葡萄牙人发起冲锋，激烈的战斗
随之爆发。然而，海盗一方已损失太多船员，且没有船长
指挥，士气变得非常低落。船员们将戴维斯抬上小船，奄
奄一息的戴维斯仍然朝着追来的敌人开枪。海盗们拼命划
船，想要逃脱葡萄牙人火枪的射击，但葡萄牙人沿着河岸
一路紧追不舍，想要阻止海盗撤回大船上。留在船上的人
原本以为能迎来大量财宝，结果只等来受伤的同伴和死去
118 的船长。

15

Christopher "Billy One-Hand" Condent/ Condon

克里斯托弗·康登（绰号：独手威廉）

"飞龙"号

拿骚与圣玛丽岛

1718年—1720年

在名字拼写具有很大差异的历史时期，克里斯托弗·康登的真实身份难以确定。其姓氏有时拼作康登（Condon）、康纳（Connor）或康登（Congdon），其名字可能是克里斯托弗、威廉或爱德华。康登逃离巴哈马群岛，躲开发誓清扫海盗的总督追击之后，袭击了佛得角群岛，一路向南驶往巴西，接着横渡大西洋来到加纳海岸，最终抵达臭名昭著的海盗窝点——马达加斯加附近的圣玛丽岛。在整个海盗生涯中，康登招募了近 500 名船员，其中包括许多熟悉印度洋的有色人种海盗。尽管接下来的故事凸显了他残酷的一面，但康登最终还是为自己争取到了
119 宽恕。据说，他以富商的身份在法国圣马洛安享晚年。

曾有传言称，飞龙号（有时也称作烈火飞龙号）的沉

船在圣玛丽岛的港口找到，不过后来事实证明，这个传言是假的。

康登船长的冒险生涯[1]

康登船长出生于普利茅斯，但人们目前尚不清楚他成为海盗的动机与时间。总督罗杰斯抵达普罗维登斯岛后，一些海盗选择撤退，康登船长是其中之一。他们乘坐纽约犹太商人辛普森（Simpson）先生的单桅帆船离开，当时康登是这艘船的舵手。离开岛屿不久之后，船上发生一起事故，全体船员陷入恐慌。当时船上有一个印第安人，曾被一些船员殴打，为了报复，这个印第安人将大部分武器搬到货舱，企图将船炸毁。一些人建议凿穿甲板，朝下方投掷手榴弹，但康登认为这样太耗时，而且太危险，因为那家伙可能会通过甲板开火，杀死其他船员。康登一手持枪，一手持刀，跳进船舱。印第安人朝康登开了一枪，打伤了他的手臂，但他依然冲上前去，射杀了印第安人。接着，船员们将印第安人的尸体肢解，炮手将其腹部剖开，取出心脏烤着吃了。

之后，康登等人夺取了一艘名叫约克公爵号的商船。由于发生内讧，船长和一半船员登上刚俘获的船，另一半

则继续留在原来的小船上，推选康登为船长。他将佛得角
群岛定为目的地，途中截获一艘来自马德拉岛的商船，船
上满载着葡萄酒。康登袭击了这艘原计划前往西印度群岛
120 的船，洗劫船上物品后放走了它。随后，康登和同伙来到
梅岛（佛得角群岛中的一个岛屿），打劫了一支由大约
20 艘帆船组成的盐运船队。由于自己的船缺少帆桁，[2] 康
登从俘获的一艘船上取下主桅，用来充当帆桁。康登还自
封“执法者”，调查被俘船只的船长对船员是否有不当行
为。如果哪位船长被船员投诉，康登就用鞭刑伺候，再往
对方伤口上撒盐。[3] 他还从被俘的船上取走所需的物资和其
他必需品，并通过自愿入伙和强迫征兵的方式扩大自己的
队伍。随后他丢下这些船只，驶向圣雅各（佛得角群岛中
的一个岛屿）。到圣雅各后，康登劫持了一艘曾用作私掠
船的荷兰船。这一票干得非常轻松，康登等人从一侧船舷
开了一轮炮，对方的船长和一些船员在炮火中被打死，还
有一些人受伤，康登等人驾船靠近，占领了敌船，没有遇
到丝毫抵抗。

康登发现这艘船非常适合劫掠，于是将其命名为飞龙号，带着船员一起登上了这艘船，还将自己原先那艘单桅帆船送给了一艘被俘的英国船上的大副，这名大副曾被迫

加入康登的队伍。接着，康登驶向巴西海岸，在巡航中劫掠了几艘葡萄牙船，之后又放走了它们。

后来，康登遇到赖特号（The Wright）大帆船，这艘船的船长是约翰·斯佩尔特（John Spelt），受南海公司（The South Sea Company）雇用，原本计划前往安哥拉海岸运输奴隶，再前往布宜诺斯艾利斯（Buenos Aires）。这艘船被康登扣留了相当长时间，不过船长是他同乡，对他非常客气。几天后，康登俘获一艘葡萄牙船，船上满载着成捆的货物和储备物资。他修好赖特号大帆船，将一些货物装上船。很快，他放走了葡萄牙船，后来又遇到一艘荷兰东印度公司的大船，船上装了 28 门火炮，船长在第一轮炮火中被打死，康登等人在斯佩尔特的船上升起海盗旗，几乎没有遇到抵抗便将敌船夺下。

接着，康登带着 3 艘船驶向费尔迪南岛（Ferdinando），在该岛将飞龙号倾斜，进行清理和修整。他派 11 个荷兰人登上斯佩尔特船长的船，作为对方船员被强行带走的补偿。康登还将一些从葡萄牙船上劫来的货物送给对方，然后放走了对方。后来，康登驾船启航，他命令荷兰人在自己离开后继续在费尔迪南岛待 24 小时，并威胁说，如果对方不听劝告，且要是再次落入他手中，他会把对方的船

121 沉了，将全体船员斩杀。随后，康登驶向巴西海岸，在那里遇到一艘葡萄牙战舰，船上有 70 门炮，并成功靠近对方。对方向康登打招呼，他回答说自己来自伦敦，目的地是布宜诺斯艾利斯。葡萄牙船员爬上支索[4]向他喝彩，康登却从船舷射出一轮火炮，双方随即展开一场持续 12 个小时的激烈交火，[5]康登发现自己处于劣势，便利用航速优势逃跑了。

几天后，康登又袭击了一艘葡萄牙船，根据该船人员的说法，康登杀死了 40 多名海岸警卫队队员，还打伤许多人。后来，康登继续沿巴西海岸向南行驶，劫掠了一艘驶向南海的法国船，这艘船上有 18 门炮，满载着葡萄酒和白兰地。他将这艘船带到普拉特河（The River of Platte），[6]然后派一些人上岸去抓野牛，但这几人被一艘西班牙战舰抓住。接受审问的过程中，被抓的几人称自己的两艘船从几内亚出发，船上载着南海公司的奴隶，凭借这番胡编乱造的说辞，他们被放走了。这时，五名被迫入伙的船员偷走康登的一艘独木舟逃跑。随后，康登劫掠了一艘法国船，剪断那艘船的缆绳，让其随波漂流，最后导致其搁浅。他继续沿巴西海岸行驶，途中听说一艘海盗船在沿海失事，船员被囚禁，他便将愤恨发泄到落入自己手中的葡萄牙人身上，残忍地割掉了他们的耳朵和鼻子。康登船上的指挥官是天主教徒，他们抓住一位神父，那位神父被迫在主桅杆前为他们主持弥撒。海盗们还骑在神父背上四处走动，像对待牲畜一样让他驮东西，驱赶他。后来，康登和同伙又前往几内亚海岸，劫持了印度皇后号（The Indian Queen）上的希尔（Hill）船长。

到了卢恩戈湾（Luengo Bay），康登看见两艘锚泊的船，其中一艘是荷兰船，装备了 44 门炮，另一艘是英国船荣誉号，船长名叫鲍恩（Bowen）。两艘船都试图割断缆绳逃向岸边，结果荣誉号失事，但那艘荷兰船被海盗救起并带走。再次起航时，康登解雇了希尔船长，向东印度群岛方向航行。接近好望角时，康登俘获了一艘从奥斯登出发的东印度公司商船，伦敦著名商人纳什（Nash）
也在船上。后来，康登又俘获一艘荷兰东印度公司的商 122
船，释放了之前那艘奥斯登商船的船员，向马达加斯加方向驶去。到了圣玛丽岛，康登遇到哈尔西（Halsey）船长的一些船员，他让这些船员和走散的船员一起登上自己的船，继续朝东印度群岛航行。到了约翰娜岛（Johanna），康登与另外两名海盗一起劫掠了东印度公司商船卡桑德拉号（Cassandra），其船长是詹姆斯·麦克赖格（James

Macraigh）。随后，康登继续前往东印度群岛，在那里大捞一笔。返航途中，康登在马斯卡伦哈斯岛（Mascarenhas）停留，遇到一艘装备 70 门火炮的葡萄牙船，船上载着果阿总督。康登俘获了这艘船，听说船上载有大批财物，他们没有让对方支付赎金，而是直接夺走财物，将船带到桑给巴尔（Zanguebar）海岸，[7] 那里有一座荷兰堡垒，康登占领这座堡垒，掠夺并摧毁了它，还带走了几名自愿入伙的俘虏。之后，他们继续向圣玛丽岛进发，到目的地瓜分战利品、解散船员之后，在当地定居下来。后来，一艘来自布里斯托尔的雪船来到此地，[8] 康登等人强迫这艘船将一份请愿书交给马斯卡伦哈斯的总督，并慷慨地向船长支付了费用。总督回复称，如果康登等人愿意销毁自己的船，他将为他们提供保护。康登等人表示同意，并按计划沉没了飞龙号以及其他船只。康登和一些船员前往马斯卡伦哈斯，康登娶了总督的小姨子，并在此定居了一段时间。但据可靠消息称，康登后来去了法国，在圣马洛定居，以商
123 人身份从事着利润相当可观的贸易活动。

16

Edward "Ned" Low

爱德华·洛（绰号：内德）

幻想号

波士顿与加勒比海

1720 年—1723 年

企鹅海盗史

风帆时代曾有许多人加入海盗队伍，有的是出于欲望驱使，有的是因为走投无路。许多海盗曾犯下令人震惊的暴行，其恶劣程度让我们这些习惯21世纪安逸生活的人感到震惊。然而，很少有海盗像内德·洛那般残忍。关于这名海盗生平的许多细节将在下文提及，这里不再赘述。对内德·洛的另一份叙述来自马萨诸塞州马布尔黑德（Marblehead）的渔民菲利普·阿什顿（Philip Ashton）。1722年，内德·洛在大浅滩劫持渔船队，阿什顿被俘。阿什顿拒绝签署入伙协议，结果被海盗鞭打和殴打，屡次受到死亡威胁。最终，阿什顿勇敢逃到罗阿坦岛（Roatán）[①]，

① 罗阿坦岛位于洪都拉斯北岸近海，是洪都拉斯海湾群岛的主岛，面积240平方千米，东西长约60千米，南北最宽处不足8千米。

但在该岛陷入孤立无援的境地。

内德·洛臭名昭著的残酷行径包括谋杀和肢解。有一次，他甚至将一名男子的嘴唇割下后再喂给对方，这种暴行在某种程度上激起了受害者的恐惧，使他们主动投降并迎合他的要求，而他本人追求的很可能是杀戮带来的快感。 124

洛的结局至今仍然成谜，但根据我们对其性格的了解，有一种看似可信的说法称，当时在一艘名叫圣诞快乐号的船上，洛随意杀害了一名正在睡觉的船员，其他船员因此发动叛变，内德在没有携带任何补给的情况被放逐到海上。《海盗自传》（*The Pirates Own Book*）一书称，洛在被放逐的途中被救起，在马提尼克岛受审，于 1724 年被绞死。

与其他大多数海盗不同的是，有证据表明洛使用的是自制的“骷髅旗”，最臭名昭著的版本是黑色背景下的血红色骷髅。

爱德华·洛船长生平[1]

这个残暴的恶棍出生在威斯敏斯特，曾获得类似于英国平民接受的教育。洛是天生的海盗。年轻时，他曾向威斯敏斯特一带的男孩敲诈钱财，如果对方拒绝，他会把对方打得头破血流。长大之后，洛开始在卑劣的游戏中施展手段，欺骗他人。如果对方试图反抗，洛总是通过决斗来解决冲突。

洛曾与自家兄弟一起出海，两人一起待了三四年。后来，洛来到美洲，在波士顿的一家索具厂工作了一段时间。之后，他回到英国看望母亲，接着又返回波士顿，继续在索具厂干了几年。由于脾气暴躁，洛与老板发生争执，登上了一艘前往洪都拉斯湾的帆船。

到了洪都拉斯湾，洛负责指挥一艘运送洋苏木的船。这艘船上有 12 名全副武装的船员，以防与西班牙人发生冲突，因为木材是从他们那里抢来的。一天晚餐前，这艘小船正好驶到大船旁边，洛提出建议，大家吃完晚餐再出
125 发。可船长只给了他们一瓶朗姆酒，命令他们赶紧出发，不要浪费时间。船员们非常生气，洛更是怒不可遏，他拿起一支上膛的火枪朝船长开枪，结果没打中，一名船员挨了这一枪，洛和其他人驾着船逃跑了。第二天，他们抢来一艘小船，登上船，挂上黑旗，宣布与全世界开战。

劫掠途中，洛遇到劳瑟（Lowther），[2] 后者提议让洛加入自己的队伍，两人一起在海上发财。后来，洛俘

获一艘双桅帆船，[3]带着40多人登上船，与劳瑟分道扬镳，去寻求自己的财富。他们最初俘获了一艘来自安博伊（Amboy）的船，洗劫船上物资之后将其放走。同一天，他们还俘获了一艘单桅帆船，同样一番操作之后，也放对方走了。那艘小船驶入布洛克岛（Black Island），[4]向总督通风报信说洛在海岸附近。总督立即派了两艘小船去追击，到了之后发现洛早已远去。这次侥幸逃脱后，洛将船开进一个港口，补给淡水和食品，然后继续寻找掠夺目标。他来到罗斯马里港（Port Rosemary），[5]港口停泊了13艘船，但都不算强大。洛挂上黑旗，威胁说如果他们反抗，肯定没有好果子吃。洛和同伙占领了这些船，将船上物资据为己有。他们将10门炮和50名船员安排到一艘纵帆船上，[6]将其命名为幻想号，洛登上这艘船，查尔斯·哈里斯（Charles Harris）则被任命为双桅帆船的船长。他们还强迫一些人签订了入伙协议。

后来，洛和同伙又对两艘来自波士顿的单桅帆船展开追击，但未能成功。他们驶向背风群岛，但途中遭遇了一场可怕的飓风。当时人人忙于自救，根本顾不上掠夺。126
所有船员忙得手脚不停，把6门炮和所有重物都抛到了海里。风暴中，洛和哈里斯的船被分开，过了一段时间才再次相遇。

风暴过后，洛前往加勒比海西部的一座小岛修整船只，用货物换取补给。双桅帆船修好之后，洛进行了一次巡航，同时等待幻想号修整完毕。这次巡航途中，他们遇到一艘在风暴中桅杆被全部折断的帆船。洛袭击这艘船，收获了价值不菲的战利品，随后返回小岛。幻想号准备启航时，船上召开了一次会议，讨论接下来该走哪条航线。众人采纳了洛的建议，认为不应再继续在下风方向巡航，以免遇到在该地区巡逻的军舰。接着，他们驶向亚速尔群岛。

接下来的日子里，洛迎来非同寻常的好运气。前往亚速尔群岛途中，他劫持了一艘装备了 34 门炮的法国船，并带着这艘船一起航行。进入圣米迦勒（St. Michael）港口之后，洛又劫持了 7 艘船，并扬言杀死任何敢反抗的人。通过制造恐惧，洛没有开一枪就将这些船上的所有财物据为己有。船上的淡水和食物快要耗尽时，洛提出一项交易：只要当地总督愿意提供补给，他就把自己劫持的船放了，否则这些船将统统葬身火海。总督立刻答应洛的要求，6 艘船被释放，但一艘法国船被带走。这帮海盗卸掉船上所有火炮，除了船上的厨师外，遣散了所有船员。他们说，这个“肥头大耳的家伙”烧起来肯定很香，接着把那个不幸的男人绑在桅杆上，放火把船烧了。

后来，他们遇到卡特船长的赖特号。就因为对方表现出一丝自卫的意图，洛居然用残忍的方式砍杀和肢解了卡特船长。同时，为了满足自己暴虐的欲望，他们还把两名葡萄牙修士吊在前桅上，屡次将他们放下，将其折磨致死。[7]当时在场的另一个葡萄牙俘虏目睹同胞的惨状，脸上露出悲伤的神情。一个恶棍看到这个葡萄牙人的表情，说 127
自己不喜欢这副样子，然后朝对方砍了一刀，对方立即倒下。还有一个恶棍本来想揍一名囚犯，却失手打伤了洛的下巴。外科医生被叫来缝合伤口，但洛在手术过程中不停地发牢骚，医生揍了洛一拳，刚缝好的线全部绷开，洛只得自己动手缝合伤口。洗劫赖特号之后，船员中有人提议将船烧掉，就像对待之前那艘法国船一样，但洛没有这么做，而是将船的锚链、索具和帆都砍断，然后把船放走，任凭风浪吞噬。

随后，洛和同伙前往马德拉岛，俘获了一艘渔船。船上有两个老人和一个男孩，他们扣押了其中一人，让另外一人带着停战旗上岸，请求总督送来一船水，否则他们就把人质吊死在桅杆上。总督送来水，人质也被释放。

接着，洛和同伙前往加那利群岛（The Canary Islands）劫持了几艘船。他们得知有两艘小型桨帆船每天都会经过这片海域，便派出单桅船去寻找它们，结果没有找到。由于物资短缺，洛和同伙假扮成商人进入圣米迦勒，但他们的身份被识破并被捕，所有船员被带到城堡。他们在按照犯下的罪行接受惩罚后，就被释放了。

与此同时，洛的船在修理时倾覆并沉没，[8] 只剩下幻想号。大约 100 人回到了这艘船，扬帆去寻找新的掠夺目标。很快，他们遇到一艘富有的葡萄牙船，对方短暂抵抗后投降。洛折磨船员，逼他们说出藏匿财宝的地方。船员被屈打成招，说打斗过程中船长曾将一个装有 11000 枚莫艾多（moidore）[9] 金币的袋子挂在舱口窗外，他们被抓时，船长切断绳子，袋子已经葬身海底。得知此事后，洛像发狂的怪物一样怒吼，命令割下船长的嘴唇，在他眼前烤
128 熟，然后残忍地杀害了船长和所有船员。

结束这次血腥的行动后，这帮恶徒朝北航行，途中劫掠了几艘船，其中一艘船被烧毁，其余船只遭洗劫后被放行。洛和同伙还打劫了一座岛屿，然后继续驶向洪都拉斯湾，途中遇到一艘从湾内驶出的西班牙船，这艘船劫持了 5 名英国人和 1 艘尖尾帆船，还将船长扣作囚犯。洛升

起西班牙国旗，待靠近时又换成黑旗，西班牙船没有丝毫抵抗便被俘获。洛发现英国船长被关在船舱内，船上还有英国货物，于是召开会议，决定将船上的西班牙人统统杀死。刚做完决定，他们便操起各种武器开始了屠杀。有的西班牙人跳入海中逃命，海盗便派出独木舟追击那些试图游向岸边的人。接着，他们将西班牙船洗劫一空，放走英国船长，放火烧毁了西班牙船。

随后，洛和同伙在背风群岛和大陆之间航行，接二连三的好运让他先后俘获至少 19 艘不同大小的船只。每一次，被俘船员都遭到前所未有的残忍折磨。当时恰好有一艘名叫猎犬号（The Greyhound）的船在附近巡逻，这艘船装备了 20 门炮和 120 名船员。得知这帮恶徒的恶行之后，猎犬号开始追寻其踪迹。洛和同伙以为眼前出现的是猎物，便追了上去。猎犬号一边佯装被洛追赶，一边做好战斗准备，转向迎击洛的两艘单桅帆船。

这两艘船当中，一艘是洛自己的幻想号，另一艘是哈里斯指挥的游侠号（The Ranger），[10] 两艘船都挂上海盗旗，齐刷刷地开火。猎犬号一开进海盗船的火枪射程内，便收起主帆，迎风行驶，防止海盗逃向下风方向，然后展开攻击。这时洛和同伙发现对手是谁，迅速驶向猎犬号尾部。猎犬号紧跟其后，双方展开了约 2 个小时的追逐战。
129 当时风力微弱，[11] 洛和哈里斯的单桅帆船借助船桨逐渐与敌方拉开距离。猎犬号停止开火，开始划船追赶，下午 3 点终于赶上对方。海盗们重新调整船帆准备迎战，双方立刻展开激烈火拼，最终游侠号的主桅帆桁被打断。[12] 洛见势不妙，抛下游侠号逃命去了。

洛在这次行动中的表现令船员十分失望，因为他之前一直以勇敢和大胆著称，甚至成为手下船员的恐惧对象。但这一次，他表现得就像卑鄙又懦弱的恶棍。如果洛像哈里斯一样顽强作战（他们曾立下庄严的誓言），一些船员认为，猎犬号根本无法击败他们。不过，埋怨归埋怨，这帮恶徒依旧像之前一样残暴，没有半点洗心革面的打算。这次的侥幸逃脱并未让他们反思自己的行为，反而加剧了他们的掠夺和残暴。后来，洛和同伙在距离陆地 80 英里处俘获了另一艘船。他们以最残忍的方式对待船长，将其射杀，将船员赶上小船，只给了对方一个指南针、一点水和几块饼干，任凭他们在海上漂泊。然而，出人意料的是，这些船员安全抵达了岸边。

洛和同伙继续在海上横行霸道。他们不仅极度贪婪，还以作恶为乐。他们就像撒旦一样，把恶行当成消遣，把残忍当成乐趣，把杀害他人当成日常活动。在所有英国海盗中，洛的残暴无人能及。无论是高兴时，还是愤怒时，洛和同伙都会做出残暴的行为。他们杀人是为了作乐，而不是为了泄愤，也不是受到激情驱使。他们凶残至极，似乎只会从别人痛苦的哭喊、呻吟和哀号中获得快感。一 130
天，洛俘虏来自弗吉尼亚的格雷夫斯（Graves）船长，他拿起一碗酒递给对方，“喏，这半碗酒是给你的。”这个可怜的船长十分悲痛，根本没有心情饮酒，便礼貌地拒绝了。洛立刻举起手中的手枪和酒碗，冷冷地说，“要么喝了这碗酒，要么吃我一枪。”

后来，洛俘获一艘名为圣诞快乐号的船。他在船上装了 34 门大炮，亲自登船，升起黑旗，自封为海军上将。之后，洛又俘获了一艘双桅帆船，船员一半是葡萄牙人，一半是英国人。葡萄牙人被吊死，英国人被赶上小船放行，大船被洛放火烧毁。洛干海盗营生确实干得“风生水起”，但他的残暴也无人能及。很长一段时间，他在海上肆无忌惮地掠夺，过着逍遥法外的日子。

但恶有恶报，洛的船员最终背叛了他，把他丢到一艘没有补给的小船上，抛弃了他，原因是洛无缘无故杀害了正在睡觉的舵手。不久，一艘法国船经过，把洛救上了马

提尼克岛。经过短暂审判，洛在为他准备的绞刑架上结束
131 了邪恶的一生。

17

Stede "Gentleman Pirate" Bonnet

斯蒂德·邦尼特（绰号：绅士海盗）

复仇号单桅帆船

巴巴多斯与北卡罗来纳

1717 年—1718 年

如果你看过 HBO 在 2022 年推出的喜剧系列《海盗旗升起》（*Our Flag Means Death*），或许斯蒂德·邦尼特这个名字对你来说并不陌生。他是一位与众不同的海盗——人生有大把选择，完全可以从事其他行业，不像内德·洛等其他大多数海盗那样出身贫寒或走投无路。实际上，邦尼特是相当富裕的地主，继承了父亲在巴巴多斯的一座种植园。那么，他为何会走上如此危险的道路？

或许邦尼特是追求刺激的人，又或许他是富家子弟，以为金钱可以买来真实的冒险体验，而这种体验是舒适的岸上生活无法给予的。大多数海盗通常在极端情况下通过叛变或强行夺船开始海盗生涯，而邦尼特用自己的钱装备了一艘海盗船，招募船员，“光明正大”地走上海盗之路。也许他从小就痴迷于一代海盗的浪漫事迹，这些事迹通过报纸、传单和民间传说得到广泛传播，而邦尼特作为在英国殖民地——加勒比岛屿上长大的孩子，肯定会听到这些故事。132

或许邦尼特更喜欢和男人为伴，以下摘录也暗示了这一点。人们想不明白，为何一个富裕、有影响力且受过教育的男人会选择如此危险的生活方式（相比之下，内德·洛是文盲，从小就干小偷小摸的勾当），何况是在没有经过航海训练且毫无经验的情况下。摘录委婉地提及，邦尼特的这种选择源于“精神错乱”。更具体而言，是源于邦尼特的精神问题，虽然人们不清楚来龙去脉，但邦尼特走上海盗之路多少与“婚姻状态引起的不适”有关。

当然，对 18 世纪初的人们来说，婚姻生活常常有许多不如意之处。也许邦尼特患有梅毒，也许他有勃起功能障碍，也许他根本不想与女性在一起。一位研究同性恋史的杰出历史学家认为（尽管他没有专门写 18 世纪的事情），在大众文化领域，海员与同性恋行为长期存在关联，原因之一可能是，更喜欢与男性相处的男人自然会倾向于选择主要由男性参与的职业，这些职业没有女性参与，且环境相对封闭。[1] 当然，对大多数 18 世纪的人来说，特别是在奴隶制和强迫服役时代，自行选择谋生方式的想法是荒谬的。然而，问题的关键在于，斯蒂德·邦尼特是18世纪大西洋世界中极为罕见的一类人，即他是有选择权的男人。此外，正如下文所述，与邦尼特最亲密的海盗同伙爱德华·蒂奇（Edward Teach，此人更广为人知的绰号是“黑胡子”）相比，邦尼特开启海盗生涯之后，其性行
133 为表现得截然不同。

斯蒂德·邦尼特是同性恋吗？也许他并非当今意义上的同性恋。但本书编辑认为，尽管一时找不到更合适、更符合历史背景的词语，邦尼特很可能确实是同性恋。

斯蒂德·邦尼特少校及其船员的故事[2]

邦尼特少校在巴巴多斯岛享有良好声誉，拥有大量财富，且受过良好教育。与其他人相比，他的生活条件优越，照道理没有理由走上海盗之路。人们听说邦尼特少校的冒险举动之后，纷纷表示惊讶。他们想不明白，一位在当地备受尊重和钦佩的人，为何会公然进行海盗活动？邦尼特当上海盗之后，那些认识他的人更多的是感到怜悯而非谴责。他们认为，邦尼特少校去做海盗是因为精神上的某种失常，在他踏上这条邪恶之路前，这种失常就已显露

无遗。据说，邦尼特的精神问题是他在婚姻生活中遇到的一些不适引起的。无论如何，邦尼特少校其实不太适合当海盗，因为他对海上事务并不了解。

然而，邦尼特仍自己出钱装备了一艘配备 10 门大炮和 70 名船员的单桅帆船，一天夜里从巴巴多斯启航了。他将这艘船命名为复仇号，第一次巡航是在弗吉尼亚的海角附近，其间俘获了几艘船，洗劫了船上的食品、衣物、金钱、弹药等。值得一提的是来自格拉斯哥的安妮号（The Anne，船长为蒙哥马利），还有来自巴巴多斯的图尔贝特号（The Turbet），邦尼特手下的船员洗劫船上的大部分货物后，出于对国家的感情，放火烧毁了这两艘船。此外，邦尼特还俘获了来自布里斯托尔的奋进号（The Endeavour，船长为斯科特），以及来自利斯（Leith）的年轻号（The Young）。随后，邦尼特前往纽约，在长岛东端俘获一艘驶往西印度群岛的单桅帆船，到加德纳岛之后放走了一些船员，购置了补给，然后安全启航，没有受到当地人骚扰。 134

过了一段时间，即 1717 年 8 月，邦尼特在南卡罗来纳入海口俘获了一艘单桅帆船和一艘双桅帆船，前者来自巴巴多斯，船长是约瑟夫·帕尔默（Joseph Palmer）掌舵，船上载有朗姆酒、糖和黑人奴隶；后者来自新英格兰，船长是托马斯·波特（Thomas Porter）。邦尼特洗劫了这两艘船，放走船员，但带走了单桅帆船，并在北卡罗来纳的一个入海口倾斜修理，然后放火将其烧毁。

单桅帆船清理完毕后，邦尼特和同伙准备出海，但对接下来走哪条航线没有达成一致。船员们意见不一，正如上文所言，邦尼特并非水手，缺乏专门的海事知识，很多时候不得不听从他人的意见。后来，他们偶然遇到另一个海盗爱德华·蒂奇（因其黑色、丑陋的胡须而被人称为“黑胡子”）。黑胡子既是本领出色的水手，也是心狠手辣的歹徒。他胆大包天，经常毫不犹豫地犯下最令人发指的罪行，因此当上了某海盗团伙的首领。在其手下看来，黑胡子是无可争议的头目。

后来，邦尼特的船员与黑胡子结盟，邦尼特本人却被排除在外，尽管这艘单桅帆船是他出钱装备的。他待在黑胡子的船上，对他们的活动不闻不问，直到这艘船在托普塞尔港（Topsail Inlet）失事。[3]之后，他的职位由一个叫理查兹的人接替。此时，邦尼特意识到自己的愚蠢，但一切已无法挽回，郁郁寡欢的他反思着自己过去的生活，回想着曾经的所作所为，对此感到羞愧不已。邦尼特的行为引起了其他海盗的注意，他们变得更加不喜欢他。他常跟一些船员坦言，自己厌倦了海盗的生活方式，很想离开，而且他觉得自己没脸再见任何英国人。如果他能去西班牙或葡萄牙，而且不暴露身份的话，他希望能在这两个国家度过余生，如若不然，他只能继续待在海盗船上，直到
死去。 135

再后来，黑胡子的船在托普塞尔港失事，他本人也接受国王赦免，邦尼特重获复仇号指挥权，直接前往北卡罗来纳巴斯镇，向国王投降后获得赦免证书。此时，三国同盟与西班牙之间的战争爆发。[4] 邦尼特在北卡罗来纳为复仇号申请了通行证，计划前往圣托马斯岛，争取国王的许可（至少表面上如此），以便对西班牙人进行合法私掠。之后，邦尼特返回托普塞尔港，发现黑胡子和同伙已经离开，大船上的所有钱财、小物品和贵重物品也都被带走。他们还将 17 人留在一个离陆地超过 1 里格的小沙岛上，显然是想让这些人活活饿死。这个岛上没有居民，没有食物，没有船只，也没有制造小船或航海器具的材料，这些人根本无法逃离荒岛。他们在岛上度过了两个晚上和一个白天，没有任何东西吃，也看不到任何希望，只能等待着漫长的死亡。就在他们陷入绝望的时候，意外的救赎出现

在眼前：两个海盗从黑胡子手下逃出来，设法来到港口上方一个贫穷的小村庄，给邦尼特报了信，邦尼特立即派船去查看。那些可怜的人看到邦尼特的船，马上发出信号，后来他们全被带上邦尼特的单桅帆船。

邦尼特告诉那帮船员，他打算接受任命，袭击西班牙人，此时正打算前往圣托马斯岛，如果他们愿意加入，他将本着来者不拒的态度欢迎各位。大家纷纷表示同意，但就在他们准备出航时，一艘运送苹果和苹果酒的小艇（Bom-Boat）[5]告诉他们，黑胡子正在奥克拉科克港（Ocricock Inlet）[6]，身边只有20来个手下。邦尼特曾遭受黑胡子侮辱，因此对黑胡子怀有深深的仇恨。他立即启航，准备追击黑胡子，但他出发太晚，没能在奥克拉科克港找到仇人。经过4天的巡航，邦尼特依然没打听到黑胡
136 子的任何消息，于是他改变航向，朝弗吉尼亚驶去。

7月，邦尼特来到弗吉尼亚附近的亨利角，遇到一艘载着食物的尖尾帆船。他们正好需要这些食物，便从船上带走了10—12桶猪肉和大约400磅面包。不过，为了不被人当成海盗，他们给对方送去了差不多10桶米和1根旧缆绳，以此作为交换。

两天后，他们对一艘60吨的单桅帆船展开追击，在

离亨利角 2 里格处俘获了这艘船。幸运的是，他们从这艘船带走了两大桶（Hogshead）[7] 朗姆酒和大量糖蜜，这些东西显然是他们的急需物资，只是他们没有足够的钱去买。人们不清楚邦尼特是如何打算的，但他派了 8 名船员去看守刚俘获的小船。这 8 名船员可能不想再与海盗为伍，于是趁机逃走了，邦尼特（他喜欢被人称为托马斯船长）再也没有看到他们。

自那以后，邦尼特彻底抛开所有约束，尽管他刚刚以斯蒂德·邦尼特的名义接受国王宽恕，但他又彻底重操旧业，自封托马斯船长，[8] 再次公然干起海盗营生，掠夺遇到的所有船只。邦尼特和同伙在亨利角外俘获了两艘从弗吉尼亚驶往格拉斯哥的船，船上除了 100 磅烟草，别无他物。第二天，他们又俘获了一艘从弗吉尼亚驶往百慕大的小型单桅帆船，从船上掠走了 20 桶猪肉和一些熏肉，不过他们给了对方两桶米和一桶糖蜜。此外，这艘船上的两名船员愿意加入邦尼特的队伍。后来，他们又俘获一艘从弗吉尼亚驶往格拉斯哥的船，不过这次他们没捞到什么值钱的东西，只弄到几把梳子、一些别针和缝纫针，但他们给了对方一桶猪肉和两桶面包。 137

随后，邦尼特和同伙从弗吉尼亚驶向费城，在北纬

38° 俘获了一艘从北卡罗来纳驶向波士顿的纵帆船。他们从船上弄到两打小牛皮，可以用来制作枪套。此外，有两名船员加入他们的队伍，那艘船也被扣押了几天。邦尼特的每次劫掠都是小打小闹，他似乎只是想给自己的船寻找补给，以便抵达圣托马斯。到目前为止，他们对所有不幸落入他们手中的人都很宽容，但后来的人就没那么好运了。他们在北纬 32° ，即靠近费城的特拉华河俘获了两艘驶往布里斯托尔的雪船，从这两艘船上弄到了一些钱，此外还有价值约 15 英镑的货物。与此同时，他们还俘获了一艘从费城驶往巴巴多斯的 60 吨单桅帆船，拿走了船上的一些货物，放走了这艘船和之前那艘雪船。

7 月 29 日，在距离特拉华湾六七里格处，托马斯船长俘获了一艘从费城驶向巴巴多斯的单桅帆船，这艘船重 50 吨，船长是托马斯 · 里德（Thomas Read），船上载满了食品。他们扣押这艘小船，在上面安排了四五名船员看守。7 月 31 日，他们又俘获一艘 60 吨的小船，这艘船由彼得 · 梅因沃林（Peter Mainwaring）指挥，从安提瓜驶往费城。他们同样扣押了这艘小船及其货物，主要包括朗姆酒、糖蜜、糖、棉花、靛蓝和大约 25 英镑现金，所有物品加起来价值约 500 英镑。

这一天，托马斯船长带着刚俘获的船只离开特拉华湾，驶向开普菲尔河（Cape Fear River）。结果，他们刚取名为皇家詹姆斯号（The Royal James）的海盗小船漏水严重，船上的人不得不冒着身份暴露的风险，在开普菲尔河待了近两个月修理船只。其间，他们在河上俘获一艘单桅小帆船（Shallop），[9]这艘船被拆开来修补皇家詹姆斯号，整个队伍的航程因此被耽误。这时，他们得知有一艘海盗小船在北卡罗来纳停靠，正在修理俘获的船只。

为了驱赶海盗，南卡罗来纳总督装备了两艘单桅帆船……

其中一艘是亨利号（The Henry），装备了8门大炮和70名船员，由约翰·马斯特斯（John Masters）船长指挥。还有一艘是海上仙女号（The Sea Nymph），装备了8 138
门大炮和60名船员，由费雷尔·霍尔（Fayrer Hall）船长指挥，两艘船均接受前述威廉·拉特（William Rhat）上校的全面调遣和指挥。9月14日，拉特登上亨利号，与另一艘单桅帆船从查尔斯顿出发，前往沙利文岛（Swillivants Island），[10]准备巡航。此时，来自安提瓜的一艘小船抵达，船长科克（Cock）报告称在靠近港口时遭到海盗查尔斯·韦恩（Charles Vane）的袭击和抢劫，而且韦恩的船是一艘装备了 12 门大炮和 90 名船员的双桅帆船。韦恩还劫持了另外两艘驶向沙利文岛的船，其中一艘是来自巴巴多斯的小型单桅帆船，由迪尔船长指挥；另一艘是来自几内亚的双桅帆船，由汤姆森船长指挥，船上载有 90 多名黑奴。海盗将这些黑奴转移到耶茨（Yeats）指挥的单桅帆船，船上有 25 名船员。对几内亚船的船主来说，这是好事，因为耶茨曾多次打算金盆洗手，这次趁夜色离开了韦恩，驶入查尔斯顿南部的北埃迪斯托河（North–Edisto River），并向王室请求宽恕。船主找回了自己的黑奴，[11] 而耶茨与同伙也获得政府颁发的赦免文书。

接下来的 26 日晚，拉特上校与自己的小舰队驶入开普菲尔河，看到一块陆地的岬角停泊着 3 艘小船，那是邦尼特上校和他的战利品。当时邦尼特的船正沿河行驶，结果领航员失误，[12] 船只搁浅了，天黑时才浮起来，[13] 那晚的行程因此被耽误。邦尼特很快发现了拉特上校的船，但不知道船上是何人，也不知道他们为何进入开普菲尔河，于是派了 3 只独木舟去一探究竟。结果，出去打探情况的船员很快意识到自己判断失误，便立即折返，带回了令人不快的消息。邦尼特当晚为交战做好准备，将原先俘获的船只上的所有人都调走。接着，他给其中一名俘虏——

梅因沃林船长展示了一封他刚写的信，称他打算将信寄给卡罗来纳总督。信的大意是，如果那些小船是总督派来对 139
付他的，且如果他能逃脱，他将烧毁所有出入南卡罗来纳的船只。第二天早上，邦尼特扬帆启航，沿河而下，打算逃跑。拉特上校的船只也扬帆启航，紧跟其后，打算从两侧夹击敌人。邦尼特意识到对方的企图，便向岸边靠拢，但在激烈交战中，他们的帆船搁浅了。不过，卡罗来纳总督派来的船也在浅滩搁浅了。拉特上校乘坐的亨利号（Henry）在邦尼特的前方搁浅，但能用炮火轰击海盗船，其他小船则在拉特上校的前方搁浅，炮火无法抵达海盗船，帮不了拉特上校的忙。

这时邦尼特占据了很大优势，因为他们的船搁浅之后距离拉特上校的船比较远，全员都能找到掩护，而拉特上校的船朝一边倾斜，士兵全部暴露。在搁浅的近 5 个小时内，双方始终保持激烈交火。海盗们挥舞着沾满鲜血的旗帜，还挥动帽子挑衅，嘲笑对方不敢登船，拉特上校的船员们则欢呼回应，让海盗们老老实实等着。拉特上校的帆船最先浮起来，驶入更深的水域。修好在交战中损坏的索具之后，拉特上校朝海盗驶去，准备直接登船，给对方致命一击。不料，这时海盗挂出停战旗。经过一段时间的谈

判，他们最终投降被俘。拉特上校接管了这艘帆船，惊喜地发现指挥这艘船的托马斯船长正是多次光顾卡罗来纳海
140 岸的斯蒂德·邦尼特上校。

在这次行动中，亨利号有10名船员被杀，14人受伤；海上仙女号有2人被杀，4人受伤。两艘船上的军官和水手都表现出了极大的勇气，若不是他们的船不幸搁浅，他们可以在伤亡更少的情况下擒获海盗。但是，他们打算采用奔袭战，因此只能靠近海盗船，防止海盗逃跑，伤亡是难免的。海盗一方有7人被杀，5人受伤，其中两人伤势过重，不久后死亡。拉特上校于9月30日从开普菲尔河出发，10月3日抵达查尔斯顿，卡罗来纳的人们纷纷为之欢呼。

两天后，邦尼特和船员被带到岸上，由于没有公共监狱，他们被安置在看守所里，接受民兵看管，邦尼特本人则被关在法警的家中。几天后，为了指认其他海盗的罪行，船长大卫·哈里奥特（David Hariot）和水手长伊格内修斯·佩尔（Ignatius Pell）被带出来，单独关在法警家中，每晚有两个哨兵在房子附近看守。然而，不知是因为当局腐败，还是因为警戒不力，邦尼特和哈里奥特于10月24日成功逃脱，但水手长拒绝跟随他们。此事在卡罗来纳

引起很大轰动，民众纷纷对总督和其他官员表达不满，认为他们收受贿赂，纵容海盗逃跑。

邦尼特乘坐一艘小船驶向北方，但由于缺乏必要物
资，加上天气恶劣，他被迫折返，带着独木舟回到沙利文
岛，在查尔斯顿靠岸，获取补给。然而，有人向总督报
信，总督召见拉特上校，要求他去追捕邦尼特，并给了他
一份委任状。那天晚上，拉特上校带着装备精良的船只和
一些人手前往沙利文岛，一番仔细搜查之后，发现邦尼特
和哈里奥特待在一起。拉特上校手下士兵向两人开火，当 141
场击毙哈里奥特，还打伤了一名黑人和一名印第安人，邦
尼特投降并自首。第二天，即 11 月 6 日，拉特上校将邦
尼特带回查尔斯顿，根据总督的命令将邦尼特关押，等待
审判。

1718 年 10 月 28 日，南卡罗来纳查尔斯顿举行了一次海事审判。由于多次休庭，审判延至 11 月 12 日，审判对象为一艘海盗船上擒获的海盗，这艘船曾叫复仇号，后来改名为皇家詹姆斯号，法官为尼古拉斯·特罗特（Nicholas Trot）、海事法庭法官、南卡罗来纳首席法官以及其他助理法官。

此处不打算一一列出与邦尼特一同被起诉的所有人，

或像其他作者（例如约翰逊）那样逐字引用起诉书的内容。但有一点值得注意，即这些被起诉者分别来自哪里。邦尼特本人来自巴巴多斯，但他手下的许多船员来自牙买加、阿伯丁（Aberdeen）①、格拉斯哥、根西（Guernsey）②、伦敦、都柏林、查尔斯顿、北卡罗来纳、布里斯托尔，以及北卡罗来纳的巴斯镇，还有一人来自纽卡斯尔，一人来自安提瓜。然而，他们常常被描述为“曾来自某地”，这表明水手与停靠港口之间的关系是流动的。

所有被告均表示不认罪，并请求接受审判……被告几乎没有进行辩护，每个人都声称自己在荒无人烟的海岸被抓，和邦尼特一起被送到圣托马斯，但海上缺衣少食，他们不得不听从其他人的指示，邦尼特本人也声称是被迫的，而非出于本意。然而，事实清楚地证明，他们每个人都瓜分了十几英镑的赃物……最终都被判有罪。法官对他们发表了非常严肃的讲话，阐明了他们罪行的严重性、他
142 们目前的处境以及真诚悔改的必要性。然后，法官给他们
安排了该省的一位牧师，方便他们获取更充分的指导，

① 阿伯丁是英国苏格兰地区的主要城市之一。

② 根西是英国三大皇家属地之一，位于英吉利海峡靠近法国海岸线的海峡群岛之中。

帮助他们为迎接“永恒的生命”做好准备。法官总结道：“祭司的嘴当存知识，人也当由他口中寻求律法，因为他们是万军之耶和华的使者。”（《玛拉基书》第 2 章第 17 节）[14]“祭司也是基督的使者，神已将和好的道理托付给他们。”（《哥林多后书》第 5 章第 19—20 节）[15]最后，法官宣读了对他们的死刑判决。

邦尼特手下船员于 11 月 8 日在“查尔斯顿附近的白角”被绞死。

至于邦尼特本人，越狱让他多活了几天。他于 11 月 19 日受审，像他的船员一样被判处死刑。在此之前，法官特罗特对他发表了一篇精彩演讲，虽然这篇演讲有些冗长，由于篇幅所限无法完全转载，但本人认为不应该忽略这段极为有益的训诫，因为我不知道哪些人会读到这本书的内容。

这段演讲确实漫长而虔诚，对邦尼特犯下的海盗罪和至少 18 起谋杀罪提出了指控。演讲引用了《圣经》中的许多内容，作为对邦尼特死刑判决的依据。同时，演讲还提到邦尼特的身份，称他为“受过良好教育的绅士，是人们眼中的博学之人”，应该明白忏悔的必要性。演讲最后宣读了对邦尼特的死刑判决。

“你，斯蒂德·邦尼特，应当从这里走到你来的地方，然后前往行刑地，在那里你将被绞死，直到你的生命逝去。

143 “愿无限慈悲的上帝怜悯你的灵魂。”

18

Edward "Blackbeard" Teach

爱德华·蒂奇（绰号：黑胡子）

安妮女王复仇号

卡罗来纳

1716 年—1718 年

讲述黑胡子的故事时，有两点值得注意，第一点是种族，第二点是强奸。前文确实提及有色人种海盗，例如从托马斯·图手下逃跑的船员，以及威廉·基德手下的“90个摩尔人”。虽然目前人们还没有发现关于有色人种海盗船长的记录，但我们已经看到许多无名无姓的“黑人”和“印第安人”在夜幕的掩护下逃往港口，被谋杀、被抓捕，且许多情况下，他们是为了谋求私利而走上海盗之路的。“无名无姓”本身并非重点，因为海盗船员的名字一般只在审判记录和起诉书中出现，大多数海盗都处于无名无姓的状态。尽管档案记录中很难看到有色人种海盗，但
144 他们确实存在。正如我们所知，爱德华·蒂奇（绰号：黑胡子）于 1718 年在奥克拉科克港口战斗至死时，他的 18

名船员中有 5 名是有色人种，这些人与黑胡子并肩作战，展开血腥搏斗，其中一人甚至差点因复仇而引爆火药库，但被人制止了。[1]

“黑胡子”这个绰号源于爱德华・蒂奇独特的胡须特征，《海盗通史》（*A General History of the Pyrates*）第三版的描述如下：“他的胡子是黑色的，又长又浓密，几乎遮盖了他的眼睛。他习惯用丝带将胡子扭成小辫子，就像拉米利斯假发一样，[2] 并将其绕在耳边。战斗时，爱德华・蒂奇的肩上挂着背带，背带上的枪套里别着 3 对手枪，就像挂着弹药带一样。他还将点燃的火药引线夹在帽子下方，这些引线从他面颊两侧露出，加上他天生凌厉狂野的眼神，使他看上去就像来自地狱的恶魔，让人难以想象有比这更可怕的形象。”

黑胡子确实可怕，除了面相凶恶之外，他还是强奸犯。当然，在海盗文学和传说中，强奸并不少见，但从当时的记载来看，黑胡子似乎对强奸有明显的偏好。此处提前说明，以下摘录涉及诸多有关强奸的内容。

有趣的是，读者可以从这段摘录隐约看出合法的殖民地美国领导人和商人与犯罪分子之间的勾结，因为黑胡子被击败后，他的船上搜出了蒂奇和总督伊登（Eden）以及

145 一些纽约商人的信件。

蒂奇船长（又名“黑胡子”）的故事[3]

爱德华·蒂奇出生于布里斯托尔，西班牙王位继承战争期间，他曾在牙买加的私掠船上航行一段时间。尽管他勇气非凡，多次表现出色，但在从事海盗活动之前，他从未获得任何指挥权。据我所知，1716 年底，本杰明·霍尼戈尔德（Benjamin Hornigold）船长[4]将爱德华·蒂奇安排到一艘他俘获的小船上，并与他保持同盟关系，后来没过多久，霍尼戈尔德向政府投降了。

1717 年春，蒂奇和霍尼戈尔德从普罗维登斯出发，[5]前往美洲大陆。途中，他们俘获了一艘来自哈瓦那的货船，船上装载着 120 桶面粉；此外还俘获了一艘来自百慕大的小船，船长为瑟伯（Thurber），他们仅从船上拿走了一些酒，然后放走了对方。他们还劫持了一艘从马德拉驶往南卡罗来纳的船，抢到了相当可观的战利品。

在弗吉尼亚海岸清理船只后，蒂奇和霍尼戈尔德返回西印度群岛，在北纬 24° 附近俘获了一艘前往马提尼克的大型法国船只。经霍尼戈尔德同意，蒂奇以船长身份登上这艘船，扬帆启航。霍尼戈尔德则驾着他的单桅帆船返回普罗维登斯，当地总督罗杰斯船长抵达该岛后，霍尼戈尔德根据国王的赦免公告向政府投降了。

蒂奇在法国船上装备了40门大炮，将其命名为安妮女王复仇号（Queen Ann's Revenge）。在圣文森特岛附近巡航时，蒂奇和同伙俘获了一艘名为大艾伦号（Great Allen）的船，船长为克里斯托弗·泰勒（Christopher Taylor）。海盗们夺走想要的物品，把所有船员流放到圣文森特岛，然后放火烧了这艘船。

几天后，蒂奇遭遇装备了30门大炮的斯卡伯勒号（The Scarborough）战舰。双方交战几个小时，一番较量之后，斯卡伯勒号发现海盗船装备精良，便放弃战斗，返回了驻扎地巴巴多斯，蒂奇则驶向西属美洲。

航行途中，蒂奇遇到由邦尼特上校指挥的单桅海盗
帆船，船上有10门大炮。邦尼特曾是巴巴多斯岛上声誉
良好、家境殷实的绅士，蒂奇决定与邦尼特合作。但几天 146
后，蒂奇发现邦尼特对海上生活一无所知，于是经过船员
同意，让一个名叫理查兹的人当了邦尼特帆船的船长，然
后把邦尼特带上了自己的船，告诉他若是不习惯海上生活
的颠簸与责任，最好还是放弃船长一职，在他的船上轻
松自在地过活，这样他就不必履行职责，想做什么就做

什么。

抵达距洪都拉斯湾10里格的图尔内夫（Turnif）之后，海盗们补充了淡水。他们锚泊时看到一艘单桅帆船驶近，理查兹解开锚缆，驶向那艘帆船。看到海盗船升起黑旗，对方立刻降帆，停靠在指挥官蒂奇的船尾。这艘船名叫冒险号，来自牙买加，船长是大卫·哈里奥特（David Harriot）。海盗们将哈里奥特及船员带上大船，蒂奇安排自己手下的船长伊斯雷尔·汉兹（Israel Hands）带着一些船员去接管冒险号，让这艘船为自己服务。

4月9日，蒂奇在图尔内夫停留大约一周后启航，[6]前往洪都拉斯湾。抵达目的地之后，他们发现那里有一艘大船和4艘单桅帆船，其中3艘属于牙买加的乔纳森·伯纳德（Jonathan Bernard），一艘属于詹姆斯船长。那艘大船来自波士顿，名叫新教凯撒号（The Protestant Caesar），由怀亚（Wyar）船长指挥。蒂奇升起黑旗，发射了一轮炮火，怀亚船长和所有船员立刻弃船，乘坐小船上岸。蒂奇船上的舵手和8名船员占领了怀亚的大船，理查兹则控制了所有单桅帆船，趁船主不注意，将其中一艘烧毁。物资被洗劫之后，新教凯撒号被烧毁，因为这艘船来自波士顿，一些海盗曾在那个地方被绞死。至于伯纳德的3艘单桅帆船，海盗们将其放走了。

后来，蒂奇与同伙航行至图尔基尔（Turkill），[7]然后驶向大开曼群岛（The Grand Caimanes），这是一个距牙买加以西约 30 里格的小岛，他们在那里俘获了一艘捕海龟的小船，然后继续前往哈瓦那，再从哈瓦那驶向巴哈马沉船区（Bahama Wrecks），接着开往卡罗来纳。途 147
中，他们俘获了一艘双桅帆船和两艘单桅帆船，并在查尔斯顿（Charles-Town）的港口外停留了五六天。其间，他们拦截了一艘即将前往伦敦的船，该船由罗伯特·克拉克（Robert Clark）指挥，船上载有一些前往英国的乘客。第二天，他们又俘获了一艘从查尔斯顿出发的船，以及两艘驶向查尔斯顿的尖尾帆船。他们还俘获了一艘载有 14 名黑人奴隶的双桅帆船。这些劫掠行为就发生在查尔斯顿民众的眼皮底下，令整个卡罗来纳陷入极大恐慌。不久前，该地受到另一名臭名昭著的海盗韦恩的袭扰，[8]居民们陷入绝望，因为他们根本招架不住这些强盗的威胁。港口原本有 8 艘船准备出海，但如今无人敢冒风险，因为几乎逃脱不了被海盗劫持的命运。此外，所有准备进入港口的船只也面临同样的困境，当地贸易完全中断。更糟糕的是，该殖民地刚刚结束一场与原住民的战争，这场战争旷日持久且代价高昂，这时再遇海盗侵袭，当地民众的境遇更是雪上加霜。

蒂奇扣押了所有船只和俘虏，由于急需药品，他决定向当地政府索要。复仇号帆船的船长理查兹，连同两三名海盗船员，带着他们在克拉克船上抓获的俘虏马克斯（Marks）先生前往岸上。海盗们极其傲慢地提出要求，并威胁说，如果对方不立即送来药箱，让海盗使者安全返回，他们将杀死所有俘虏，把他们的头颅送给总督，然后放火烧掉俘获的船只。

马克斯向当地议事机构传达海盗的要求时，理查兹和船员在大街上公然走动，民众怒不可遏地看着他们，将他们视为强盗和谋杀犯，甚至把他们当作不幸与压迫的根源。可人们根本不敢报复，生怕给自己招来更大的灾祸，
148 他们只能让这些恶徒逍遥法外。当地政府得知海盗们的要求之后没有花太长时间考虑，尽管这是对他们的极大侮辱，但为了拯救更多人的生命……他们遵从了海盗的无理要求，送了一箱价值三四百英镑的药品。之后，海盗使者安全返回他们的船上。

黑胡子见同伴带着药品回来，便放走了船只和俘虏，但在这之前，他掠走了约 1500 英镑的金银，此外还有其他

补给和物品。

接着，他们从查尔斯顿出发，驶向北卡罗来纳。蒂奇乘坐的是他们称之为“战舰”的大船，理查兹船长和汉斯船长乘坐的则是他们称之为“私掠者”的单桅帆船，此外还有一艘单桅帆船作为补给船随行。这时，蒂奇开始考虑解散团伙，用欺骗手段把钱财和最好的战利品留给最亲近的同伙。他假装清理船底，故意将自己的船搁浅，命令汉兹的小船前来援助，帮自己摆脱困境。汉斯前来救援，他的船在靠近另一艘船时搁浅，结果两艘船都沉没了。一番操作之后，蒂奇带着 40 名手下登上补给船，抛下了复仇号。后来，他又带走 17 人，把他们遗弃在离陆地约 1 里格的小沙岛上，岛上没有鸟兽或植物维持生计，如果不是邦尼特少校在两天后把这些人救走，他们都会饿死。

接下来，蒂奇带着大约 20 名手下去找北卡罗来纳总督，表示愿意遵从国王颁布的赦免公告，并从总督那里领取了证明文件。然而，这帮海盗之所以表示臣服，获得国王赦免，并非改过自新，而是为了等待更有利的时机重操旧业。果然，等外面风声没那么紧时，蒂奇很快又干起了海盗营生，而且这次他有了保护伞：这段时间，蒂奇与总督查尔斯 · 伊登建立了良好的关系。他的海盗生涯将更加

149 顺风顺水。

这位“好心”的总督为黑胡子做的第一件事就是给了他一艘船的使用权，这艘船是黑胡子在 安妮女王复仇号上从事海盗活动时劫持的。为此，附属海事法庭在巴斯镇召开了一次会议。尽管黑胡子从未持有任何官方委任状，而且那艘船属于英国商人，是在和平时期被劫持的，但法庭还是将这艘船判定为战利品，声称是黑胡子从西班牙人手中夺来的。此事表明，总督也是凡人，会做出有违道德的决定。

出海冒险之前，黑胡子娶了一位年约 16 岁的年轻女子为妻，婚礼由总督主持。按照英国习俗，婚礼通常由牧师主持，但在北卡罗来纳，婚礼却由地方官员主持。据说，这名女子是黑胡子的第 14 任妻子，其中约 12 人可能尚在人世。黑胡子在婚姻中的行为相当反常，当他的船在奥克拉科克湾靠岸，他便住在妻子生活的种植园里，到了夜晚，黑胡子与妻子同床之后，会邀请五六个残暴的同伴上岸来，强迫妻子在他面前依次与这些人交欢。

1718 年 6 月，蒂奇启航，靠近百慕大时劫持了一艘驶往马提尼克的法国船。蒂奇还假装自己是合法的私掠船船长，与北卡罗来纳总督平分了战利品。总督的分成是 60 桶糖。为掩盖真相，总督允许黑胡子将船烧到吃水线以下。

蒂奇船长在这条河上待了三四个月，有时停泊在小湾里，有时从一个港口航行到另一个港口，用战利品与遇到的商船进行交易。他还经常给对方送一些礼物，作为从对方获得物资和补给的交换。但有时黑胡子会随意拿走自己喜欢的东西，不经过对方同意，因为他知道，对方根本不敢让他付钱。他经常上岸去找种植园主玩乐，昼夜狂欢。150
这些种植园主对他非常热情，但我不确定是出于尊重还是害怕。有时，黑胡子对种植园主还算礼貌，会赠送他们朗姆酒和糖，作为拿走物品的补偿。不过，对于他和他的同伴对种植园主妻子和女儿的“放任”行为，我不确定他是否“按照价值”（ad Valorem）[9]作出补偿。有时黑胡子会摆出一副霸道的样子，向那些种植园主征收贡品。他还时常恐吓总督，即使我看不出他们会为了何事争执，他这样做似乎只是为了证明自己有这个胆量。

往返这条河流的商船频繁遭到黑胡子掠夺，船主开始与一些商人和当地最有声望的种植园主们商量对策。他们很清楚，向北卡罗来纳总督求助是徒劳的，因为总督本人对黑胡子的胡作非为睁一只眼闭一只眼。如果他们无法从别处获得援助，黑胡子很可能将继续逍遥法外。他们想尽办法，秘密派代表前往弗吉尼亚，向该殖民地总督陈述此事，请求弗吉尼亚的军舰提供武装力量，抓捕或消灭黑胡子。

弗吉尼亚总督在威廉斯堡（Williamsburg）召集了两艘战舰的舰长，命两人带着几艘单桅帆船去寻找黑胡子。总督还发布了一则公告，提供丰厚的悬赏，鼓励民众抓捕或消灭这名海盗。此时，黑胡子的悬赏金已达到 100 英镑，若抓获较低级别的海盗军官，如舵手或水手长，也能获得数额较小的赏金。若抓获名声不如黑胡子的海盗头目，赏金为 40 英镑。公告于 1718 年 11 月 24 日发布。

1718 年 11 月 17 日，梅纳德中尉从弗吉尼亚詹姆斯河上的基克坦（Kicquetan）出发，[10] 傍晚时分来到奥克拉
151 科克港入口，在那里看到了海盗的身影。这次行动在尽可能保密情况下进行，中尉也采取了所有必要的谨慎措施，拦截了所有在河上遇到的船只，防止黑胡子听到风声，同时从这些船只的船员那里弄清了黑胡子的藏匿位置。然而，尽管梅纳德中尉采取了防范措施，黑胡子还是从该省总督那里听到风声。总督的秘书奈特（Knight）给黑胡子写了一封信，特别提到此事，并暗示说总督派了 4 个手下过去，那是他能在镇上找到的所有人，并叮嘱黑胡子做好

防备。这些人原本是黑胡子的手下，后来从巴斯镇派到奥克拉科克港，黑胡子的船就停在那附近，距离港口约 20 里格。

做好战斗准备之后，黑胡子坐下来与一艘贸易船的船长喝了一整晚的酒。人们猜测，这位船长与黑胡子之间可能有秘密交易。

由于地方水浅，航道复杂，梅纳德中尉抛锚了，那天晚上无法靠近黑胡子的藏身处。第二天早上，梅纳德中尉起锚，并派出一艘船先行探路，结果快要靠近黑胡子的船时，遭到对方的炮火攻击。梅纳德升起英国国旗，扬帆划桨，尽力朝敌人前进。黑胡子砍断缆绳，试图与对方展开追击战，并持续用炮火攻击敌人。梅纳德中尉的船上没有大炮，只能用小型武器还击，一些船员还在划桨。没过多久，黑胡子的船搁浅了，但梅纳德的船吃水[11]比海盗船深，因此无法靠近，只能在距离敌人炮火射程一半距离的地方锚泊。为了让船体变轻，靠近和撞击敌船，[12]梅纳德下令把所有压舱物扔进海里，打破所有水桶，[13]然后再次起锚，驶向海盗。这时，黑胡子粗鲁地喊道：“你们这帮混蛋， 152
该死的家伙，你们是什么人？从哪里来的？”梅纳德中尉回答道：“看我们的旗帜，我们不是海盗。”黑胡子让梅纳德中尉派一艘小船过来，这样好确认他的身份。梅纳德回答："我不能答应你的要求，但我会尽快带着我的船冲向你。"听到这话，黑胡子拿起一杯酒说："你见鬼去吧，要是我给你们活路，愿我的灵魂下地狱！"梅纳德回答："我不指望你给我活路，我也不会给你任何活路。"

此时，黑胡子的船队集结起来。[14] 梅纳德的船向敌人划去，但船腰不到 1 英尺高，[15] 船员纷纷暴露在敌人面前。他们靠近时（双方之前几乎没有什么实质性的交火），海盗们装上各种小弹药，发出一轮齐射。[16]

对梅纳德中尉来说，这是一次致命打击！他们的船上有 20 人被杀或受伤，另一艘船上有 9 人伤亡。这是无法避免的结果，因为当时没有风，他们只能用桨划行，否则海盗就会逃跑，但他们誓死要拦住这帮海盗。

梅纳德中尉遭受这次不幸的打击之后，黑胡子的船横着靠向岸边。梅纳德手下的游侠号受损严重，无法继续前进，暂时落在后面。梅纳德发现自己的船还能行驶，且很快就会与黑胡子的船接舷。他命令所有人下船，以免再遭受一轮齐射，否则会导致全军覆没，任务失败。除了舵手外，梅纳德是唯一留在甲板上的人。他指示舵手躺下，做好隐蔽。他还命船舱里的船员准备好手枪和刀剑，随时准

备近身搏斗，并在听到他的号令后立刻上甲板。为此，船
员们在舱口放置了两架梯子，以便迅速行动。梅纳德的船
与黑胡子的船接舷时，黑胡子的手下投出五花八门的新式
手榴弹——装满了火药、散弹、铁渣、铁块或铅片的咖啡
瓶。其瓶口插着快速引线，引线点燃后，会迅速引燃瓶中 153
火药，随后立刻投向对方的船。这种武器通常会造成很大
破坏，让甲板上的船员陷入混乱。但幸运的是，这次投掷
没有造成预期效果，因为梅纳德的船员都藏在船舱里。黑
胡子看到对方的船上几乎没有人，便告诉手下：“敌人基
本上被干掉了，余下不过三四人，跳上他们的船，把他们
砍成碎片。”

接着，黑胡子和 14 名手下利用自制手榴弹烟雾的掩护，从梅纳德中尉的船头冲上甲板。烟雾散去时，梅纳德才看见这帮海盗。不过，他迅速发出信号，船员们立刻从船舱里冲出来，与海盗们展开搏斗，表现出非凡的勇气。黑胡子和梅纳德互开一枪，黑胡子中弹受伤，两人拔出剑来，继续战斗，结果梅纳德的剑不幸折断，他后退一步，准备给枪上膛，黑胡子挥舞着手中弯刀砍来，千钧一发之际，梅纳德的一名手下猛击黑胡子的颈部和喉咙，梅纳德中尉仅受一点轻伤，手指划破了一道小口子。

接着双方陷入近身激战，梅纳德中尉和12名手下与黑胡子以及14名手下打得不可开交，船四周的海水都被鲜血染红。梅纳德中尉的一发子弹打中黑胡子的身体，但这个海盗头子依然坚守阵地，疯狂战斗，最终身受25处伤，其中5处是枪伤。最后，黑胡子再次上膛准备射击时（他之前已经开了好几枪），突然倒地身亡。这时，他的14名手下中已有8人倒下，剩下的人也身受重伤，跳入海中，呼喊着求饶，不过他们后来只多活了几天。随后游侠号赶来，勇敢地与黑胡子船上剩下的人战斗，直到他们也大喊
154 求饶。

这就是那个胆大妄为、凶狠残暴的海盗头目的结局，如果他从事正义事业，或许可以成为盖世英雄。他的死对种植园意义重大，而这完全归功于梅纳德中尉和手下士兵的英勇与智慧。如果他们的船上装备了大炮，或许能以更小的代价消灭黑胡子，但黑胡子藏身的洞穴和隐秘之处无法容纳吃水更深的船只，他们只能使用小船。为了追捕这名黑胡子，梅纳德的船至少搁浅了100次，没有这般决心和勇气的人估计早已放弃，是坚持不懈让梅纳德取得最后的胜利。接舷战之前，黑胡子的一次致命齐射导致梅纳德的船蒙受巨大损失，然而这次损失拯救了其余船员的性

命。在那之前，海盗们几乎没有逃命的希望，所以黑胡子安排了一个自己从小养大的、信得过的黑人手持点燃的火绳待在炸药库里，[17] 等梅纳德中尉和手下一进入船舱，他就会立刻发出命令，让对方引爆火药，炸死所有人。不过那个黑人见黑胡子大势已去，船舱中的两名俘虏也劝他不要做傻事，便没有实施原计划。

梅纳德中尉将黑胡子的头割下，挂在船头的桅杆前端，接着驶向巴斯镇，为伤员寻求救援。 155

19

Bartholomew "Black Bart" Roberts

巴塞洛缪 · 罗伯茨（绰号：黑色准男爵）

皇家财富号

大西洋

1719 年—1726 年

巴塞洛缪·罗伯茨是黄金时代最成功的海盗。如果按俘获船只的数量来算，他无疑是成就最斐然的海盗之一，在战死前俘获了400多艘船。[1]罗伯茨的外貌非常符合人们对海盗的印象，他喜欢穿红色裤子，帽子上插着火烈鸟羽毛。然而，和大多数海盗不同的是，他的生活相对简朴，不喜欢酗酒，这在一般海员中很少见，在海盗中更是少见，据说他更喜欢的是喝茶。相比其他臭名昭著的海盗，如内德·洛，罗伯茨的性格稍显温和，但算不上仁慈。他的绰号"黑色准男爵"来自他黝黑的肤色，尽管他是威尔士人。

罗伯茨的海盗生涯始于他在一艘非洲奴隶船上担任二副时，这艘船被另一位著名海盗豪威尔·戴维斯（Howell

Davis）俘获。戴维斯去世后，船员一致推选罗伯茨为 156
船长。

在当今流行文化中，例如电影《公主新娘》当中的“恐怖海盗罗伯茨”（the Dread Pirate Roberts），其灵感很可能便来自这位黑色准男爵。此外，他还在罗伯特·路易斯·史蒂文森（Robert Louis Stevenson）的经典小说《金银岛》（*Treasure Island*）中现身。在这本小说中，罗伯茨
船上的医生为约翰·西尔弗截去了一条腿。 156

罗伯茨船长及船员的故事[2]

巴塞洛缪·罗伯茨于1719年11月离开伦敦，在公主号（The Princess）上担任二副，船长是普拉姆（Plumb）。这艘船于次年2月抵达几内亚，其间被豪威尔·戴维斯俘获。起初，他对海盗行为非常反感，但后来改变了主意。作为一名普通船员，罗伯茨不喜欢海盗的生活方式，可他成为海盗船长后，却爱上了这种生活。戴维斯去世后，船员们迫切需要推选新的船长，经过一番讨论，罗伯茨被选中，并欣然接受了这个职位。之后，他们决心为备受船员喜爱的戴维斯复仇。为此，约30名船员被派去袭击葡萄牙人的堡垒。这支队伍由一个名叫肯尼迪（Kennedy）的家

伙带头，这个家伙的胆子很大，他在船只火力的掩护下向堡垒进发，没有遇到丝毫抵抗便攻进堡垒，因为海盗攻城时，葡萄牙守军选择了撤退。他们点燃堡垒，把炮弹全部扔进海里，退回了船上。可船员们认为，这样做还不足以泄恨，想放火把整座城镇烧了，但罗伯茨阻止了他们。

巴巴多斯和马提尼克的总督听说罗伯茨在当地海岸，便派了一艘军舰追捕他。这番举动激怒了罗伯茨，他升起自己制作的旗帜——上面是两个骷髅，骷髅下方是字母 A. B. H. 和 A. M. H. 代表着巴巴多斯人的头颅和马提尼克人的头颅。[3] 在下一站的多米尼克岛停靠时，罗伯茨俘获了一艘配有 19 门炮和 70 名船员的荷兰走私船，该船最初奋起抵
157 抗，但在许多船员被击毙之后，最终选择了投降。罗伯茨乘着这艘船前往瓜德罗普（Guadalupe），俘获了一艘满载白糖的法国快速平底船。接着，罗伯茨从瓜德罗普前往莫纳伊（Monay）岛，打算清理船只，结果发现海浪太大，只能作罢。随后，罗伯茨驶向伊斯帕尼奥拉岛北部，在苏里南（Surinam）海湾清理了自己的大船和双桅帆船。

不久后的一天，罗伯茨船上的人都喝醉了，皇家财富号（The Royal Fortune）的船长，一向沉默寡言、性格稳重的哈里·格拉斯比（Harry Glasby）带着两名船员悄

悄离开，没有向其他同伴告别。3 人很快被发现，罗伯茨随即派出一队人去追，3 人被带回来之后立即被审判。一切准备就绪后，船长罗伯茨坐在椅子上，那 3 人被叫到统舱。桌上放着一大碗朗姆潘趣酒，还放着烟斗和烟草。接着，审判开始了，船长准备宣布判决书，船上的规矩对 3 人非常不利。正要宣判时，囚犯喝下另一杯酒，请求暂缓判决，但他们的罪行太重，审判官不予采纳。就在这时，瓦伦丁·斯特迪巴克（Valentine Sturdyback）站起来说，[4] 他想替其中一名囚犯辩护。瓦伦丁发誓，自己知道那人是世界上最正直的人之一，那人的名字是格拉斯比。瓦伦丁说，“天哪，他不能死，要是他死了，我也该下地狱。”说完，他掏出一把手枪，指着其中一名审判官的胸口。审判官见瓦伦丁振振有词，便提议释放格拉斯比，其他人都同意了，认为这样做并无不妥。不过，另外两名囚犯被判死刑，唯一的宽大处理是，他们可以从船员中选出 4 人来枪决他们，囚犯照做了。随后，罗伯茨和同伙点燃自己的船，登上诺顿（Norton）船长的双桅帆船，让诺顿乘荷兰走私船离开，诺顿似乎对此并无怨言。

后来，罗伯茨带着皇家财富号和刚俘获的双桅帆船（他们将其命名为好运号）驶向德赛亚达岛（Deseada），

在那里遇到了哈尔船长，他的船满载财富，正驶往牙买
158 加。海盗们俘获了哈尔船长的船，将其带到百慕大。然后，他们返回西印度群岛，几乎每天都会弄到一些战利品，其中大多是法国船，这些船给他们带来了充足的补给。之后，罗伯茨等人开始考虑追求更有价值的目标，于是再次前往几内亚海岸，打算以低廉的价格购买黄金粉。航行途中，他们俘获了许多船只，有些被烧毁，有些被扣押，有些被释放，一切全凭罗伯茨的喜好决定。

后来，一个漆黑的晚上，在距离非洲海岸大约 400 里格时，双桅帆船悄悄跑了。这让我想起西印度群岛的一次意外，那次意外差点摧毁一切，也是导致双桅帆船逃跑的原因。

有一次，船员约翰·波普尔（John Popple）冒犯了罗伯茨，结果当场被杀。这事引起许多船员的不满，特别是拉尔夫·布拉格（Ralph Brag）。布拉格后来在玛莎海（The Martha Sea）死去，死前诅咒罗伯茨杀了他的伙伴。布拉格说，罗伯茨将遭到同样的报应。罗伯茨听了这番话，怒火中烧，手持利剑冲向布拉格，刺穿了对方的身体。尽管受伤，布拉格仍奋力扑向罗伯茨，将他狠狠打了一顿。这场打斗使整艘船的船员陷入骚乱，一些人支持

船长，另一些人则支持布拉格。后来，舵手平息了这场骚动，且大多数人认为船长的尊严应该得到维护，尤其是在船上。因此，他们判决布拉格接受船员每人两鞭的惩罚。但布拉格怀着复仇之心，与几名同伴串通双桅帆船的船长安斯蒂斯（Anstis），准备谋反。罗伯茨之前对安斯蒂斯十分粗暴，安斯蒂斯因此心怀不满。没过多久，布拉格和同伴以拜访为由，登上安斯蒂斯的船商量造反事宜，结果发现很多人都打算离开罗伯茨，并一致同意那天晚上“悄悄告别”。不过罗伯茨逆风航行，逐渐靠近塞内加尔。法国垄断了这片海域，他们派巡逻船巡航，阻止非法贸易。有两艘法国巡洋舰发现了罗伯茨，误以为他是同伙，便全速追击，试图赶上他。然而他们的希望落空，当罗伯茨升起“快乐罗杰”（Jolly Roger，即海盗旗）旗帜时，法国人丧失了战斗意志，毫无抵抗便投降了。随后，罗伯茨带着这两艘船前往塞拉利昂，将其中一艘船命名为游侠号，另一艘用作储备船，供清理用。之后，罗伯茨和同伙又前往旧卡拉巴尔（Old Calabar）[5]清理船只，瓜分赃物，饮酒作乐。 159

到了旧卡拉巴尔，他们俘获了洛（Lowe）船长的船，还俘获了两三艘来自布里斯托尔的船。不过，当地黑人并不像他们预期的那样友好，得知他们是海盗后，拒绝与他们交易。黑人的态度激怒了罗伯茨和同伙，他们派遣 40 人上岸，在大炮的掩护下把黑人赶到树林里。然而，黑人召集了一支约 2000 人的队伍应战，但在三四人被杀后退却了。随后，海盗们放火烧了小镇，回到船上，驶向洛佩斯角（Cape Lopez）[6] 补水，再到安娜博纳（Anna Bonna）[7] 补充新鲜食物。

这次是罗伯茨最后一次远征，也是致命的一次远征。驶至拉洪角（Cape [L?]ahoon）时，他们俘获了一艘名叫所罗门王号（The King Solomon）的大船和一艘商船。当时他们在阿波罗尼亚角（Cape Apolonia），位于所罗门王号的下风处，风向和洋流对他们不利。罗伯茨派出一艘长艇去俘虏所罗门王号，长艇上的人非常兴奋地划向敌船。特拉亨（Trahern）船长做好迎敌准备，待海盗们靠近船尾时开火，海盗们用一轮齐射回应。特拉亨问自己的船员，是否愿意与他并肩作战，要是不经一次死战公司的船就被夺走的话，是可耻的。但他的船员，特别是水手长菲利普斯，却放下武器，以“国王的名义”向海盗求饶。这番操作引得其他船员也纷纷投降，特拉亨就这样失去了自己的船。

5月28日，燕子号（Swallow）和威茅斯号（Weymouth）战舰离开塞拉利昂。收到鲍德温先生的信后，这两艘船前去追捕海盗。他们在途中遇到一艘荷兰船，询问是否见过罗伯茨，荷兰船回答自己刚从洛佩斯角回来，未见任何船只。然而，两艘战舰仍决定前往洛佩斯角。6月5日黎明时分，他们听到从洛佩斯湾传来的炮声，发现有3艘船停在那里，便断定那是罗伯茨及其同伙。然而，燕子号在上 160
风处，不得不转向航行，[8]海盗误认为对方害怕，立即让法国船游侠号追出去。燕子号假装退缩，朝海上驶去，海盗以为对方是葡萄牙船，升起黑旗并开火。突然间，燕子号停下来，在远处开火。经过两个小时交火，海盗们黔驴技穷，主桅杆被击落，不得不降下旗帜求饶。海盗船上10人死亡，20人受伤，但燕子号无任何人员伤亡。

燕子号派船去接囚犯时，6个绝望的海盗试图引爆自己，但由于火药不足，这几人被烧得惨不忍睹。

最后，囚犯们被铐上脚镣和手铐。海盗船受损严重，燕子号上的船员打算放火烧船。不过，考虑到船上的伤员，他们修理了索具，将船送往普林西比岛。

6月9日，燕子号再次抵达洛佩斯角，看到皇家财富号和伦敦希尔（Hill）船长的海神号（The Neptune）正驶入湾内。6 月 10 日，战舰绕过洛佩斯角。罗伯茨的船员看到燕子号的桅杆后立即将情况上报，但罗伯茨并不在意，其他船员们也几乎不当一回事。燕子号靠近时，一些船员发誓那是一艘前来抓捕他们的战舰，罗伯茨则骂这些船员是一群胆小的无赖。然而，燕子号靠得更近时，罗伯茨终于看清事实。他迅速下令松开缆绳，[9] 扬帆启航，命令船员们做好战斗准备，并发誓说这是圈套，还说要么逃出生天，要么战斗到死。

在这场交战中，罗伯茨展现出了非凡的风度，他穿着华丽的红色锦缎背心和裤子，头上是一顶插着红色羽毛的帽子，脖子上挂着金链子，链子上坠着一枚钻石十字架，腰间佩着一把剑（本段其余文字无法辨认，但罗伯茨的打扮显然很有品位）。

罗伯茨出生于彭布罗克郡（Lembrokeshire）的新伊贝格（Neweybag）。[10] 他身材高大，在海上叱咤风云时约 40 岁，是个天赋出众且勇敢无畏的人。他常说："短暂一生，快活一生就是我的座右铭。"尽管他恶贯满盈，但他
161 从未强迫任何人入伙。

罗伯茨死后，船员们放弃一切防御手段，船的主桅杆也被击断，他们只能投降请求宽恕。燕子号保持距离，仅

安排小船来回运送囚犯，当时一些亡命之徒发誓要炸毁这艘船。海盗船上有 40 门大炮和 160 名船员，其中 13 人战死，而燕子号无一人伤亡。另外，海盗船上还发现了 2000 磅的金粉以及许多其他贵重物品。 162

20

Samuel “Black Sam” Bellamy

塞缪尔·贝拉米（绰号：黑萨姆）

维达号
巴哈马与科德角
1717 年

企鹅海盗史

维达号是如今公认最著名的海盗船之一，因为这艘船在科德角沉没后被人发现，且被发掘出来。这是一艘 300 吨的桨帆船，在 18 世纪，桨帆船通常是指为了最大程度提高航速而建造的船只，其主要用途并非为了装载货物。维达号的设计初衷是一艘奴隶运输船，因此横跨大西洋的速度对其至关重要。这艘船在英国建造，从加纳黄金海岸驶向当时奴隶市场所在的同名城镇维达（即今天贝宁的维达市），随后横渡到牙买加出售船上运载的奴隶。1717 年 2 月，维达号启程返回英国，船上载着大量糖、靛蓝、奎宁、白银和黄金，途经巴哈马。[1] 巴哈马是当时臭名昭著的
163 海盗巢穴，塞缪尔·贝拉米就在这里埋伏。

塞缪尔·贝拉米在科德角一带被称为“黑萨姆”，因

为他喜欢将自己乌黑的长发束成马尾，而不是戴假发。这位英国水手走上海盗之路，在大西洋世界的活动时间虽只有短短一年，却充满了传奇色彩。

塞缪尔·贝拉米出生于德文郡，航海生涯始于在皇家海军服役之时。后来，他来到科德角，经历了一段丑闻缠身的恋情。1716 年，结束恋情的他前往佛罗里达寻找沉船宝藏，随后开启海盗生涯。他曾在不同时期与本杰明·霍尼戈尔德以及黑胡子一起行动。贝拉米自认为是罗宾汉一样的人物，对被俘的船员十分仁慈，并因此闻名。1717 年春，贝拉米夺取了维达号。两个月后，这艘帆船在航行途中遭遇猛烈的东北风，被迫驶向威尔弗利特（Wellfleet）岸边，船上的金银、大炮以及 144 名海盗与船体一起沉入海底，其中包括塞缪尔·贝拉米本人。一些幸存者抵达岸边，因其罪行接受了审判，这场审判将在稍后讲述。

1984 年，维达号残骸在科德角海岸附近被发现。这些残骸埋在厚厚的沙层下，延绵数英里。1985 年，船上的钟被发掘出来，钟上刻有船名，证明了这艘沉船的身份。随船沉没的海盗当中，有一个名叫约翰·金（John King）的男孩，他与母亲一同乘船时被贝拉米劫持，后来加入海盗队伍。[2] 2006 年，《波士顿环球报》报道称，考古学家在残骸中发现了一只黑色皮革男童鞋，鞋内有一只白色丝质长袜和一根腓骨——这是贝拉米海盗船员留下的唯一遗骸。[3]

大西洋上的海盗活动还不如地中海猖獗时，英国王室
164 便派出一队战舰，计划彻底消灭那帮海盗。。[4]

上天惩罚了这群海盗，他们曾在新英格兰的海岸制造恐怖，其中一些事件的经过值得被记录。

大约 4 月末，一艘名叫维达号的船抵达海岸，由贝拉米担任指挥。这是一艘海盗船，船上载有约 190 人和 23 门火炮。这些海盗此前已进行了许多掠夺活动，后来又劫持了一艘装满葡萄酒的船，并将 7 名船员留在船上，命他们跟随维达号航行。船上 7 名海盗喝得酩酊大醉，负责掌舵的俘虏趁夜色将船开到伊斯特姆（Eastham）背面的沙滩上，将船搁浅。

此时，一场风暴突然袭来，维达号疏忽大意，跟随了搁浅船只的灯光，最终在风暴中遇难，除了一名英国人和一名印第安人被冲到岸上活了下来，其他船员全部淹死在海里。

据可靠消息称，这些恶徒意识到船只即将解体、他们必须游泳逃生时，便残忍地杀害了船上所有的囚犯（囚犯人数众多），以防这些囚犯日后成为指认他们的证人。[5]沉

船前，凄惨的叫声传到岸边，还有随后冲上岸的尸体上发现的血腥伤口，都证实了这一传闻。

唉！人究竟可以邪恶到多么可怕的程度！

涨潮时，科德角的善良居民看到上天的拯救——恶徒们全部消失了。要不是涨潮，这些恶徒就会游到岸上，沿途杀害居住在伊斯特汉姆和科德角之间的居民，掠夺当地船只，继续从事以前的非法勾当。

得救的人们说：“赞美主，他没有让我们成为海盗的猎物！” 165

经过一段时间的等待，新英格兰总督舒特（Shute）上校收到指示，对那些没有在海难中丧生的海盗进行审判。

1717年10月22日星期二，波士顿（根据议会法案）举行了一场特别的海事审判，审判对象为以下人员：

西蒙·范沃特（Simon Vanvoort），出生于纽约。

约翰·布朗（John Brown），出生于牙买加。

托马斯·贝克（Thomas Baker），出生于荷兰弗拉兴。

亨里克·昆特（Henrick Quinter），出生于阿姆斯特丹。

彼得·科尼柳斯·胡夫（Peter Cornelius Hooff），出

生于瑞典。

约翰·舒安（John Shuan），出生于法国南特。

T.S.，出生于英格兰波士顿。

最后一人被无罪释放，其他 6 人经公正审判后被判处死刑。

11 月 15 日星期五下午，这些不幸的人被执行死刑。

接下来是一些回忆片段，描述的是囚犯从监狱走向行刑地点的途中与牧师的对话。

牧师：你们的时辰到了。你们现在恳求上帝拯救你们，我来帮助你们，让你们的恳求能有好的结果。你们的心情如何？

贝克：哦！我现在感觉糟糕极了！主耶稣，尊敬的耶稣，请宽恕我吧！

之后有几页内容是清教徒对海盗囚犯的训诫。

牧师：我希望你和你这些不幸的同伴，能更加意识到
166 你们犯下的罪行，因为你们很快就要离开人世。

你们抢劫，犯下海盗罪行！在你们犯罪的过程中，你们感受到上帝之光在谴责你们的灵魂。全世界的国家都认

为你们这群人是全人类的公敌，要将你们从世界上彻底铲除。除此之外，你们给许多好人带来无尽的苦难，使他们的航程无法完成。我听说，你们征服其他船只时，有些人被杀害。你们是谋杀者！他们的鲜血在向天堂控诉你们。那些被俘虏的可怜人，他们的鲜血在控诉你们。据我所知，维达号在风暴中失事，将你们抛到岸上时，有 80 人溺水身亡。

范沃特：我们是被迫的。

牧师：被迫？不，任何人都不能说自己是被迫去违背神圣上帝的旨意。被迫？不，你宁可忍受一切苦难，也不该像这样犯罪。你宁可死在残忍的同伴手下，成为殉道者，也比成为他们的同伙强。

即便我勉强承认你们一开始是被迫的，但后来呢？你们来到科德角海岸，难道不是全副武装登上被俘的船只？你们不就是在那艘船上沉没的吗？当船上的大副操控船只，离开维达号的视线，你们本可以轻松逃离海盗船，投向我们的怀抱，你们却没有这么做。相反，你们咒骂大副，威胁强迫他重新找到你们的船。船只失事后，你们是否像逃出监狱的人一样奔向我们？还是说，你们依然试图逃离我们，企图回到你们熟悉的罪恶贸易中去？这是一个被迫之人的行为吗？

后面几页中，牧师继续谴责每个罪人，他们都祈求宽恕并承认自己的罪行。祈求上帝将这可怕的景象圣化，以
167 警示眼前聚集的大量观众，警告他们远离毁灭者的道路。

到了行刑台上，当最后的时刻到来，几名罪犯表现出极大的惊恐。

贝克和胡夫表现出深刻的悔意。布朗的行为让人难以想象他是神志清醒的，[6]他愤怒地喊出了一些曾在罪恶生活中常用的粗俗言辞；[7]随后他开始祷告，但祷告的内容不太适当；最后，他发表了一段简短的讲话，令所有人都为之战栗。布朗警告水手们远离像他这样邪恶的生活，尤其要避免落入海盗之手；如果不幸被迫加入海盗的行列，要小心选择对谁宽容、对谁无情，以及该进入哪些国家。

他在这番惊人的言辞中结束了自己的生命！在这样的疯狂中走向了死亡！

其他人几乎没有说什么，只有范沃特和贝克一起唱了一首荷兰赞美诗，劝告年轻人要过虔诚的生活，守安息日，孝敬父母。

168 读者啊，看看吧，这就是海盗的结局！

21

William Snelgrave

威廉·斯内尔格雷夫

塞拉利昂
1719 年—1721 年

威廉·斯内尔格雷夫本人并非海盗，他是普通商船船长、奴隶贩子和象牙贸易商，在非洲沿海工作。1734 年，他出版了一本为奴隶贸易辩护的著作，其中讲述了他被海盗船长托马斯·科克林（Thomas Cocklyn）俘虏的经历。[1] 斯奈尔格雷夫还曾与豪威尔·戴维斯相遇，据说后者曾为科克林施加的暴力道歉。

他们于 1718/1719 年 3 月 10 日启航，1719 年 4 月 1 日抵达塞拉利昂河。

我们在航行途中没有遇到什么特别的事情，不过在加那利群岛附近，我们被一艘船追逐。我们以为那是摩洛哥海盗（Sallec-Rover），[2] 但我们的船甩开对方，对方很快就放弃了追逐。

不幸的是，我们驶入塞拉利昂河时，遇到 3 艘海盗船，他们当时已经在那个地方俘获了 10 艘英国船。为了阐明这个故事，有必要说明这 3 艘船是如何在此相遇的。我必须指出，第一艘来到塞拉利昂河的海盗船叫作旭日号（The Rising Sun），船长是科克林，手下最多 25 人。这 169
些人几个月前曾与著名海盗穆迪（Moody）船长一起，在一艘性能良好的双桅帆船上航行，途中俘获了旭日号。后来，他们被穆迪抛弃在海上（他们是这样描述的），被迫留在旭日号上，失去了以前在双桅帆船上获得的战利品。他们没有足够的补给和弹药，于是选择科克林作为他们的指挥官，向塞拉利昂河驶去。到达目的地后，他们在一艘单桅帆船上抓住了一个名叫约瑟夫的黑人绅士，此人曾在英国生活，在当地颇有名望。这个人的赎金为海盗们提供了足够的补给和弹药。后来，他们还俘获了几艘从布里斯托尔和其他地区驶入塞拉利昂河的船只，许多人选择加入海盗的队伍。当我落入他们手中时，这帮海盗的总人数接近 80 人。

那艘双桅帆船的船员与穆迪船长迫使同伴乘坐旭日号离开之后，很快就后悔了。船员们对这番操作极为不满，他们认为船长和其他几人是主谋，双方争了起来。最终，船员迫使穆迪和另外12人登上一叶扁舟离开，这艘小船是他们从加那利群岛的西班牙人那里夺来的。穆迪等人此后再无音信，想必是在海上遇难了。之后，他们推选一位名叫勒布夫（Le Boufe）的法国人作为指挥官，带领他们前往塞拉利昂河，并在与旭日号分开约一个月后抵达目的地。

双桅帆船第一次出现时，科克林和船员们感到非常惊讶。不过，当他们了解穆迪和其他人的下场之后，他们很高兴与自己的同伴再次汇合，继续开展罪恶活动。

同一天，戴维斯船长也抵达了。他之前驾驶一艘单桅帆船进行海盗活动，后来在佛得角群岛俘获了一艘大船。戴维斯带着这艘船进入塞拉利昂，其他两艘海盗船的人感到有些恐惧，因为他们一开始以为是一艘军舰。不过，发现这艘船主桅顶部悬挂的是黑旗时（海盗船通常悬挂黑旗来恐吓商船），他们的心情变得轻松起来，很快互相鸣炮
170 致意。

戴维斯为人慷慨，他的船员差不多150人，但井然有序。我被科克林抓住时，戴维斯没有与其他海盗结伙，这对我来说是一大不幸，稍后我会说明。我发现科克林及

其船员是最卑鄙、最残忍的恶棍。实际上，我被抓之后，那帮船员告诉我，他们选择科克林作为指挥官，正是因为他的残暴和无知，他们不会再选择像穆迪那样的绅士指挥官。

说到这里，我认为有必要说明，海盗们选择某人当船长，主要是为了与他们可能遇到的船只作战。除船长之外，他们还会选择另一名主要官员，即舵手，此人负责监督船上所有事务，针对船长的命令发表意见。攻击其他船只时，舵手是第一个登上敌船的人，有任何危险行动，舵手都会冲在前面。除了船长和舵手，海盗船上的其他人员配置与战舰一样。

接下来我会讲述被他们抓住的经过。那天下午，我们的船靠近陆地，距离河口不到 3 里格，周围风平浪静。我看到岸上有烟，便叫来大副西蒙·琼斯（Simon Jones）先生，因为他曾在塞拉利昂待过，而我没有来过这个地方。我让他乘小船[3]前往烟雾处，向当地人打探一下河上情况。他回答说，“这样做没什么用，因为岸上没人居住。至于我们看到的烟，我觉得是一些旅行者在岸边烤牡蛎产生的；我下了船，还没走出一英里，那烟就会不见了。再说，夜幕降临之后，我很难找到自己的船。”我觉得这个

回答合理，便没有进一步追问，尽管我后来了解到，烟雾
171 出现的地方其实有一个城镇，但那时我一点也没想到，琼斯会如此卑鄙。

大约下午 5 点，海面上起了一阵小风，潮水也开始涌动，[4] 我们朝河口驶去。日落时分，我们在距离河口很远的地方发现了一艘锚泊的大船，那正是不久后抓住我们的海盗船。另外两艘海盗船和它们俘获的船只被一处岬角遮挡，未出现在我们的视线内。

大约 7 点，河面风平浪静，天色渐暗，我们在河口锚泊。不久后，我和通常与我共进晚餐的船员一起吃晚餐。大约 8 点，在甲板上当值的船员给我发来消息，他说“听到了一艘小船划水的声音”。我们立刻上了甲板，由于夜色非常暗，我让船员准备好灯笼和蜡烛，猜测这只小船可能是从岸边来的，船上可能是自由经商的白人，也可能是不久前那艘停泊在河面的大船上来的人。我还命令大副进入统舱，把所有东西整理好，并立刻派了 20 名手持火器和弯刀的船员到后甲板上，当时我以为大副正在按我说的做。

由于天色太黑，我看不清小船，但能清楚地听到划水的声音。我命令大副向小船喊话，船上的人回答说他们

是来自巴巴多斯的两位朋友，船长是艾略特（Eliot）。这时，我身边的一位船员说他非常了解这位船长，知道他有一艘船叫这个名字。我回答说，你说的可能没错，但我不想在这种地方相信任何一艘小船。我又命令这位船员催促大副，让大副带着人和武器上甲板，如我之前命令的那样。这时，船员把我们的灯笼和蜡烛也带了上来，我再次命令船员对小船喊话。船上的人回答说他们来自美洲。尽管我们不在射程内，对方还是朝我的船发射了一轮小口径子弹，可见这帮恶棍是多么大胆。我后来了解到，海盗船 172
上只有 12 人，他们根本不知道我们的力量是多么强大：船上有 16 门火炮和 45 名船员。正如这帮恶棍在我们被俘之后所说的那样，他们以为我们是一艘火力不强的小船。他们希望像以前一样走运，不会遇到任何抵抗，而且船上的人乐意跟他们走。至于最后这一点，确实如此。

海盗们第一次开始开火时，我大声呼喊大副，让他从舷窗朝对方开火，但大副没有回应，我命令船员拿着武器上甲板，也无人照做，这让我感到非常惊讶。一名官员来告诉我："船员不愿意拿起武器。"我随即下到统舱，发现船员们面面相觑。我万万没想到，大副居然阻止船员们拿起武器。我有些粗暴地问："你们为什么不听我的命令？”我还叫来曾与我一同航行的勇敢船员，让他们保护船只——“如果我们被那艘海盗小船抓住，将是所有人最大的耻辱。”一些人回答说他们本来想拿起武器，但找不到武器箱。这个原因稍后会提到。

此时，海盗小船已靠近我们的船舷，因无人抵抗，海盗们立刻登船。他们来到后甲板，朝统舱开枪，一名水手被打伤，后来伤重而亡。他们还扔了几枚手榴弹，炸弹直接在船员中间爆炸。但大部分人没有被炸死，真是个奇迹。

最后，一些船员向海盗请求投降，海盗们同意了。随即他们的舵手进入统舱，问：“船长在哪里？”我回答：“我就在这里。”他又问：“你怎么敢命令你的手下朝我们的小船开火？我们听见你多次重复这个命令。”我回答：“如果我的人愿意战斗，那么守卫这艘船是我的职责。”他用手枪对准我的胸口，我立即把对方的枪拨开，
173 千钧一发之际子弹射了出来，从我手臂擦过。那个恶棍发现没打中我，于是转动手枪的枪托，给了我一记重击，我被打得头晕目眩，跪倒在地，但我马上恢复过来，跳出统舱，来到后甲板上，海盗船的水手长正好在那里。

这个水手长是心狠手辣的恶棍，几天前一个可怜的

船员没能及时完成他下达的命令，他当场把那个船员给杀了。我看到这个残暴的怪物正在质问我的船员，“船长在哪里？”我一上甲板，其中一名船员指着我说：“就是他。”虽然夜色漆黑，但有4盏灯笼亮着，这个恶棍看清了我的脸。他举起阔剑，咒骂道：“别跟我扯什么保护自己的船，这种船长就该死。”同时瞄准我头部猛砍。我低头一躲，剑砍中后甲板的栏杆，栏杆被砍进去至少一寸深，我的头差点被劈成两半。剑在击中栏杆的那一刻因巨大的撞击折成两半，否则他肯定会把我砍成碎片。

这个恶棍挂在腰间的手枪子弹也打完了，要不然我肯定会死在他的枪口下。但他拿起一把手枪，想用枪托打晕我。甲板上的一些船员看到这一幕，纷纷大声呼喊，“看在上帝的份上，别杀我们的船长，我们从未遇见比他更好的人。”船员们的喊话激怒了这个恶棍和另外两个海盗，我逃过一劫，但我那些可怜的船员却因此遭殃，被这帮恶棍毫不留情地砍杀和殴打。其中一人的下巴几乎被砍掉，另一个头部受到重伤，倒在甲板上像死了一样，但后来在我们外科医生的救治下，他又活了过来。

这一切发生在短短几分钟内，随后海盗船的舵手上来，命令海盗们绑住我们船员的手，并告诉我，他们登船

时小船漂走了，我必须派出一名官员，带着一些我们的
174 人，乘我们的船去寻找他们的小船。这时，我船上的大副西蒙·琼斯站在旁边，自告奋勇去找。海盗船的舵手吩咐琼斯："你必须速去速回，否则作逃跑论处，我会把你们的船长砍成碎片。"琼斯回答说："不管能否找到小船，我在 15 分钟内回来。"幸好，琼斯很快就找到小船，并在约定的时间内返回（虽然当时天色已暗）。

后来，海盗船的舵手握住我的手，说："只要你的人不控诉你，你的命就保住了。"我回答说："我相信没有人会控诉我。"

接下来，海盗们装填所有小型武器，发射了几轮炮火，为了俘获我们而庆祝。当时另一艘海盗船离我们很近，虽然当时天色太暗，我们看不清对方，那艘船上的人听到这些炮声，以为我们奋起抵抗，杀掉了他们的一些人。

在此需要说明的是，我们刚刚在西非的塞拉利昂河口锚泊后不久，风便停了。潮水开始退去，那艘船上的海盗割断缆绳，让船随波漂流，朝我们这边驶来，在此之前，他们曾派小船逆流侦察。就这样，那帮恶棍的船靠近我们，看到我们的灯光，二话不说，朝我们发射了一轮炮

火，因为对方以为我们摧毁了他们的小船，打死了他们的船员。这番操作让我们船上的海盗大为恐慌，我看穿了这一点，便问登上我们船的海盗舵手：“为什么你不用喊话筒告诉他们，你们已经俘获了我们的船？”这个恶棍怒气冲冲道：“莫非你怕被炮弹送上西天？我倒是希望哪天能被一发炮弹送去地狱。”我回答：“我希望自己不会落得这般下场。”不过，他还是按照我的建议，朝另一艘船上的海盗喊话：“我们抓住了一艘好船，船上有各种美酒和新鲜食物。” 175

接着，海盗船长科克林命船员们准备食物。那帮恶棍抓住许多鹅、火鸡、鸡和鸭，让我们的人把这些家禽的头砍掉，拔去翅膀上的大羽毛。可他们还没等到羽毛扒光，就把家禽扔进了我们的大锅里，这个锅平时是用来给船上的 500 个黑奴煮东西吃的。他们还丢进去几块西法利亚火腿和一头怀孕的母猪，这头猪的毛都没刮掉，只是掏空了内脏。这时锅里塞满了奇怪的杂烩，他们命令厨师马上把东西煮出来。

海盗船一停火，我便请求海盗船舵手，让我们的外科医生为那些受伤的可怜人治疗。我自己也进了统舱，因为之前被海盗水手长打伤，我的手臂受伤严重，想包扎一下。就在这时，海盗船舵手派了一个人过来问现在几点钟，我以为对方是想要我的怀表，便立刻将表给了对方，并让他告诉他的头儿，这是一只走得很准的金表。没想到，海盗船舵手拿到之后，提着怀表的表链，扔在甲板上，用脚踢了一下，说道：“当球踢还真不错。”这时，一个海盗捡起表，说道：“我要把它放进公用箱，等着在
176 桅杆下出售。”

22

John Upton

约翰 · 厄普顿

佩里号
阿鲁巴
1725 年

除了以下这篇生平记录，人们对约翰·厄普顿知之甚少。但总体而言，我们仍然可以勾勒出这样一位水手的形象：大部分职业生涯都在皇家海军的战舰上度过，最终因债务所迫加入商船队，随后移居加拿大，最后走上海盗之路。从某些方面看，厄普顿的生活是阶层下滑的缩影，最初的他受过良好教育，有稳定工作，但后来其境遇发生了变化。以下文字从两个视角呈现了厄普顿的故事：一是厄普顿的自述，他声称自己是被迫成为海盗的；一是他手下船员的叙述，厄普顿受审时，这位船员给出了截然不同的
177 版本。

海盗约翰·厄普顿生平（包括其他海盗的故事，尤其是库珀船长麾下夜行者号船员的故事）[1]

任何文明国家针对海盗的法律都极为严苛，执行也非常严厉，因为违反此类法律而受惩罚的罪犯往往是最不值得同情，甚至在被判处死刑的囚犯当中，也是最令人厌恶的。古时候，他们被称为人类公敌（hostes humani generis），现存最古老的法律制度对他们的惩罚也始终严厉，与其罪行相符。对于那些落入英国司法之网的海盗，必须指出的是，他们通常辩称自己是被迫走上海盗之路，众所周知，确实有许多人被迫参与自己厌恶的罪行，因此我们的司法机构通常会接受此类案件中可能存在的任何合理证据。但如果相反的证据出现，且海盗行为明显源于罪犯的邪恶天性时，皇家赦免他们的可能性将比其他任何罪犯都要小。

我们谈论的这位囚犯约翰·厄普顿出生于德普特福特（Deptford），其父母是老实人，为自己的孩子提供了与其身份相符的教育，并且为其规划了适当的培养方向。约翰·厄普顿长成强壮的年轻人时，被父母送去当水手学徒，他老老实实完成了学徒期，表现良好。随后，厄普顿出海工作，在一艘军舰上连续服役 28 年，担任水手长或舵手。厄普顿在出生地附近娶妻，买了一座房子，过着非常体面的生活。不过，在厄普顿一次出海时妻子去世了，等他回来，发现死去的妻子给他留下巨额债务，来自各方的讨债声不断，他还收到几份传票。厄普顿于是辞去军舰上
178 的职务，乘商船前往纽芬兰。根据协议，他被解除船上职务，在当地种植园找到一份工作，年薪 18 英镑，帮种植园主从事捕鱼和皮毛生意，因为纽芬兰以天然良港而闻名，世界上没有哪个国家能提供如此广泛和丰富的渔业资源。然而，纽芬兰不太宜居，夏季极为炎热，冬季又极为寒冷，野生动物在冬季大量出没，给当地居民提供了大量的机会，使他们可以通过捕猎并出售皮毛获利。

厄普顿完成一年的工期，之后被主人解雇，前往新英格兰。1725 年 7 月，他登上前往巴巴多斯的佩里号商船。这艘船完成交付，[2] 船长金打算返回英国，此时的厄普顿请求前往国王陛下的林恩号服役，这艘船的船长是库珀。但是，船长金不愿意放他走，于是厄普顿于 1725 年 11 月 9 日乘佩里号前往英国。

11 月 12 日，他们在多米尼加附近遭到名为夜行者号的海盗船袭击，其船长也是一位名叫库珀的人。[3] 海盗立即命令佩里号的船长登上他们的船，船长和 4 名船员遵命

而去。海盗随后立即派部分船员登上佩里号，迅速控制了这艘船。厄普顿表示，那帮海盗对他和其他船员极其残忍和卑鄙，这在海盗当中是非常常见的。厄普顿还坚称，一名海盗上船就冲到他面前，手里拿着砍刀，咒骂道：“你这个狗娘养的，我认识你，你必须跟我们走，否则我就割掉你的肝脏。”然后，那个海盗手拿砍刀在甲板上追着砍他。

那天晚上，厄普顿被带上海盗的单桅帆船。根据他的
日记可知，3 名海盗袭击了他。一名海盗用枪口对准他的
额头，问他是否愿意签署条款；一名海盗用枪对准他的右
耳，发誓如果他不签字，就开枪打死他；还有一名海盗用
两把叉子指着他的胸口，威胁说随时会刺进去。厄普顿告 179
诉他们，他在英国有 4 个年幼的孩子，自己必须回去照看
他们，因此拒绝入伙，并请求宽恕。他还告诉对方，自己
对他们的行径感到厌恶。厄普顿说自己叫来船长，让船长
作证，自己绝非自愿加入海盗队伍。对此，海盗说他们找
到了解决办法，那就是代替厄普顿签名。厄普顿坚称这就
是自己被迫加入夜行者号的来龙去脉，他坚称自己只是奉
命行事，没有参与掠夺，完全依靠船上的供给生活，无论
从哪个角度来看，他都是被迫的。

海盗们登上佩里号，驶向阿鲁巴岛（The Island of Aruba），这是一个无人岛，或者更确切地说，是一个沙洲。海盗们把船员丢在岸上，任他们在没有任何补给的情况下度过了 17 天，只有海盗船的医生偶尔偷偷在口袋里带一些食物给他们。12 月 10 日，海盗们看到一艘船，发现对方是荷兰小船后，将其劫持，厄普顿和另外两个像他一样被迫入伙的人被送上了这艘船。据厄普顿说，他们从这艘船上逃脱了。经过许多不幸和一系列非同寻常的冒险，他最终登上查尔斯·科特雷尔（Charles Cotterel）船长指挥的诺丁汉号（Nottingham），作为舵手服役两年。随后，厄普顿因海盗罪被逮捕，1729 年 5 月在海事法庭被起诉。庭审期间的证据非常有力，陪审团经过短暂的商议后认定他有罪。

然而有关厄普顿的案情一直众说纷纭，有的说法与真实情况大相径庭。下面将详细讲述审判中对他不利的证据，我相信读者们会感兴趣。

庭审中，王室传唤的第一位证人是迪莫克（Dimmock）先生，他曾是佩里号大副。迪莫克的证言如下：

1725 年 11 月 12 日，我们从巴巴多斯登上佩里号帆船，准备启程前往英国。14 日中午时分，我们被一艘名叫“夜行者”的海盗单桅帆船劫持，这艘船的指挥官是库珀。我们的船长和 4 名船员被命令登上海盗船，一些海盗 180
船员则登上佩里号。他们一上船，被告就说：“伙计们，你们来了？真高兴见到你们。我已经等你们很久了。”那帮海盗十分热情地向被告打招呼，直呼他的名字。被告和其他海盗一样，忙着洗劫他原先服役的那艘船和其他船员的财物。第二天，被告就被任命为海盗船的水手长。同一天，我被带上海盗的单桅帆船，被绑在桅杆上抽了 200 鞭，而且他们用的是厄普顿特制的九尾鞭。抽完之后，他们用盐水涂抹我的伤口，厄普顿还用刀刺伤了我的头，伤口就在耳朵旁，导致我半个月都无法躺下，只能用手撑着头靠在桌上。一些海盗问我感觉怎么样，我回答说糟糕极了，像要死了一样。被告厄普顿便说：“该死的，再给他一点教训。”

迪莫克还做证说：在阿鲁巴岛时，被告非常积极地拆卸佩里号帆船上最有用和最贵重的装置，将其搬运到海盗船上，为海盗船服务。他还洗劫了很多贵重物品，其中有的衣物属于佩里号乘客弗内尔（Furnell）先生。海盗们讨论并表决是否将该帆船物归原主，约翰·厄普顿不仅反对归还，还提议烧毁这艘船，将船长和大副绑在桅杆上一起烧死。

后来法庭又传唤了第二名证人，是船上的二副伊顿（Eaton）先生。他证实了迪莫克先生所说的一切，还补充说，被俘当天，海盗们问他是否同意签署条款，被他拒绝了。海盗将绳子套在他脖子上，将他吊到帆桁一端，导致他昏死过去。接着一些海盗用刀尖扎他身上的肉，用剑
181 背打他，他这才醒过来。海盗们看到他稍微恢复了一些意识，又问他是否愿意签署条款。他依然拒绝。一个海盗随即抓起一把手枪，发誓要一枪打穿他的头，但另一个海盗说："不，该死的，那样死得太痛快了，他应该被吊死。"于是海盗们又用绳子吊起他，对他进行各种侮辱，最后他被搬进船长的舱室，脸上被扣了一顶帽子，头被一把手枪顶着。当时他已经做好马上被杀的准备，因为他的眼睛快要被手枪的枪口戳瞎了，但最后海盗们还是放了他。伊顿还发誓说，海盗们递来条款让他签字时，他看到了约翰·厄普顿的名字，因为他对其笔迹非常熟悉。

船上的乘客弗内尔先生是第三位出庭指证被告的证人。他的证词内容与前两位相同，并补充说，约翰·厄普顿比其他海盗更残忍、更野蛮，以至于他们被流放，极度

缺乏食物时，厄普顿说："该死的，就让他们饿死好了。"而且，洗劫佩里号的时候，厄普顿比其他海盗都积极。

为自己辩护时，厄普顿试图暗示证人们对他心怀怨恨，因而作出不利于他的证词。他声称自己被迫入伙，并非自愿参与。他们被俘后，他甚至向大副提议重新夺回船只，理由是船上只有 13 个海盗，他们全都喝醉了，而佩里号上有 9 名清醒的船员。然而，大副吓得退缩，并对他说："你别乱说话，要是海盗知道了，我们都会被杀。"
并恳求厄普顿不要再提此事。但大副否认了这一说法，因 182
此厄普顿的辩词在陪审团面前毫无说服力。宣判后，厄普顿对证人们说道："天啊！你们三个为什么要这样对我？"

被判处死刑后，厄普顿表现得非常超脱，同时也极为忏悔。他否认了"自愿入伙"的指控，但对其他指控，他基本承认，几乎没有太多辩解。他坚称自己的人生充满邪恶和堕落，并表现出极大的懊悔，直到死的那天，仍在真诚忏悔。行刑时，厄普顿被问到是否曾建议将佩里号连同船长金和大副一起烧掉。厄普顿坚称自己从未以任何方式提出该建议或同意这种行为。随后，他默默祈祷一番，接受了判决，并于 1729 年 5 月 16 日被执行绞刑，年约 50 岁。 183

23

Richard Luntly

理查德·伦特利

雄鹰号

巴巴多斯

1720 年

企鹅海盗史

人们很少有机会读到一位即将被送上绞刑架的海盗的亲述，下文正是这样一份记录。[1]

……先生们，我将继续讲述这次航程的余下部分，但由于时间有限，我无法详细描述他们之前的所作所为，因为你们可能会认为这样做不明智，我自己也认为不明智，但我讲述的都是事实。我们与另外两艘海盗船分道扬镳，跟着我之前提到的那艘犯罪者号沿海岸航行。戴维斯觉得这艘船更适合他的劫掠计划，于是便沿着海岸走，抵达几内亚的一个叫作“奥德－卡利”（Old-cally）的海湾，他们在这个地方锚泊，商议是否同时保留两艘船。经过讨论，他们决定放弃詹姆斯国王号，转而使用犯罪者号，因

为这艘船更适合劫掠。后来，詹姆斯国王号被放弃，戴维
斯带着船员以及所有被迫服役者登上犯罪者号，[2]并将其
更名为皇家游侠者号（The Royal-Rover）。据我所知，这 184
艘船现在仍在海上。我们曾想尽办法偷走他们劫掠的一艘
船，带着他们多年来靠劫掠积累的钱财逃跑。不过，那是
后话。戴维斯在几内亚的奥德－卡利海湾抛弃詹姆斯国
王号，任其锚泊，与船员一同强迫我们这些被迫服役者登
上皇家游侠者号，否则立即杀死我们。戴维斯和同伙决定
前往一个叫作“普林塞斯”的岛屿，这个岛属于葡萄牙国
王，岛上是葡萄牙人。该岛位于南北半球分界处，靠近圣
多美岛（The Island Saint Thome），即赤道附近。最后，
他们抵达普林塞斯岛。

戴维斯船长上岸，告知该岛总督，他的船属于英国
国王。之后一段时间，戴维斯等人获得相应的接待。再后
来，戴维斯与总督讨论，船只为什么在当地不能像在英国
一样获取补给，两人就此问题发生争执。总督对戴维斯的
言辞感到不满，打算第二天“好好招待”他们一番。戴维
斯及随从遭到算计，其中戴维斯和另外 8 人以非常残暴的
方式被杀，共计 12 人遇害。剩下的船员驶向南纬 2° 的 185
另一个岛屿，当地居民是黑人，岛上有丰盛的食物，比

如大量的小羊和家猪，还有山药和土豆，船员让土著给他们提供尽可能多的新鲜食物，以便他们前往巴西海岸途中食用。

在岛上获得补给之后，海盗们驶向靠近巴西海岸的费尔迪南多（Ferdenando）岛。该岛位于南纬 5°，岛上无人居住。当地有几个岛屿连在一起，大多贫瘠而荒凉。海盗们想在当地补充淡水，最后发现一个小地方有一些水。不过当时是旱季，海盗们只勉强装了大约 9 桶水，[3] 修整船只之后离开了这个岛，沿着巴西海岸航行，直到巴伊亚（Bahia）或称圣徒湾（The Bay of All Saints），他们尽量靠近在这片海域看到的堡垒和船只，巡航了大约两个星期，但几乎一无所获，只抓到两个正在帮父亲捕鱼的印第安人。两人告诉罗伯茨船长，船队在他到达之前的两天已经启航，这让罗伯茨非常生气。两人还说，另一支船队将很快出海，于是罗伯茨和船员达成一致，从南纬 23° 35’的位置出发，向北航行，肯定能遇到葡萄牙船队，因为那两个印第安人曾告诉他们，那支船队在佩尔纳博科（Pernabocko），该地位于奥古斯丁角（Cape Augustine）以北，约南纬 7° 25’的位置。罗伯茨船长发现，葡萄牙船队除了 3 艘小船外，其余都是大型帆船。他决定不发一枪，先控制一艘

小船，然后让这艘船的船长告诉他，哪艘船最好、装载的
钱财最多。小船的船长告诉他，某某船是该船队的副旗舰，
罗伯茨立刻靠近，对方以为他是一艘法国船，问他要往哪
里去，罗伯茨告诉对方，他要登船，并让对方把船开过来。
接着，罗伯茨立刻调整 4 片主帆，靠上前去，将两艘船固 186
定在一起，带着船员登上船，半小时后便夺取了这艘大船；
接着把大船上的所有人转移到小船上，把小船放走，保留
了大船。葡萄牙人的船队共有 48 艘船，当他们发现副旗舰
被俘，有的船开始逃跑。等其他战舰赶上来，葡萄牙人才
联合起来追赶，但对海盗船上的罗伯茨船长、舵手和其他
船员来说，这场追击就像牛追兔子，根本追不上。后来，
罗伯茨和同伙决定前往加勒比海西安纳（Ciana）[4]，他们带
着两艘大船，还有一艘几天前从罗得岛抢来的单桅帆船一
同航行。他们快速修整了单桅帆船，在船上装了几门火炮
和小口径旋转炮。不过，他们决定在西安纳停留一些时日，
为前往巴巴多斯的冬季巡航做准备，其间尽量劫掠携带补
给的船只，招募船员，再出发前往东印度。我们都是被迫
的——被迫使用武力，昧着良心做一些不合法的事情。一
天晚上，我们商量一番之后，夺走单桅帆船，全速逃向西
印度群岛。结果，一个海盗听到我们的计划，跑去告诉了

罗伯茨船长和舵手。海盗立刻召集所有人，讨论该如何处
置我们。有的船员提议杀了我们，有的船员则不同意，最
后他们决定：等抓到我们，就放逐到一座荒岛上，尤其是
我们几个起头的人，包括理查德·琼斯（Richard Jones）、
威廉·芬顿（William Fenton）和我自己。这时，他们恰好
看到一艘船，罗伯茨船长带着 40 多个船员去追这艘船，但
那天晚上没有回来。第二天，罗伯茨的舵手修整了小船，
启航去找罗伯茨，但没能找到他，于是海盗们让原先单桅
帆船的船长来驾驶葡萄牙船，告诉对方罗伯茨大概在哪片
海域，让他跟随他们到巴巴多斯，到时应该能找到罗伯茨。
没过多久，他们就抓住了我们乘坐的船，我们本来打算坐
这艘船回英国寻求正义，因为我们很清楚，如果自己能获
187 得公正审判，就不会落得悲惨结局。但愿上帝宽恕你们所
有人，我也会原谅你们，因为我认为自己做出了幸福的选
择。我不会再对此多说什么，我只会为自己经历的一切感
188 谢上帝。最后我想说，主啊，求您怜悯我这个可怜的罪人。

理查德·伦特利

亲笔书于 1721 年 1 月 9 日

爱丁堡，罗伯特·布朗印制，福雷斯特街

24

Anne Bonny and Mary Reade

安妮·邦尼与玛丽·里德

牙买加罗亚尔港
1720年—1721年

无论是皇家海军战舰，还是海盗船，船上都能见到年轻小伙子的影子。就像前文提到的那个不幸的男孩一样——他的腓骨残骸在维达号沉船中被发现。但在今天这篇故事中，杰克·拉克姆（Jack Rackham，绰号“棉布杰克”）海盗船上的“小伙子”根本不是男性。巧上加巧的是，安妮·邦尼（Anne Bonny）和玛丽·里德（Mary Reade）女扮男装，两人沿着不同的道路走来，最终在同一艘海盗船上开启海盗生涯。最终，她们都被送上审判席，并且均以“怀孕”为由请求宽大处理，因为一般情况下，孕妇在分娩前不会被判处死刑。

杰克·拉克姆是安妮·邦尼的情人，他接替查尔斯·韦恩成为游侠号的船长，走上海盗之路。和本书中许多海盗一样，拉克姆接受国王赦免，试图在拿骚过上新生活。在那里，他遇到安妮·邦尼。后来，他重操旧业，安妮也夫唱妇随。在这次航行中，玛丽·里德以男装身份上了船。然而，这两名女子的海盗生涯十分短暂。棉布杰克 189
于1720年被捉拿归案，在罗亚尔港受审并被判处绞刑，他的尸体随后被悬挂在罗亚尔港入口处的一个岩石小岛上，该岛如今被称为“拉克姆礁”。

不过，关于棉布杰克的介绍就到此为止吧，还是谈谈本文的两位女主角吧。

玛丽·里德生平[1]

接下来我们将讲述玛丽·里德和安妮·邦尼（简称“邦”）的生平，以及她们充满波折与冒险的故事。玛丽·里德和安妮·邦尼是这两位女海盗的真名。她们一生的经历跌宕起伏，简直不亚于小说或浪漫传奇；成千上万的、在牙买加观看审判的人，亲耳听到了两人的生平，见证了她们男扮女装的事实，这个故事的真实性毋庸置疑，就像罗伯茨和黑胡子等海盗故事的真实性毋庸置疑一样。

玛丽·里德出生于英格兰。她的母亲年纪轻轻便嫁给了一位海员，结婚后不久，这位海员出海，留下妻子一人独自抚养他们的第一个孩子，这个孩子是男孩。母亲的丈夫究竟是在航行中遇难，还是因其他原因去世，玛丽·里德不得而知，总之，这个男人再也没有回来。后来，玛丽那生性活泼的母亲发生了一些意外（那些年轻又不太谨慎的女性常常会遇到这样的意外）——她又怀孕了，但不知道孩子的父亲是谁。她是如何怀孕的，谁是孩子的父亲，只有她自己知道，因为在邻居们看来，她一直是良家妇女。随着腹中孩子日渐长大，为了掩盖自己的羞愧，她正式告别丈夫的亲戚，谎称去乡下与朋友同住。她带着当时不到一岁的儿子离开，结果不久后，这个孩子不幸夭折，但上天垂怜，又赐给她一个孩子，这个孩子便是她在避难
190 处生下的玛丽·里德。

玛丽的母亲在乡下生活了 4 年，钱几乎花光后，她打算回伦敦，因为她觉得婆婆的经济状况尚可，应该可以说服对方抚养这个孩子——只要让对方相信这个孩子就是其孙子。然而，要把女孩打扮成男孩并非易事，要想骗过一位有经验的老妇人更是难上加难。然而，她还是冒险把玛丽打扮成男孩带到城里，跟婆婆说这是她丈夫的儿子。老妇人本想把孩子带回去抚养，但玛丽的母亲假装说，要是和孩子分开，自己会心碎的。最终婆媳两人达成一致，媳

妇抚养孩子，婆婆每周提供一克朗的生活费。

如此一来，玛丽的母亲实现了自己的目的，她把女儿当男孩抚养起来。随着，孩子逐渐长大懂事，玛丽的母亲觉得有必要将身世的秘密告诉女儿，好让她隐瞒自己的性别。后来，玛丽的祖母去世，生活补贴随之中断，母女俩越发贫困。玛丽的母亲只好将女儿打扮成男仆，让她去服侍一个法国女人，当时玛丽年仅 13 岁。然而，玛丽在主人家里没待多久，由于性格大胆，体格强壮，又有一颗漂泊的心，玛丽报名登上一艘战舰，在上面服役了一段时间。之后她离开战舰，前往法兰德斯（Flanders）[①]，以见习士兵的身份加入一支步兵团。尽管她在各项行动中表现十分英勇，但她依然没有获得军官职位，因为这些职位通常都是通过买卖得来的。于是玛丽离开步兵团，加入一支骑兵团。她在几次战斗中表现出色，赢得了所有军官的赞赏。她的同伴是佛兰芒人，也是一个英俊的小伙子，玛丽不禁爱上了他。自那之后，她在职责上稍显懈怠，一向管理 191
得井井有条的武器和装备也开始变得散乱不堪，也许是因

① 法兰德斯是西欧的历史地名，泛指位于西欧低地西南部、北海沿岸的古代尼德兰南部地区，包括今比利时的东弗兰德省和西弗兰德省、法国的加来海峡省和诺尔省、荷兰的泽兰省。

为爱情与事业难以兼顾吧。而且，当这个同伴被派去执行任务时，玛丽总是擅自随行，频繁涉险。其他骑兵不知道她为何这样做，只是以为她疯了，那位同伴也对她的变化感到困惑。但爱情充满了智慧，由于两人住在同一个帐篷里，朝夕相处，她找到了让对方不经意间发现自己真实性别的方法。

小伙子发现真相后十分惊讶，但又非常高兴。他以为能独占情人，这在军营中是很少见的，因为几乎没有哪个随军的女人会对某支队伍保持忠诚。小伙子以为自己终于能不受拘束地满足欲望，然而，他发现自己大错特错，因为玛丽端庄而矜持，拒绝了他的所有诱惑。同时，玛丽温柔体贴的举止也令他逐渐改变主意，以至于他不再想着让她做自己的情人，而是向她求婚，希望她成为自己的妻子。

这正是玛丽最大的心愿，两人私下交换了誓言。战役结束后，部队进入冬季驻地，士兵们用凑到的钱为玛丽买了女性服装，随后两人正式举行了公开的婚礼。

两位士兵结婚的故事引起不小的轰动，许多军官都因好奇而前来观礼，并一致决定每人送一件小礼物给新娘，毕竟她曾是他们的战友。一来二去，夫妻俩似乎萌生了退

役并安定下来的愿望，他们的爱情和婚姻让他们赢得很多人的好感，两人很快就被批准退役。后来，夫妻俩在布雷 192
达城堡附近开了一家餐馆，[2] 取名为“三块马蹄铁”，这家店的生意十分红火，许多军官常来光顾。

然而，幸福没有持续太久，玛丽的丈夫很快去世了。《雷斯威克条约》（The Peace of Reswick）[①] 签订之后，布雷达城不再有军官频繁出入，餐馆的生意越来越差，不得不关门大吉。随着积蓄耗尽，玛丽再次换上男装前往荷兰，加入驻扎在边境城镇的一支步兵团。然而，玛丽在那儿待的时间不长，因为和平时期根本没有升迁机会，她决心另谋生路，离开步兵团，登上了一艘前往西印度群岛的船。

意外的是，这艘船被英国海盗劫持，玛丽·里德是船上唯一的英国人，他们把她留下，洗劫船上财物之后把船放走了。海盗们进行一段时间的劫掠后，国王发布赦免公告，该公告在西印度群岛各地广泛传播，宣布赦免在指定日期前自愿投降的海盗。玛丽·里德所在的那艘海盗船的

---

① 《雷斯威克条约》是 1697 年法国与奥格斯堡同盟在荷兰雷思威克缔结的国际条约，该条约终结了 1688 年爆发的、法国与一系列欧洲国家之间的战争。

船员接受赦免，在岸上过起了平静的生活。随着钱财逐渐短缺，他们听说普罗维登斯岛总督伍兹·罗杰斯准备派私掠船出海袭击西班牙人，玛丽·里德和其他几人便前往该岛，准备参与私掠活动，决心无论如何也要弄到钱。

这些私掠船刚出海，一些被赦免的船员立马发动叛变，他们将船长赶下船，重操旧业，又干起了海盗营生，玛丽·里德也是其中一员。她常说自己厌恶海盗的生活，自己从头到尾都是被迫的，并打算找机会离开海盗的队
193 伍。然而在审判中，一些被迫服役的证人作证，战斗时或登船时，没有人比她和安妮·邦尼更加果断勇敢，一次敌人来袭时，整艘船上只剩玛丽·里德、安妮·邦尼和另外一人依然在甲板上坚守。当时，玛丽·里德喊那些在船舱下的船员上来“像男人一样战斗”，结果无人响应，她向船舱内开枪，打死一人，打伤数人。

玛丽否认了这些对自己不利的证词。但可以肯定的是，玛丽确实拥有过人的勇气。按照她对美德的理解，她的克己与自律也令人印象深刻。船上无人觉察她的女性身份，直到安妮·邦尼对她产生情愫，后者在贞操问题上不是那么矜持。简而言之，安妮·邦尼把玛丽当成了英俊的年轻人，并出于一些原因，首先向玛丽表露了自己的性

别。玛丽明白了安妮的心意，但自己显然无法回应对方的情感，于是向安妮坦白，其实自己也是女人。这个发现让安妮·邦尼十分失望，但两人的亲密关系让安妮的情人拉克姆船长（即棉布杰克）深感不安。拉克姆甚至嫉妒得暴跳如雷，威胁要割断安妮新情人的喉咙。为了平息他的妒火，安妮把秘密告诉了他。

拉克姆遵守约定，对船员们保守了秘密。然而，尽管玛丽·里德机智谨慎，但爱情还是让她无法忘记自己的性别。海盗们发起一次又一次巡航，其间俘获了大量从牙买加和西印度群岛其他地方往返英国的船只。每当遇到技艺高超的人员或对团队大有用处的人，如果对方不愿加入，
他们就会强行将其留下。一次，玛丽·里德遇到一位举止 194
优雅的年轻人，她对他深为倾心，昼夜难安。然而，世上没有比爱情更美妙的东西，作为一个有经验的人，玛丽很快想到办法，让对方发现自己的真实身份。她先是贬低海盗生活，赢得对方好感，因为这个年轻人正好对海盗十分厌恶，两人很快成为同桌共餐的亲密伙伴。确定对方对自己产生朋友般的好感时，玛丽有意无意地露出雪白的胸脯，让对方察觉她的真实性别。

这个血气方刚的年轻人看到玛丽的胸脯之后，好奇心

和欲望被激起，他不停地恳求玛丽，直到玛丽承认自己的真实身份。两人很快坠入爱河，这个年轻人本来就对男儿装的玛丽心怀好感和敬重，这种好感如今变成了爱意和渴望。玛丽的感情同样强烈，甚至有过之而无不及，这种爱意让她表现出了最慷慨的举动。事情是这样的，这个年轻人和一个海盗发生争执，按照海盗的惯例，两人约定等船在岛屿附近锚泊便上岸决斗。玛丽·里德为恋人的安危极度不安和焦虑，她不希望恋人拒绝挑战，因为她无法忍受他被冠以懦夫之名，但她也害怕决斗结果，担心对方会战胜自己的恋人。慷慨之人坠入爱河时，会激发人们心中最崇高的行为。虽然左右为难，但玛丽将恋人的生命看得比自己的生命还要重要。她下定决心亲自与那个海盗决斗。她拿起剑与枪，提前两个小时约对方上岸决斗，最终当场
195 将对方击毙。

玛丽以前曾与一些海盗决斗，是因为他们冒犯了她，但这次完全是为了自己的恋人而战。她仿佛站在他和死亡之间，好像失去他就无法生存。哪怕他之前对她的爱不够深，这次的举动也足以让他永远依恋她，但两人的感情不需要依靠义务和责任来维系，因为他对她的爱已经足够深。最后，他们彼此交换了誓言。玛丽·里德表示，在自

己心里，这种承诺跟在教堂里由牧师主持的婚姻一样有效。后来，玛丽怀孕，被免去死罪。

她宣称自己从未与任何男人通奸或苟合，并赞扬了审判庭的公正，因为审判庭区分了他们所犯罪行的性质。她口中的“丈夫”与其他一些人被无罪释放。当被问到她的“丈夫”是谁时，她不肯透露，只说他是个诚实的人，没有从事海盗活动的意愿，而且他们二人已决定，一有机会便离开海盗船，去找一份正当职业谋生。

毫无疑问，许多人对玛丽充满同情，但法庭无法赦免她所有的罪行。一位证人作证说，自己被拉克姆俘虏及拘留期间，他偶然与玛丽·里德交谈，当时他误以为玛丽是年轻男子，便问她，为何会干海盗营生，天天过这种刀光剑影的生活，万一被活捉，还会被判死刑。玛丽回答说，她觉得绞刑并不痛苦，如果没有这般严厉的惩罚，每个胆小鬼都会成为海盗，这样海上到处都是海盗的身影，真正勇敢的人将被饿死。她还说，如果让海盗们来选择，他们宁愿选择死刑，而不是其他较轻的惩罚，正是出于对死亡的恐惧，一些懦弱的恶棍才会选择老老实实不犯事。她说，如果没有严厉的惩罚，那些欺诈孤儿寡母、因为穷邻居没钱伸张正义就欺压他们的人，日后也会去海上抢劫。如此一来，海上将像陆地一样，到处都是恶棍。到时候便没有商人愿意出海，海盗营生很快也会变得毫无价值196 可言。

如前所述，玛丽怀有身孕，行刑被暂缓，而且有可能获得宽大处理，但审判后不久，玛丽突发高烧，最终死于狱中。

安妮·邦尼生平

相比其他海盗，我对这两位女海盗的生平叙述可能更为细腻。作为一名忠实的历史学家，我有责任从她们的出生开始讲起。安妮·邦尼出生于爱尔兰王国科克郡附近的一个小镇。她的父亲是律师，但安妮并非其婚生子女，她后来的人生际遇似乎也与“私生子更走运”这句老话相悖。安妮的父亲是已婚人士，他的妻子分娩后患病，[3] 为了康复，医生建议她搬到别处换换空气。这位妻子选择搬到婆家，因为那里离自己家不远。她在婆家小住的一段时间里，丈夫则留在家中处理平日事务。妻子离开后，家里留下一个年轻貌美的女仆，负责照看家务和男主人起居。镇上有个年轻的制革匠追求这个女仆，每当家里无人时，便会趁机前来。一天，女仆忙着做家务，制革匠趁她不备，将 3 只银勺偷放进自己口袋。女仆很快发现银勺不见了，而且自上次见到银勺后，家里只有自己和这个年轻人，便指控对方偷了银勺。年轻的制革匠极力否认，女仆非常生气，威胁要找警察，将他带到治安法官面前。她的威胁让 197
这个年轻人吓得不知所措，他知道一旦搜查就会露馅，于是他假装安抚女仆，建议她再翻翻抽屉或其他地方，或许能找到银勺。然后他趁机溜进女仆房间，将银勺塞进床单下面，从后门逃走了。他心想，女仆晚上睡觉时肯定会找到勺子，到了第二天，他可以假装整件事情只是为了吓唬她，当成笑话不了了之。

结果这天女主人回到家中，发现银勺在女仆的床上，心想女仆肯定是趁自己不在时与自己的丈夫私通。想到这一点，女主人的心中燃起了熊熊的嫉妒之火。

为了让一切看起来并非有意为之，那天晚上女主人睡在女仆床上，丝毫没有预料到接下来发生的事情。她躺在床上想着丈夫和女仆的事情，因嫉妒而无法入眠。突然，她听见有人进了房间，一开始她以为是小偷，吓得不敢出声，结果她听到一句“玛丽，你醒了吗？”她认出那是丈夫的声音，心里的害怕顿时消失。她没有回答，担心出声会被发现，于是继续装睡，静观其变。

丈夫上了床，表现得十分热情，但令她不满的是，这份激情并不是为她迸发的。女主人默默忍受了这一切，就像基督徒一样冷静。天未亮时，女主人起身离开，留下沉睡的丈夫，然后去找婆婆，将事情一五一十告诉她，包括丈夫如何将自己错当成女仆行男女之事。丈夫醒来后也偷偷溜走了，因为他不想被人发现在女仆的房间过夜。这件事之后，女主人对女仆的报复心变得更强烈，根本没有想到自己前一晚因女仆而享受了鱼水之欢，更没有想到以德报怨。她找来
198 警察，控告女仆偷了银勺。女仆的箱子被撬开，银勺被找到，随后女仆被带到治安法官面前，被判入狱。

丈夫一直在外面晃荡，直到中午12点才回家，假装刚刚回到城里。一听到女仆被捕的事情，他大发雷霆，指责妻子瞎折腾。婆婆站在媳妇一边，与自己的儿子反目，事态进一步恶化。争吵越来越激烈，妻子和婆婆立刻骑马回了原先的住处，那位丈夫和妻子再也没有同床。

女仆在监狱里关了很长时间，差不多半年才等来审判。然而，审判前她已怀孕。女仆在法庭上因证据不足被判无罪释放。妻子良心发现，因为她自己也不相信女仆偷了银勺，除“偷情”外，她也没有指控女仆。被释放之后不久，女仆生下了一个女孩。

女主人生了一对龙凤胎，婆婆后来去世，留了一笔钱给自己的媳妇和孙儿孙女。丈夫接回女仆的女儿，假装那是他收养的一个男孩，并打算将其培养成书记员。后来，他失去妻子的经济支持，将女仆接到自己家中生活。再后来，这位丈夫破产，带着女仆和孩子从科克启程前往卡罗来纳。

被外人当成女主人的女仆去世后，两人的女儿，也就是安妮·邦尼已经长大，负责操持家务。

安妮性格凶悍，被判刑期间，关于她的种种传闻广为流传，大多对她不利。有人说，她在照看父亲的家时，一怒之下用蛋糕刀杀死了一名英国女佣，但经过进一步调
查，发现这则传言并无根据。可以确定的是，安妮身体强 199
健，曾经有个年轻人试图强行与她发生关系，结果被她打成重伤，养了好一阵子。

与父亲同住时，别人都以为安妮将来肯定很有钱，因为她父亲肯定会给她找个好人家。但安妮亲手毁了这一切，未经父亲同意便嫁给了一个在海上工作、赚不到“格罗特（roat）”的年轻人，[4]她的父亲大怒，将女儿赶出了家门。那个娶她的年轻人没有捞到预期的好处，便带她登上了一艘开往普罗维登斯岛的船，[5]希望能谋一份差事。

到普罗维登斯岛之后，安妮结识了海盗拉克姆，拉克

姆对她展开追求，不久之后，安妮移情别恋，决定离开丈夫，男扮女装随拉克姆出海。安妮言出必行，跟随拉克姆出海一段时间后，她怀孕了，肚子逐渐大了起来。拉克姆在古巴岛将她安顿下来，托付给自己的朋友照顾，直到她分娩。待她康复后，拉克姆又派人将她接回身边。

这时，国王颁布海盗赦免公告，拉克姆顺势投案自首，获得特赦。不过正如上文所述，后来拉克姆又重操旧业，继续干起了海盗勾当。每次行动，安妮·波尼都陪伴在拉克姆左右。每当有事发生，需要她出手时，她总是冲在最前面，表现得非常勇敢。特别一船人被捕时，她与玛丽·里德以及另外一人是仅有的敢留在甲板上的 3 人，上文也提到了这一点。安妮的父亲在牙买加的绅士种植园主中颇有名望，并与他们有生意往来，去过卡罗来纳的几位
200 种植园主曾在安妮父亲的家里见过安妮。这些人愿意关照安妮，但她抛弃丈夫的行为却成为对她的不利证据。拉克姆被处决那天获准与安妮见最后一面，安妮只说了一句话：“看到你这个样子我感到难过，如果你像个男人一样战斗，也不至于像狗一样被吊死。”

安妮在监狱里一直被关到分娩，之后多次获得缓刑。
201 至于她后来的去向，我们不得而知，只知道她并未被处决。

25

John Philips

约翰·菲利普斯

松鼠号
安尼斯昆姆安角
1724 年

企鹅海盗史

以下是关于海盗对新英格兰渔船发动的一次袭击，以及领头海盗所受惩罚的描述。[1]

1724 年 4 月 14 日早晨，安德鲁·哈拉登（Andrew Haraden）船长指挥的松鼠号双桅帆船从安角的阿尼斯夸姆港出发，[2] 向东航行，准备前往渔场。这艘船是新造的，事实上，船东和船长都迫不及待地想让这艘船尽快下水，甚至在甲板上一些工作尚未完成的情况下就出发了，因此船上还带了一些必要的工具，打算到达塞布尔角（Cape Sable）[3] 之前完成装备工作。松鼠号驶入伊普斯威奇湾（Ipswich Bay）之后，视野中出现了两三艘船，其中一艘单桅帆船位于北面不远处。到了下午，几艘船到达浅滩群岛（The Isles of Shoals）附近，松鼠号驶入那艘陌生船只的射程内。202

哈拉登船长正在观察那艘船，突然，一缕烟雾从对方船舷一侧的小炮口喷出，炮弹落在松鼠号船头前方不到100英尺的水面。开炮后，那艘船立即升起黑旗，很快，安尼斯昆姆的渔船迎风转向，[4]船长哈拉登按照海盗船发出的命令，上了一条小船。哈拉登爬上那艘船的甲板时，发现海盗船的指挥官是约翰·菲利普斯（John Philips）船长，此人前一年在海上俘获大量渔船，因此声名远播。在西印度群岛的温暖海域过冬之后，他又北上沿途俘获了多艘船只。

这时，菲利普斯船长发现自己俘获了一艘新船，因为从船体的线条看得出来，这艘船的速度很快，他决定接管这艘船。第二天，枪炮、弹药和物资被转移到松鼠号，渔民们被命令登上另外那艘单桅帆船自谋生路，但哈拉登船长被强行扣押。

过了没多久，哈拉登发现菲利普斯手下大约一半人和他一样，是被迫加入的，他们只是在等待逃跑的机会。木匠爱德华·奇斯曼（Edward Cheeseman）很快向哈拉登透露了心声，原来几名被俘的水手悄悄讨论了好几种逃跑方案，现在又有一名大胆的船员加入他们，而且甲板上还有多余的斧头和凿子，可以用来完成松鼠号上的木工活，如今正是奋起反抗、夺回船只的好时机。约翰·菲尔莫尔（John Filmore）是渔夫，前年秋天在纽芬兰海岸附近被菲利普斯俘虏，他积极支持奇斯曼的提议……

松鼠号上的几位船员提议夜间突袭，但海盗船领航员约翰·纳特（John Nutt）体格强壮且勇猛无比，有人指出在没有枪的情况下攻击他会很危险。提出夺船的奇斯曼坚决支持白天发起攻击，这样可以尽量减少混乱或失误，他还主动请缨对付那个臂力惊人的纳特。大家商定 4 月 17 日中午一同行动，当时甲板上散落着木工用具，奇斯曼的
203 工具也在甲板上。时机一到，奇斯曼拿出一瓶白兰地，和其他人一起喝了起来，并向水手长和船长敬酒，祝大家下次喝个痛快。随后，奇斯曼与纳特一起在甲板上转悠，闲聊天气等话题。这时，菲尔莫尔拿起一把大斧，像要杂技一样，将斧头立在甲板上转了几圈，然后朝奇斯曼眨眼示意，一切准备就绪。奇斯曼不由分说抓住纳特的衣领，另一只手从他双腿之间抄过去，准备将他扔下船。纳特一时间蒙了，慌乱间抓住奇斯曼的外套袖子，大喊着，“主啊，可怜我！木匠，你想干什么？”奇斯曼回答说：“还问什么问，领航员大人，你死定了！”然后猛击纳特的手

臂，纳特没有东西可抓，跌入大海，再也没有发出任何声音。

菲尔莫尔看到领航员被推下船舷，举起大斧头狠狠劈向水手长，将他的头从脖子上劈了下来。纳特的呼喊声和打斗声引来了船长，但船长上甲板时被奇斯曼用木槌重击，打断了下巴骨，这时船长仍然没有倒下，哈拉登又操起一把木工凿向船长猛攻，炮手斯帕克斯想出手阻拦，但被奇斯曼绊倒，然后被造反船员的另一名同伴查尔斯·艾夫梅（Charles Ivemay）抓住，艾夫梅与两名法国人合力，迅速将炮手扔下了船。这时，哈拉登用凿子重击船长的头，了结了他的性命。奇斯曼毫不迟疑跳下甲板来到船舱，准备用槌子将舵手约翰·罗斯·阿彻（John Rose Archer）打死，打了两三下之后，年轻的水手哈里·贾尔斯（Harry Giles）追过来说，应该留阿彻一个活口，好证明他们的清白，这样事后就不会被认为他们袭击海盗是为了夺取财物。奇斯曼觉得此言有理，便饶过阿彻，用绳子 204
将他和船舱里的另外 3 个海盗绑住，这 3 人在得知甲板上的情况后投降。

哈拉登船长随后接管松鼠号，改变航向从纽芬兰返回安尼斯昆姆，于 4 月 24 日抵达。进入港口时，他们准备鸣炮向村庄通报，但不知何故，炮弹走火，船上一位被迫服役的法国医生当场身亡。据说，松鼠号抵达安尼斯昆姆时，菲利普斯的头被挂在桅杆上，这则传闻至今在安角流传。[5]安尼斯昆姆河上有一座岛叫“绞刑岛”，据说这个名字与当时的夺船事件有关；不过，也可能是哈拉登船长将一具或多具海盗尸体作为战利品带回，这些尸体被悬挂在
205 如今被称为“绞刑岛”的地方。

26

Philip Ashton

菲利普·阿什顿

马布尔黑德、马萨诸塞以及霍坦岛
1725 年

企鹅海盗史

菲利普·阿什顿是来自马萨诸塞马布尔黑德的 19 岁渔民，这个地方至今仍以其海员闻名。阿什顿的经历之所以不同寻常，是因为他的生存能力极强——他在厄瓜多尔海岸的一个岛屿上独自生活了 16 个月。安全返回后，他讲述了自己的故事，这个故事在 18 世纪的受欢迎程度类似于今天的畅销冒险小说。阿什顿在新斯科舍海岸被海盗绑架，之后逃到荒岛，独自求生。阿什顿的故事发生在黄金时代末期，他在以内德·洛为首的海盗队伍中度过了一段时间，以下是有关阿仕顿这段经历的叙述。[1]

1722 年 6 月 15 日，星期五，我乘米尔顿号纵帆船出海捕鱼，来到萨布尔角海岸的渔场，与我同行的是尼古拉斯·梅里特（Nicholas Merritt），他乘坐的是一艘小船。
我们一起驶向罗斯韦港（Port Rossaway），打算安息日结
束前在那里避风。那天，我们大约下午 4 点抵达目的地。
进入港口时，我们发现已经有几艘渔船停在那里。我们以 206
为其中一艘是从西印度群岛返航的双桅帆船，没有产生任
何戒心。然而，我们锚泊两三个小时后，那艘双桅帆船上
的一只小艇驶了过来，4 名船员跳上我们的甲板。我们当
时根本没有想到他们是危险人物，还以为他们是来拜访或
询问消息的朋友。那几人从衣服下抽出砍刀和手枪，其中
一把上好膛，另一把拿在手里挥舞，咒骂着要我们投降，
交出船只。等我们意识到对方是海盗时，已经没有办法摆
脱他们的控制了。虽然我们有 6 个人（5 大 1 小），如果
这帮恶徒登船前，我们能识破他们的身份，或许还有挽回
的余地，但此时我们手头没有武器，根本无法进行抵抗，
只能服从他们的命令和安排。当天晚上，他们还通过这种
方式突袭了尼古拉斯·梅里特和另外十二三艘渔船。

海盗驾小船驶离我们的船时，把我带上了双桅帆船，后来我发现这是那个臭名昭著的海盗内德·洛的船，船上约 42 人，配备了 2 门大炮和 4 门旋转炮。当我发现自己落入这群疯狂、嚣张、邪恶的家伙手中、且无法逃脱时，

你可以想象我当时的表情和感受。然而，我仍抱着一丝希望，希望他们不会强迫我入伙。我能忍受与他们一起航行的任何艰难困苦，但我绝不会加入他们的阵营。

很快，洛把我叫到船尾，用独特的说话方式问我是否愿意签署条款加入他们，海盗一般都会这样询问俘虏。我告诉他，不行，我绝不会和他们一起走，我希望他能给我自由，把我放到任何一条船上，或者让我上岸，我会感激不尽。我确实非常厌恶海盗团伙，也厌恶他们的行径，我担心自己的父母，害怕与这些坏人为伍，所以我不想被他
207 们带走，也根本不想继续和他们待在一起。

我断然拒绝之后，他们把我扔进货舱里。后来我发现，这个货舱几次成为我的避难所。我被扔进去大约几个小时后，海盗们完成了对港口几艘船只的占领以及对船员的审查。第二天，我和一些人一起被叫上船，大约三四十人被赶到来自马布尔黑德的奥恩（Orne）先生的渔船上，海盗们把这艘船当作临时监狱。我们身上没有武器，由手持武器的卫兵看守，等着海盗首领的发落。

星期日中午时分，海盗船舵手约翰·拉塞尔（John Russel）上船，带走了我们 6 个人（尼古拉斯·梅里特、约瑟夫·利布雷、劳伦斯·法宾斯、我——我们 4 人都来

自马尔布黑德，如果我没记错，我们当中年纪最大的也不到 21 岁——还有两个人我不知道名字），把我们转移到双桅帆船上。然后我们被叫到后甲板，洛手持手枪走向我们，一边满口脏话一边问道："你们当中有谁结婚了？"这个简短而出人意料的问题，加上手枪的威胁，让我们所有人都哑口无言，没有一个人敢说话，生怕他这么问另有深意。我们的沉默激怒了这位新主子，他无法忍受几个连胡子都没长出来的小伙子居然一声不吭。一怒之下，他把手枪上膛，顶在我头上，叫嚷着，"你这个狗杂种！为什么不回答我？"他发誓，如果我不立刻告诉他是否已婚，就一枪把我打死。

我被洛的凶狠和威胁吓坏了，但为了这件小事失去生命太不值得，于是我鼓起勇气大声告诉他我未婚，其余同伴也都这么说。这么一来，洛似乎稍微平静下来，转身离开了。 208

洛似乎不打算带走任何已婚人士，无论他们多么年轻。我对此感到不解，后来我在他的船上待了很长一段时间，才发现他的内心充满不安，尤其是当他提到自己在波士顿有一个年幼的孩子时，情绪会变得激动（他的妻子在他成为海盗前不久去世）。每当他从饮酒和狂欢中清醒过来，他都会说自己是多么在乎这个孩子，我甚至见过他因为提到这个孩子而痛哭流涕。我得出结论，洛只带走未婚男人，可能是因为已婚男人挂念妻儿，在船上心神不宁，容易产生逃跑的念头。

洛很快又来到我们面前，问我们是否愿意签署条款，加入他们的队伍。我们依然回答不能，于是他让我们暂时离开了。但没过多久，我们又被一个个单独叫去，洛用严厉的口吻问我是否愿意入伙。我依然坚决拒绝，因为我决心已定，哪怕他开枪打死我，我也不会改变主意。据我所知，我的 5 位同伴在被轮流问话时，全部拒绝了洛的要求。

随后，舵手把我带到统舱，他们试图诱惑我入伙。一帮海盗围着我，这次他们没有发出嘘声，而是摇晃着手中的响板，用他们的方式对我表现出极大的尊重和善意。他们尽力安慰我的痛苦，告诉我，他们可以获得巨大的财富，他们会成为大人物，希望我加入他们，分享他们的战利品。为了让我上钩，他们还非常热情地邀请我和他们一起喝酒，以为我喝醉了就会一改清醒时的强硬态度，[2] 答应他们的要求。然而，他们的所有好意和貌似合理的提议，以及关于财富的吹嘘，没有对我产生任何效果。我对用饮

酒来麻痹痛苦的做法没有任何兴趣，因此拒绝了他们的酒水和提议。 209

之后我又被带到甲板上，洛走到我面前，手里拿着上膛的手枪，抵在我的头上，对我说："你这个杂种！如果你不给我签署条款，我就一枪把你毙了。"他一边咒骂，一边狠狠地威胁我。我告诉他，我在他手里，他可以随意处置我，但我绝不入伙。然后我用尽所有力气，泪水涟涟地恳求他不要带我走，但他对我的恳求充耳不闻，对我所说的一切毫不动容。他骂我是杂种，发誓无论我是否愿意，我都必须跟他走。我发现所有的哭诉和恳求都是徒劳的，我必须加入他们的队伍，别无选择。而且据我所知，尽管我们不同意，他们还是在名册上登记了我和同乡的名字。我想说，感谢上帝让我保持坚定，无论他们是诱惑、威胁还是殴打，都没能让我心甘情愿地加入他们的队伍。

6 月 19 日，星期二，他们换了船，选择了一艘属于马尔布黑德的约瑟夫·多利贝尔（Joseph Dolliber）的纵帆船作为私掠船。这艘船是新的，船体十分干净，航速也不错，他们把所有船员都转移到这艘船上，然后把打算送上岸的囚犯安排在另一艘双桅帆船上，还派了一位船长带领这些囚犯前往波士顿。

当我看到俘虏有可能被送回家时，我决定再争取一次自由。我和同乡兼亲戚尼古拉斯·梅里特一起去找洛，我们跪下来，拼命恳求他让我们跟其他俘虏一起乘双桅帆船回家，结果洛立即叫人把他的手枪拿来，告诉我们不可以离开，还恶狠狠地咒骂说，要是我们谁敢乱动，他就立刻
210 把我们打死。

迄今为止，我想从这些疯子身边逃脱的尝试都失败了（如果他们还算人的话）。我只能悲伤地看着双桅帆船载着大部分在罗斯威港被俘的人扬帆离去，我自己、3 位同乡还有来自浅滩岛的 4 个人被留在这艘纵帆船上，被囚禁在最恶劣的环境中，没有任何逃脱的希望。

然而，双桅帆船启航之前，我发现了逃跑的机会。当时船开到罗斯韦港，洛的几个手下上岸取水，结果把洛的一只狗落下了。洛发现狗在岸上嚎叫着想回来，便命令一些人划船去岸上把它带回来。来自马尔布黑德的两个年轻人，约翰·霍尔曼（John Holman）和本杰明·阿什顿（Benjamin Ashton），立刻跳上了小船。我知道那两个年轻人很想摆脱这帮恶徒，因为我自己也非常渴望获得自由。我心想，如果我能一脚踏上岸，他们要再把我抓回船上可没那么容易。于是我跨过船舷准备爬上那艘小船，可

舵手拉塞尔发现了我，抓住我肩膀把我拉了回来，骂骂咧咧道：“两个人就够了，你不能去。”那两个年轻人非常理智，品德也很高尚，他们再也没有回到洛的身边。海盗们等了一段时间才发现失去了两名船员、一条小船和一条狗，这时想追也追不上了。

海盗们意识到自己被戏弄了，舵手走到我面前，咒骂着说我知道那两人的逃跑计划，而且打算和他们一起逃走。尽管我内心确实这样想，但我告诉舵手，我对两人的计划一无所知。我也确实不知情，虽然我曾怀疑那两人打算趁机逃跑。我的回答没有平息舵手的怒火，他怒气冲冲地用手枪指着我的头，扣动扳机，但子弹没有射出来。他的怒火更大了，又对着我的头扣了 3 次扳机，但子弹都没有射出来。于是他把手枪举到船边，第 4 次扣动扳机，这次子弹射出了（上帝慈悲，熄灭了本要摧毁我的火焰）。 211
这时舵手愤怒到了极点，拔出刀朝我砍来，我跳进货舱，混进人群中，躲开了发狂的舵手。因此，尽管上帝没有让我获得渴望的自由，但也奇迹般保全了我的性命。

一切希望都破灭了。双桅帆船和渔船都在回家的路上，船只可能已靠岸，不太可能再回来，我看不到任何逃脱的机会。我不知道谁能体会我的忧虑和痛苦，我才十几岁，我爱我的父母，我也知道他们对我的疼爱，要是我与海盗为伍，将如同一把利剑刺入他们的心脏，给他们带来极大的痛苦。我被迫与极其厌恶的人待在一起，他们让我面临道德沦丧的风险，而且如果我与他们一同被捕，必将面临法律的制裁。我唯一能做的，只有诚心把自己和命运交托给上帝，等待他在适当的时间，用适当的方式来解救我。同时我下定决心，在神的帮助下，我无论如何都不会入伙，也不会分享他们的战利品。

我很快发现，与这群卑鄙的恶棍在一起，还不如去死。他们以作恶为乐，醉酒、咒骂、亵渎上天，甚至蔑视地狱都是常事，他们只有睡死过去，才会停止喧嚣和狂欢。

被囚期间，我能采取的最佳措施就是尽量避开他们的喧闹，躲在货舱里，或者任何能让我远离他们吵闹的地方。我下定决心，一旦有机会踏上陆地，无论那是世界哪
212 个地方，我都要和洛以及他的同伙永别。

我还想说明一点（为了不打断后面的叙述），我在船上那段时间，他们每周或每两周（视这帮恶棍的心情而定）都会审问我，一再要求我签署入伙条款。然而感谢上帝，我每次都坚持拒绝成为他们的一员，尽管每次我拒绝

时，都会被剑或棍子殴打。这时我只能通过跳进货舱来躲避他们的怒火，因为货舱里暂时是安全的。很长一段时间，我在这帮海盗当中就像一个死人，因为每次审问都是我生命的最后一天。后来我从他们当中一些人那里了解到，海盗有一条规定，他们决定“宽恕”某人之后，就不得再杀死或伤害这个人，除非这个人犯了罪，必须受到惩罚。这条规定让我鼓起勇气，拒绝他们时不再那么害怕，因为我知道自己的命保住了。

那是一个星期二的傍晚，洛和同伙乘坐纵帆船驶向纽芬兰。这艘船以前叫玛丽号（The Mary），现在改名为幻想号。这一天，我们遇到的意外几乎令海盗全军覆没——他们在一团迷雾中驶入圣约翰港入口，[3] 等到浓雾稍微散开，他们才发现港内停着一艘大船，由于雾太大，他们无法辨别那是什么船，便推测那是一艘渔船。海盗们心想，这可是一笔意外之财，要是能俘获这艘大船就太好了。如果这船的航速够快，将大大有利于他们的劫掠行动，让他们在海上叱咤风云，不用担心被抓。 213

海盗们决定驶进港口，用计巧夺那艘船。他们决定把大部分船员都藏到船舱底下，只留六七个人，伪装成渔船靠近对方，出其不意地将对方俘获。一想到即将俘获这艘大船，海盗们兴奋不已。接着他们按计划行事，把船员都藏起来，只留几人在甲板上，然后扬帆去捕捉猎物。这时，一只小渔船从港口驶出，向海盗们喊话，问他们来自哪里。海盗们回答说来自巴巴多斯，船上装满了 [此处字迹无法辨认] 和糖，然后又问渔夫，港口里那艘大船是什么，渔夫告诉他们，那是一艘大军舰。

一听到“军舰”二字，海盗们全愣住了，原本的欢笑、希望以及俘获一艘好船的幻想也烟消云散。他们担心自己遭遇不测，一致认为最好不要进入那个港口，快点离开才是最明智和安全的选择。于是海盗们朝东行驶了大约 15 里格，进入一个名叫卡博努尔（Carboneur）的小港口。他们上岸后发动袭击，摧毁了当地的房屋，但没有伤害任何人。这些都是他们告诉我的，因为他们没让我上岸。

第二天，海盗们驶向大浅滩俘获了五六艘船，包括一艘 350 吨的法国渔船，这艘船配备了 2 门炮。他们把这艘船掳走，驶向圣米迦勒岛。

到了圣米迦勒岛附近，他们俘获了一艘装满小麦的大型葡萄牙尖尾帆船，当时这艘船正从港口启航。这艘船据说是以前叫玫瑰号的护卫舰，[4] 由于害怕，正驶向他们的双桅帆船，便迅速投降了。其实，如果葡萄牙船进行有效抵抗，[字迹无法辨认] 打败对方并非难事。海盗们很快发现，这艘尖尾帆船的航行性能远比法国渔船要好，后者航速较慢。他们把大部分小麦扔到海里，只留下足够的粮食作为压舱物，从法国渔船上取走需要的东西，然后放火烧了渔船，并把大部分葡萄牙人赶到他们俘获的一艘船体较大的小艇上送走了。 214

海盗们把这艘装备了 14 门炮的尖尾帆船作为旗舰，从圣米迦勒岛出发，驶向加那利群岛。抵达特内里费岛（Tenerife）附近时，他们企图追逐一艘小船，但那艘船在要塞的保护下逃脱。随后，他们沿着该岛西端航行，遇到一艘渔船。由于船上淡水不足，他们要求这艘船带领他们进入一个小港口，上岸补充了淡水。

补完水后，这帮海盗又驶向佛得角群岛。接近梅岛时，他们发现了一艘小船并将其劫持，结果发现这是一艘来自布里斯托的船，船主好像叫帕还是皮尔。他们打算把这艘单桅帆船作为辅船，把我的亲戚尼古拉斯·梅里特和另外八九人安排到这艘船上，然后驶向博纳维斯塔，对他们的船进行整修。

前往博纳维斯塔的途中，刚俘获的那艘单桅帆船造反，因为船上大多数人要么被迫入伙，要么对自己的工作感到厌倦，9 月 5 日那天逃跑了。

到达博纳维斯塔后，海盗们 [字迹无法辨认] 将船只搁浅，以便倾斜修理，接着又修理了尖尾帆船。他们将留作压舱物的小麦交给葡萄牙人，换取了其他压舱物。

清理和修整船只后，海盗们驶向圣尼古拉斯岛，寻找更好的淡水资源。据我所知，尖尾帆船上的五六人去岸上打猎，[5] 再也没有回来，好像劳伦斯·法宾斯就是其中之一，他们的下落我至今仍无法得知。后来，海盗们启航驶向巴西海岸，希望能遇到比之前更丰富的战利品。前往巴西途中，他们企图追赶一艘船，但没能追上 [字迹无法辨
215 认]。等他们到达巴西海岸时，情况更糟了。由于猛烈的东南风，他们误入海岸北部，距离他们原本打算去的地方约 200 里格。我们面临极大的危险，连续五天五夜，时刻担心被狂风巨浪吞没，或搁浅在离陆地很远的沙洲上。在极端天气里，这些可怜的家伙无处寻求帮助，因为他们公开对抗造物主，平日里与邪恶势力勾结，因此几乎得不到任何安慰。天气晴朗，风平浪静的时候，这帮骄横的恶徒谁也不放在眼里，[6] 但在狂风巨浪的冲击下，他们精神沉沦，心情沮丧，开始惧怕全能的上帝（他们之前是如此蔑视上帝），仿佛上帝在他们的死期来临之前惩罚他们。尽管他

们平日里习惯了粗言秽语，但在死亡面前，尤其是在如此长时间的折磨面前，虽然大部分海盗的言辞仍然粗鲁，但你明显可以看到他们内心的恐惧和痛苦在他们的脸上显露无遗。他们就像惊慌失措或从梦中惊醒的人一样，我时不时听到他们大声呼喊：“哦！我希望能活着回去！”

风暴过去，海盗们的状态稍微好了一些。喝了一点酒之后，他们驶向西印度群岛，来到一个三角洲。这个地方由 3 个小岛组成，位于苏里南东部约 40 里格。他们再次将船只倾斜修理，不过这次修理差点要了他们的命。

当时洛安排了很多船员在索具和帆桁上作业，船体从水面抬起，舷窗被淹没在水下，海水迅速灌入，船很快就翻了。当时洛和医生在船舱里，洛意识到海水涌入，迅速从后舷的一个窗口逃生，医生也想跳窗逃命，但海水猛灌进来，把医生冲回了船舱里，这时洛迅速伸手进窗口，抓住医生的肩膀将对方拉了出来。船桅在水深大约 6 英寻处
折断，船的龙骨也抬离水面。船身逐渐灌满海水，最终沉 216
没。帆桁可能触碰到船体某个部分，部分桅杆稍微抬起，露出了水面。船身沉没时，索具和帆桁上的船员爬到船体上方。桅杆抬起之后，他们又爬回帆桁顶部和索具上。船员们叫我和其他较轻的年轻人爬到主桅杆顶部，[7] 我不善游

泳，一旦落入水中，估计很难保命。来救人的小艇拒绝让我上船，我只能游向浮标。我拼命地游啊游，终于游到浮标旁边，我抓住浮标，等到小艇靠近，我呼喊着，让他们把我拉上去。但他们的船已经满员，没让我上船，我不知道他们是否真的打算让我溺死在海里。此时，救援船因为载满了人而缓慢地向前驶去，约瑟夫·利布雷喊我从浮标上游开，游到他们那边，我鼓起勇气向他们游去，他抓住我的手把我拉了上去。由于这次事故，海盗损失了两名船员，分别是约翰·贝尔（John Bell）和扎纳·戈登（Zana Gourdon）。纵帆船上的人正忙着在遮阳棚下修补帆布，根本不知道尖尾帆船发生了什么事。后来，载满人的小艇向他们驶去，这时两船相距不过一炮之遥，而且我们还大声呼救，但他们没有派船来救人。

如今，洛和同伙失去护卫舰，后来又失去大部分 [食物？] 和水，只能驾驶纵帆船——他们仅剩的一艘私掠船，驶向大海。由于缺少淡水，又无法在三角洲补水，他们陷入极大的困境。洛和同伙希望在托巴哥获得补给，结果当时洋流太强，风力又不足，[8] 他们无法借助风力驶入港口，只能朝西行驶，前往格林纳达岛，这是一座位于托巴哥（Tabago）以西约 18 里格的法国岛屿。途中 16 天，船上

的人每天只能喝半品脱[1]水，历经艰辛终于达到目的地。 217

岛上的法国人登上船，除了操控船只的人员之外，洛把其他船员都藏在船舱内。对方问洛来自哪里，洛回答说来自巴巴多斯，船上淡水用尽，不得不停下来补水。可怜的法国人根本没有怀疑洛是海盗，非常乐意让他派船员上岸取水。不过法国人后来怀疑洛是走私商，打算抓住他，捞上一笔。第二天，法国人装备了一艘在罗得岛建造的大型单桅帆船，这艘船载重 70 吨，装了 4 门炮，船上约 30 名船员。起初，洛觉得这些法国人并无大碍，等到对方靠近，洛看到船上的人数之多，才察觉对方的意图，命令所有船员上甲板。当时洛的船上有大约 90 名船员和 8 门炮，法国船及船员很快被俘获，洛把这次的战利品变成了自己的私掠船。

后来，洛和同伙在西印度群岛巡航了一段时间，途中俘获了五六艘船，主要是单桅帆船。再后来，他们来到圣克鲁斯岛，又俘获了两艘单桅帆船，随后在该岛附近停泊。

这时，洛突然想到自己需要一个药品齐全的药箱，于

① 一品脱约等于 568 毫升。

是他把 4 个法国人放到他刚俘获的一艘单桅帆船上，命令他们前往距离此处 12 里格的圣托马斯，承诺如果他们能弄来药箱，就把全体法国船员和船只都放了，否则他会杀死所有船员，烧毁他们的船。那些可怜人出于对同伴的同情，也为了保全自己的利益，答应了洛的要求。不到 24 小时，4 个法国人就带着药箱回来了，随后他们和船只也如约被释放。

洛和同伙从圣克鲁斯出发，来到库拉索岛（Curacao）。他们在途中追逐两艘小艇，但对方速度比他们快，逃脱了。后来，他们沿着新西班牙的海岸航行，抵达卡塔赫纳。在卡塔赫纳与阿贝拉港之间，他们看见两艘大船，结果发现那是一艘名叫美人鱼号的战舰和一艘大型几内亚商船。
218 船。洛乘坐的是在罗得岛俘获的单桅帆船，而费林顿·斯普里格斯是纵帆船的指挥官，我也在这艘船上。他们追了那两艘船一段时间，靠近之后看到战舰的巨型炮口，掉头就跑。战舰随即追赶，很快赶上他们。老实说，这时我害怕极了，我心想自己会被抓住，而我之所以会丧命，就是因为与这帮海盗在同一艘船上。所罗门的箴言果然不假，与愚人为伴的人必将遭殃。不过，两艘海盗船发现战舰在追自己，赶紧分头逃跑，洛驶向海洋，斯普里格斯则朝着岸边驶去。战舰发现单桅帆船体积更大，船员更多，便加快速度去追，眼看就要追上了。洛的船上恰好有一名船员知道附近哪里有浅滩，他指导洛穿越浅滩，洛照做了。这时战舰离洛越来越近，船上发射的炮弹也落到了洛的船附近，结果战舰在追逐中触礁，洛和船员侥幸逃脱了。

斯普里格斯当时在纵帆船上，他看到战舰的航速很快，同伴很快就要被追上，因此担心自己也落入法网。斯普里格斯和一个同伴拿起手枪放在身边，庄严地对彼此发誓，然后喝光杯中的酒——若接下来没有逃生的机会，他们将朝彼此开枪，逃避正义的审判和绞刑。然而神的正义和人类的正义一样无情，哪怕他们自戕也无法逃脱审判的命运！

斯普里格斯驶向岸边，进入距离卡塔赫纳约 18 里格的皮克龙湾（Pickeroon Bay），脱离危险。洛的单桅帆船和纵帆船就这样分开，斯普里格斯向洪都拉斯湾驶去，在一个名叫尤蒂拉（Utilla）的小岛上锚泊，[9] 这里距离罗阿坦五六里格。接着，斯普里格斯借助前一天俘获的小型单桅帆船降下船帆，清理了纵帆船。 219

这艘海盗船在尤蒂拉停留时，我逃跑的机会出现了。因为与洛走散，人手不足，斯普里格斯决定穿越海湾驶向新英格兰沿岸，招募船员，寻找补给。为此，我们几人达成共识，准备寻找机会制服海盗头子，争取自由。纵桅船上总共有大约 22 名船员，其中 8 人参与这个计划：等船抵达新英格兰沿岸，趁其他船员酩酊大醉熟睡之时，我们将其锁在下层舱室，然后控制整艘船，再向政府投降，请求宽恕。

可天不遂人愿，我们的船从尤蒂拉启航那一天，也就是与洛分开大约 5 周后，斯普里格斯发现了一艘大型单桅帆船向我们驶来。斯普里格斯不认识这艘船，猜想它可能是一艘满载船员的西班牙私掠船。由于自己人手不足，斯普里格斯决定尽全力逃离。那艘船很快追上我们，船上的人实际上是洛。洛认识我们的纵帆船，但他以为自己和斯普里格斯分开后，纵帆船可能已经落入他人手中，于是朝我们开了一枪。斯普里格斯看到单桅帆船上人手众多（洛到洪都拉斯之后俘获了一艘单桅帆船，招募了许多水手，队伍已壮大到 100 人），而且不知道那艘船上的人是他的老伙伴，于是拒绝停船，继续逃跑，还下定决心，万一对
220 方追上我们的船，就战斗到底。两艘船几乎要撞上的时候，洛升起海盗旗，亮明自己的身份，随即海盗们在船上发出可怕的欢呼声，他们鸣枪庆祝找到了老船长和同伴，

更庆祝自己逃过一劫。这时，海盗们前往新英格兰沿海巡航的计划也告一段落。对我们国家来说，真是神的眷顾，要是我们制服那帮海盗，结果可能就糟了。

然而，对于我们这些准备奋起反抗的人来说，这是一次致命打击。虽然我们尽可能对反抗计划保密（我们几乎不敢信任彼此，总是隐晦地暗示计划的内容，不敢明说），与洛重逢之后，斯普里格斯不知通过什么途径得知我们的计划，心中充满了愤怒与仇恨。他跑到洛的船上，把我们的计划告诉洛，而且想尽办法激怒洛报复我们，要求洛杀掉我们。然而，上帝掌控着所有人的心灵，并随心所欲地引导人们——洛听了斯普里格斯的怨言，一声轻笑将此事打发了，还说如果换作是他，他也会造反。就这样，斯普里格斯的盘算落空了。

洛的幽默使我们这次幸免于难，如果他听从斯普里格斯的提议，那我们当中一些人肯定会丧命，搞不好会全部被杀。斯普里格斯喝得酩酊大醉，又回到纵帆船上，因为无法报复我们而愤怒不已。他像个疯子一样咒骂和怒吼，说我们当中 4 人应该被押到船头去处决，尤其对我说道：“阿什顿，你这个该死的家伙，你应该被吊在船头，谁叫你暗算我们！”我告诉他，我不打算伤害船上的任何人，

如果他们能让我平静离开，我会非常高兴。这事在船上闹得沸沸扬扬，好几个小时才平息，感谢上帝的恩典让我逃
221 过一劫。

第二天，洛下令所有人进入罗阿坦港，对船只进行清理。感谢上帝怜悯，我在这个地方终于从海盗手中逃脱，尽管我还需要很长时间才能重获自由，回到我的国家与朋友们团聚，正如后文所述。

罗阿坦港以及洪都拉斯湾周围全是小岛，这些小岛统称为礁岛群。我们到达这里时，洛和他的一些主要手下已经上岸，来到一个他们称之为罗亚尔港礁岛的小岛上，在那里搭建临时棚屋，尽情饮酒作乐和打斗。他们在罗得岛俘获的单桅帆船和洛从洪都拉斯湾带来的单桅帆船正在清理，纵帆船则装满了洛从洪都拉斯湾带回来的洋苏木。按照之前的约定，这船木头由一个名叫约翰·布雷兹（John Blaze）的人负责，洛还派了 4 名船员与布雷兹同行。后来，他们扬帆启航，获得自由行动的权利，至于他们接下来发生什么事情，我就不得而知了。

1723 年 3 月 9 日，星期六，桶匠准备带 6 名船员乘坐长艇前往水源地取水，他们经过纵帆船时，我叫住桶匠，问他是否要上岸，他回答说是的。我问他能否带我一起

去，他开始有些犹豫，但我坚持说自从上船以来还没上过岸，我觉得被如此拘禁非常不公，其他人有需要时却能多次上岸。最终，他让我上了船，想必他觉得在如此荒凉之地，我逃跑的可能性不大。

我当时只穿着一件粗麻布长袍和一条长裤，[10]头上戴着一顶毡帽，没有穿衬衫、鞋子或长袜，身上也没有其他东西。要是一个小时前我能预见这次机会，我肯定会准备得更充分。但我转念一想，只要能在陆地上站稳，哪怕情况再糟，我都会觉得是解脱。我下定决心，无论如何都不会再回到船上。 222

我以前恳求洛，让我乘坐他俘获后又放走的船只离开，但洛多次告诉我，在他没有回家之前，我绝不能上岸。如今逃离的机会终于来临，上帝让洛、斯普里格斯以及几乎所有指挥官都来到一个小岛旁，与罗阿坦岛不同的是，这个岛上有水源，长艇经过时，上帝给了我这个机会（这是我唯一的机会），桶匠让我上了船，并把我带到岸上，丝毫没有引起他人怀疑。

上岸时，我十分积极地把水桶从船上搬下来，划船把桶送到取水点。然后我在泉水边躺下，痛痛快快地喝了几捧凉水。过了一会儿，我慢慢沿着海滩漫步，捡起石头和贝壳，环顾四周。快要跨出他们的射程时（尽管他们没有带武器上岸），我开始朝树林边上走去。桶匠看到我，叫住我，问我打算去哪里。我告诉他，前面有几棵椰子树，我要去摘一些椰子。等我一走进树林，从他们的视线中消失，我便立刻加速奔跑，尽可能快地穿过浓密的灌木丛，虽然我光着脚，但我能跑多快就跑多快。我没有直接朝远离他们的方向逃去，而是绕到他们背后，一路狂奔到树林深处。虽然我没有跑出太远，他们大声说话时，我仍能听到他们的声音。然后我躲在一片茂密的灌木丛中，我相
223 信，哪怕他们拼命寻找，也不可能找到我。

27

William Fly

威廉·弗莱

复仇烈焰号
牙买加与波士顿
1726年

威廉·弗莱的海盗生涯同样短暂而甜蜜，更确切地说，是苦涩。他在一次叛乱之后走上海盗之路，最终被钉在波士顿港入口处尼克斯岛的绞刑架上。与许多被审判的同伴不同，弗莱坚决拒绝牧师的劝诫，不愿表达对自己一生和即将降临的灵魂诅咒的悔恨。他临终时甚至警告各位船长要善待船员，否则将面临叛乱的危险。

一个关于可怕怪物被扼杀在摇篮中的故事[1]

1726年4月的一天，一艘属于布里斯托尔某些商人的雪船在该市市民约翰·格林（John Green）的指挥下从牙买加出发，前往几内亚。水手长威廉·弗莱（William

Fly）事先与船上某些人密谋（他们声称是为了报复不公待遇），弄死船长和大副。5 月 27 日凌晨 1 点，弗莱与亚 224
历山大・米切尔（Alexander Mitchel）一起进入船舱，抓住船长并按住他的手，米切尔用刀刺了下去。接着两人把船长拖上甲板，船长意识到两人打算把自己扔下船，恳求说："主啊，求你们别把我扔下船，你们这样做，等于把我扔进地狱里。"但弗莱逼对方祈祷说："主啊，求您怜悯我的灵魂！"船长抓住主缆绳想拖延时间，[2]这两个无情的怪物用木匠的宽斧砍掉船长的手，把船长扔了下去。在此过程中，一个叫塞缪尔・科尔（Samuel Cole）的家伙协助米切尔和温思罗普抓住大副托马斯・詹金斯（Thomas Jenkins），把大副也带到甲板上，然后告诉大副，他将和船长一样的下场。他们先用宽斧砍伤大副的肩膀，然后在主桅支索前把大副扔了下去。被扔下水后，大副向医生呼救："主啊，求您给我扔根绳子。"但弗莱很快就把医生抓住锁了起来，还监禁了没跟他们一起叛乱的炮手和木匠。

两天后，弗莱和同伙遇到一艘与格林一起出发的船。那艘船向他们打招呼，询问格林船长的情况。他们回答说，"格林船长很好！随时为您效劳！"他们本来打算袭击那艘船，但商量之后决定放弃，因为他们人手不足，无法控制对方。随后，他们驶向北卡罗来纳。6 月 3 日，一艘单桅帆船在哈特拉斯角沙洲（Cape Hatteras Bar）附近锚泊，船长叫福尔克（Fulker）。这艘船的一些船员误以为弗莱需要领航员，于是登上弗莱的船（弗莱现在已成为雪船的船长）。弗莱命令福尔克上船，然后告诉对方，自己船上的人是“海上豪客”。他还告诉对方，如果对方船只的航速比雪船快，他们将带走对方的船。由于当时风向不利，海盗们没法带走对方的单桅帆船，气急败坏的弗莱发誓要烧掉对方的船，还把福尔克带到卷锚机旁边（福尔克似乎激怒了弗莱他们），[3] 狠狠地抽了一顿。由于海盗们无法将单桅帆船带出沙洲，结果船只漏水倾覆。[4] 海盗们试图放火烧船，但未能点燃，福尔克、船员以及船上乘客被弗
225 莱扣为囚犯。6 月 5 日，他们启航了。第二天，他们看到一艘由盖尔（Gale）船长指挥的船，正从巴巴多斯驶往弗吉尼亚。海盗们一路追赶，直到第二天早上才追上盖尔。他们扬起黑旗，向对方的船开了几炮。由于风向不利，盖尔投降了，船员们也被扣押。但这一次弗莱仅抢走了几张帆布、一些衣物和小型武器，并在囚禁对方两天后将其释放，同时还释放了福尔克、船上的一名乘客、一名仆人以

及格林船长的医生。

然而，他们强行扣押了一个名叫威廉·阿特金森（William Atkinson）的人。阿特金森原本是一艘双桅帆船的船长，当时福尔克的船正准备返回波士顿，阿特金森为了回家没有坐自己的船，而是登上了福尔克的船。他曾多次表示，如果海盗抓住他，他会佯装顺从，再伺机反抗。海盗们希望阿特金森做他们在新英格兰沿海的领航员，并威胁说他必须服从，否则就把他的脑袋打爆。显然，这帮海盗忘了新英格兰沿海对他们来说是多么危险！在特拉华湾外，他们遇到一艘由哈里斯指挥的单桅帆船，这艘船正从纽约驶往宾夕法尼亚，船上载有大约 50 名苏格兰－爱尔兰籍乘客。海盗们扬起黑旗，这艘船投降了。这帮恶徒将船扣留 24 小时，在上面翻找了一阵子。他们从船上强行带走一名强壮的男子——詹姆斯·本布鲁克（James Benbrook），[5] 然后放走了这艘船。后来，弗莱驶向玛莎葡萄园，假装去那里补充淡水，然后向几内亚驶去，结果领航员故意错过港口，这让弗莱非常生气。6 月 23 日，他们向东航行，遇到一艘在布朗斯浅滩（Browns Bank）捕鱼的纵帆船。海盗们扬起黑旗，威胁要击沉这艘船。渔船的船长被迫登上弗莱的船，弗莱威胁对方，除非他能告诉他们哪里能找到更好的水手，否则必须交出这艘渔船。大约中午时分，海盗们发现了另外几艘纵帆船。弗莱派出刚俘获的那艘渔船和 7 名船员去追，他本人（这时已经完全投靠以革伦之神[6]）和另外 3 个海盗留在雪船上，其中塞缪
226 尔·科尔因涉嫌叛变而被铁链锁住。留在雪船上的还有 15 名囚犯，分别是福尔克的大副、两个茶房、格林的炮手和木匠、加尔手下的 5 名船员、本布鲁克、纵帆船上的 3 个渔民以及阿特金森。就在海盗们去追捕其他船只的时候，几艘渔船出现在他们视野中。阿特金森把情况告诉弗莱，弗莱放下手中佩剑和两支上了膛的枪，坐在绞盘上通过望远镜观察。这时，本布鲁克和沃克（曾是福尔克的大副）在阿特金森的指示下抓住弗莱，用铁链铐住。阿特金森打倒了另一个海盗，又在木匠的帮助下迅速控制了其他两个海盗。就这样，他们夺取了雪船。其余囚犯在此期间未采取行动，因为他们事先不知道这个解救计划。

6 月 28 日，这些原本被弗莱扣押的船员抓住了弗莱和同伙，也就是曾经俘虏他们的人，看来邪恶终究压不倒正义。

根据国会通过的法案，当局设立了特别海事法庭审判这帮海盗，首席法官是尊敬的威廉·达默（William

Dummer）先生，他是马萨诸塞的副总督及指挥官。4 名海盗很快接受审判，在证据充分的情况下，于 7 月 3 日被判处死刑：年纪轻轻就出人头地的海盗船长威廉 · 弗莱，约 27 岁；亨利 · 格林维尔（Henry Greenville），约 47 岁，已婚；塞缪尔 · 科尔，约 37 岁，已婚，有 7 个孩子；乔治 · 康迪克（George Condick），20 岁。

他们现在被关在一个地方，许多虔诚的基督徒为他们祈祷，愿他们的肉体死去时，灵魂得到拯救，这座城市的牧师们也尽量劝导他们归于上帝。 227

牧师与海盗的会谈，7 月 6 日

牧师：在你们犯下的累累罪行之中，有一条最可怕的罪状，那就是你们被控犯下了谋杀罪。一声血的呼喊正冲向天际，控诉着你们的罪行。

海盗：[在极度困惑和不安的状态下] 弗莱说："我不能说自己犯了谋杀罪。我没有打伤船长或大副！是米切尔干的！"

其他人说：无论是米切尔干的，还是弗莱干的，确实发生了谋杀，而且我们都有份。这是我们必须思考的、最可怕的事情。

牧师：弗莱，我对你的愚蠢感到惊讶。我无法理解你，我相信你自己也不理解自己，等下次我再和你讨论。

弗莱：真奇怪，别人居然比我更了解我自己。有人在做伪证，指控我犯下谋杀罪。

牧师：我已经用简短的话语向你概括了事情的要点。我希望你在我离开后能认真思考。若你能在我离开后思考一下你的人生道路，一次交谈便已足够。

此时，我只想补充一句话。如果你的悔改能让你得到救赎，这种悔改将在你的心态上表现出来，这种心态恰恰与导致你走上犯罪之路的心态相反。我将通过两个例子来说明。

首先，促使你们犯下抢劫和海盗罪的，是对世俗财物过度、不理性的渴望。如果你们忏悔，你们将能够承受上帝为你们安排的任何困境与困难。你们会宁愿忍受贫穷和各种困难，也不愿为获得世俗之物而犯罪或做任何不合法的事情。在这一点上，你们的感受如何？

弗莱：可以肯定的是，我对这个世界没什么期待了。

228 **其他人：**我们希望自己再也不会像以前那样。

牧师：其次，促使你们犯下谋杀、抢劫和海盗罪行的，是对你们兄弟的仇恨，这种仇恨到了极端的地步。这是一种彻底的仇恨，如果你们忏悔，你们的心灵将充满善意，对人的善意将使你们的心灵变得温暖，你们将真诚地爱自己的同伴，愿意为每个人的福祉祈愿，前提是这种福祉符合公共安全。

现在，我还想问一下，你们的感受如何？你们的心态如何？弗莱，我想特别问问你，在这个世界上，有没有你不想祝福的人？

弗莱：有一个人，我不想也不能祝福他！说谎是没有意义的。如果我说我原谅了那个男人，而且祝他好，那我就是在违背良心，罪上加罪。

牧师：可怜的人啊，你正在罪上加罪。对邻居心存怨恨，或者无法祝福他人，尽管这不是谎言，但也是和谎言一样严重的罪。忏悔者必须撇开所有的罪，才能找到怜悯，获得安慰。如果你不原谅别人，你就无法获得原谅。

弗莱：我确实是这样做的！尽管如此，我还是不能原谅那个人。惩罚他吧！我不想死的时候还说谎，这样做没有意义。

第二次会谈，7月9日

牧师：弗莱，我希望你现在的状态比上一次要好。

弗莱：我还是原来的样子。

牧师：对此我感到遗憾。怎么？你的心还没有被打动，将怨恨清除吗？你不能在死去的时候祝福每一个人吗？

弗莱：这样做有什么用，伪装是没有意义的。不，我
229 做不到。有些人我无法原谅。

牧师：但你必须这样做，你可以做到。

弗莱：但我做不到。我不愿意带着谎言离开这个世界。

牧师：你犯下了多么可怕的罪行！你在胡说八道什么！你还要带着心里这些不好的东西离开这个世界，你心中谋杀的念头还没消除。那么，我想问你，你对政府有什么看法？

弗莱：上帝会按他们应得的回报他们。

牧师：那我们还是谈别的吧。我希望看到你有所悔改。你犯下了谋杀罪，残酷而血腥的谋杀！

弗莱：我不能指控自己，我不会承认自己犯有任何谋杀罪。我们的船长和大副对我们极其残暴，我们这些可怜人却无法获得公正。无论他们怎样虐待我们，像狗一样对待我们，指挥官都不会受到惩罚。但是可怜的水手——

牧师：这与澄清你被指控的可怕谋杀有什么关系？

弗莱：我从未打过任何一个人！

牧师：你按住船长的手，米切尔打了他。

弗莱：不，那是为了让他不被打。

牧师：你把船长拖出舱外，把他扔了下去！ 230

在船上策划这次谋反的是谁？而且你们提前一两天就开始策划了。你们抓住船长和大副，打算做什么？为什么你们把米切尔和他的宽斧带进舱内？是谁把船长和副手扔下船的？

如果米切尔是唯一的杀人犯，为什么你们不抓住他，让他接受审判？在你们的精心计划中，除了上述谋杀行为，是否还有其他谋杀行为？海盗活动本身就伴随着谋杀，无论你们在进行海盗活动时采取的是什么做法，你们都与谋杀脱不了关系。

那位船长呢？他死去的时候，谁为他的灵魂祷告？我希望你们现在认识到，你们应该做好精神方面的准备工作。

行刑

星期二是这些犯下恶行之人的行刑日。4人中有一人，即康迪克获得缓刑。至于弗莱，他保持着自始至终的顽固和愚昧，是一个极为罕见且令人震惊的例子。他让众人明白，如果邪恶之人在持续犯下恶行的过程中违背警告，激怒上帝，导致上帝撤回对他们的引导和恩典，这些罪恶者将会落得怎样可悲的下场。弗莱刚被监禁时表现得非常愤怒和狂躁，他口中不断迸出诅咒和亵渎之词，言辞恶毒丑陋得无法言说。而且他在生命的最后一段时间里，几乎陷入绝食状态，只靠一点水维持生命。弗莱也拒绝在主日与其他囚犯一起出现在公众集会上接受恩典，因为他说不想被人群盯着。他似乎一直渴望听到人们说，他临死前是个
231 勇敢的人。他手持着花束走向刑场，不时与旁人打招呼，然后迅速登上刑台，试图摆出微笑的表情。他还责备刽子手不懂行刑技巧，并亲自调整刑具，确保行刑过程更加迅速。

当别人要求弗莱在这个悲惨的场合说几句话，至少是为了给幸存者提供警示时，他只说了一句："我建议船长们好好对待船员，以免他们像我一样作出错误的选择。"

与此同时，弗莱坚决拒绝原谅那个把他绳之以法的人。当人们迫切地劝他表现出宽容之心，甚至引用囚犯们在临刑时常用的主祷文来劝说他，但他依然固执己见，态

度冷漠，他临终前的最后一句话也体现了他的冷酷和顽固。然而，一些目击者发现，弗莱的勇敢是装出来的，他的手和膝盖颤抖得厉害。不管怎样，我们必须让他面临即将到来的审判。

另外两人，即科尔和格林维尔，表现出更明显的悔恨。他们不停地祈祷，看起来情绪非常激动。他们希望旁观者以他们为戒，他们还说，亵渎、诅咒、酗酒和破坏安息日是特别令人痛心的罪行。他们支持法庭的决定，认为
他们现在所受的惩罚是公正的。232

一位在场的牧师做了一次切题且感人的祷告，负责执行处决的官员希望尽可能为囚犯着想，过了一段时间，问他们是否希望再进行一次祷告。弗莱没有接受提议，而是说：“如果那两人愿意的话，那我没话说！”另外两人希望再祷告一次，于是另一位牧师做了同样的祷告，之后第三位牧师又做了一次祷告，两个囚犯都非常专心地聆听（弗莱却心不在焉地四处张望）。

随后行刑结束，弗莱的尸体被铁链吊起来，挂在波士
顿港入口处的一座小岛上。233

28

Fanny Campbell

范妮 · 坎贝尔

马萨诸塞林恩与古巴
1775 年

尽管范妮·坎贝尔的故事发生在从马萨诸塞林恩到古巴的冒险旅程中，而且她声名远播，以至于19世纪的好几十年里，她的面孔经常出现在贝雕上，但这位女海盗船长的形象其实是虚构的。她是一本畅销小说的女主角，该小说于1844年出版，作者使用的笔名是“默里中尉”（Lieutenant Murray），这是马图林·默里·巴卢（Maturin Murray Ballou）的化名。[1] 为了救出被海盗囚禁的爱人，书中的范妮女扮男装，成为一名高尚的、为美国革命事业服务的私掠船船长。正如许多海盗故事一样，范妮的故事也充满了真实与虚构相互交织的情节，据说还激励了一位名叫萨拉·艾玛·埃德蒙兹（Sarah Emma Edmonds）的女性。埃德蒙兹女扮男装参加美国内战，为联邦军而战。19

世纪 70 年代，一位名叫莫德·巴克利（Maud Buckley）的船长妻子获得船长执照，驾驶一艘 3 桅帆船在密歇根湖上航行，并将船命名为范妮坎贝尔号。 234

以下节选了小说中对范妮·坎贝尔故事的描写。

虽然范妮有着深棕色的皮肤，但她英俊的脸庞依然红润。女性露出纯洁的羞涩时，似乎是最迷人的。范妮的羞涩就像一道彩虹，表明她的心灵没有受到世间邪恶与苦涩的污染。

“我能穿着这些衣服直到航程结束吗？”范妮问。

“你不需要向我寻求特殊待遇，”洛弗尔（Lovell）说，“你仍然是这艘船的船长和指挥官，我希望你继续保持这个身份。”

“我也这样认为，在抵达港口之前，最好继续保持伪装，实际上这样做也是绝对必要的。”

“确实如此。”洛弗尔说，“但告诉我，范妮，你如何做到在这种紧急情况下展现出如此非凡的智慧？坦白说，你驾驶这艘双桅帆船的能力，以及你对这些暴躁的船员的管理，和我多年的经验没什么差别。”

“我来告诉你，威廉。你离家后不久，我的心便已投向大海，我几乎整个航海季节都会和我父亲一起出海，直到完全掌握这艘纵帆船的操作，你还记得它的船型吧，有点像双桅横帆船。出于对大海的热爱，我还阅读了能找到的所有航海书籍，因为我知道你在海上，但即便是幻想时刻，我也没想到这些知识竟然能像现在这样派上用场。我们亲爱的朋友，波士顿的李文斯顿（Livingston）牧师，我向他学习了实用的航海技能，你知道他曾当过多年海员。从那时起，经验和好运就成了我的得力助手。”

“你真是一个非常聪明的学生。”

“倒不如说我虚心好学，威廉。”

“你二者兼有，确实如此。”

“你还是那么固执，”范妮调皮地说。

“但为什么你这四天都瞒着我？”

“我大部分时间都待在下面，这样你在船上可以自由自在活动，直到你发现是你的范妮救了你，再说我还有船员们慷慨积极的支持。我这样做是出于多方面考虑，而且这样做我感到更开心。现在我会像以前一样来到甲板上，你会看到这些船员是多么能干，多么乐于助人。你信吗？威廉。我真的相信他们敬重我，尽管我有时对他们表现得
235 很严厉。”说到这里，范妮做了一个尽可能凶狠的表情。

“他们怎么能不敬重你呢，范妮。”洛弗尔说道，深情地把她拥入怀中，轻轻吻了吻她的嘴唇。

“好了，够了，”范妮温柔地挣脱男人的怀抱，“威廉，在甲板上，在众人面前，你必须保持一贯的尊重和距离，不要大意，否则船上可能会再次发生叛乱；记得叫我船长，不要忘了。”

“我会记住的，相信我。”

然后，两人一起走向后甲板，洛弗尔对这位指挥官表现出一贯的尊重。

“发现船只！”瞭望员带着海员特有的拖音喊道。

“哪个方向？”船长立刻问道。

威廉·洛弗尔掩饰不住自己的紧张，因为他担心范妮会露出马脚。现在他知道了她的伪装，他害怕这个秘密随时被揭穿。但范妮无可挑剔，她在所有航海术语的细节方面都做得完美无缺。

“在船首右侧两个罗经点的位置。”瞭望员回答道。

范妮拿起望远镜，冷静地观察了那艘陌生的船好几分钟。

“是英国船。”范妮对洛弗尔说，她指的是那艘陌生的船。

“我也看出来了。”洛弗尔回答道。

“现在就看我们是逃跑还是战斗，”钱宁船长（因为她依然是船员眼中的钱宁船长，我们还是继续叫她船长）说道，“要是那艘船速度很快，康斯坦斯号就无法利用顶帆来追赶。”

两艘船迅速接近，范妮很快发现对方是一艘约 500 吨的英国船，比康斯坦斯号大得多。而且范妮还发现那是一艘战舰，因为对方的船头突然冒出一团烟雾，接着水面传来沉闷的炮声，一直传到范妮的双桅横帆船上。

“给他们看那面松树旗，洛弗尔先生，他们看到旗帜就明白了。”[2]

236 “是，船长。”大副立刻遵从命令。

但是，当殖民地议会的旗帜刚刚升起，在风中展开，另一声炮响从那艘船上传来，一颗炮弹远远落在双桅横帆船和护航舰的前方，在海面上溅起一阵水花，随后沉入深海。

船长和大副低声商量了几分钟，接着船长转向船员，面带充满斗志的神情说道：

“清理长炮，准备战斗！”

十几名船员立即执行命令，大副很快站到大炮旁边监督，但在这之前，他低声劝范妮离开甲板，到下面去避一避。

“什么！躲到下面去？”范妮说，“不，不，我以前见过这种场面。”

“说得好，”范妮下令清理大炮时，特伦斯·穆尼（Terrence Moony）说道，“只要看到英国的十字旗，我能打上一整天，连饭都不用吃。没错，傻小子们！”他一边说着，一边脱下上衣和裤子，准备去操作大炮。 237

29

Jose “Gasparilla” Gaspar

何塞·加斯帕（绰号：加斯帕里拉）

佛罗里达
1782 年

企鹅海盗史

自从佛罗里达州坦帕市 1904 年开始举办“加斯帕里拉海盗节”以来，这座城市一直在纪念这位传说中的海盗——加斯帕，他在 18 世纪末 19 世纪初袭击了墨西哥湾一带的许多船只。关于加斯帕里拉的记载有些模糊，日期和地点都缺乏可信度，且充斥着淫乱、西班牙王室、模糊不清的船名等元素。[1] 然而，加斯帕确实存在。他曲折的一生大约于 1820 年结束，当时许多有志成为海盗的人从拉丁美洲刚刚独立或起义的西班牙殖民地取得所谓的合法授权，加斯帕就是其中一员。他声称受乌拉圭委任，驾驶朱庇特号从英属西印度群岛的圣巴泰勒米岛（Saint-Barthélemy）出发，于 8 月 19 日劫掠了一艘名叫奥尔良号的美国船。[2] 同年 10 月，美国海军格兰普斯号结束了加斯帕的海盗生涯，但他在海上的活动见证了真实海盗历史与传说相互交织的时刻。238

加斯帕的全名是何塞·加斯帕（“加斯帕里拉”意为亡命之徒），他在西班牙宫廷中享有很高的地位，以至于能偷走王冠上的珠宝。此外，他还是西班牙海军高级军官，根据某些记录，加斯帕的军衔相当于现代人口中的“海军上将”。盗窃行为被发现后，加斯帕抛弃妻儿，召集一帮亡命之徒，盗走西班牙舰队的旗舰逃跑了。此事发生在1782年，西班牙政府悬赏捉拿他，据说加斯帕得知消息后，发誓将永远报复所有西班牙人，并开始袭击和摧毁西班牙商船。

当时，墨西哥湾是海盗船队的聚集地，加斯帕在夏洛特港定居，并在今天被称为海龟湾的岸边建造了12座房屋，用于关押女性俘虏，而所有男性俘虏都在被俘时被处决。这些建筑由棕榈木建成，呈半圆形排列，靠近水边。

几年前，人们在距此约100码的地方发现加斯帕的埋葬地，其中不仅有他手下士兵的遗骸，还有被他杀害的女性俘虏的骸骨。当这些阴森的遗骸被发现时，许多令人动容的故事也随之浮现——勇敢强壮的男子战死沙场，女性为捍卫自己的尊严而死，其中甚至还能找到一些贵族留下的痕迹。尽管这些只是传说，但我们稍后会提到潘瑟岛约翰·戈麦斯（John Gomez）讲述的“西班牙小公主”的故事。

靠近海龟湾的是一个叫卡约佩里恩（Cayopelean）的小岛。[3]这座岛上曾矗立着一座高达 50 英尺、底部周长 400 英尺的坟冢，据说这座坟冢是史前种族“土丘建筑者”在几百年前修建的。[4]挖掘这个土丘之后，人们发现了黄金和白银饰品，连同数百具人类骸骨。加斯帕在土丘顶上建了一座瞭望塔，塔上站着一位面目冷峻的哨兵，哨兵总是
239 望着墨西哥湾温暖平静的海面，寻找下一个目标。

今天的加斯帕里拉岛是加斯帕以自己的名字命名的。俘获战利品之后，他会挑选最有价值的东西，并选择夏洛特湾最好的岛屿作为藏身处。据说，加斯帕被称为“海盗之王”，他在加斯帕里拉岛上的住所装修得像王宫一样豪华。

一些作家曾说，加斯帕加入了法国著名海盗皮埃尔·拉菲特（Pierre LaFitte）的队伍，[5]而另一些权威人士则表示，是拉菲特加入加斯帕的团伙，还带来了一艘船和 30 名手下。

1900 年人口普查时，两位绅士曾在潘瑟岛停留，[6]与

约翰·戈麦斯共度一晚。当时这位老海盗的生命已近尾声，但那一夜，他讲述了一个令人难以置信的海盗故事。他先是回忆了自己掠夺船只和屠杀无辜者的经历，最后，生命即将结束时，他讲述了“西班牙小公主”的故事，虽然他已不记得她的名字。他说出埋葬公主遗体的地方，并指导听故事的人画出草图。近年来，根据这个老海盗描述的地点，人们确实发现了一具被斩首的女性骸骨。他讲述的故事是这样的：

1801 年初，一位西班牙公主坐船前往墨西哥，排场十分豪华。到目的地之后，公主受到墨西哥统治者的盛情款待，为表达对墨西哥人民的感谢，她请求当地贵族允许她带走墨西哥最美的 11 位少女，让她们回西班牙学习礼仪。据说船上载有大量黄金，均用铜箱装载。公主乘坐的船行驶到离现在的博卡格兰德（Boca Grande）约 40 英里时遭到加斯帕袭击，他杀死船员，夺走黄金，并将公主和 11 名墨西哥少女劫为俘虏。后来，他将公主留下，其他少女分给了手下。西班牙小公主拒绝委身于这个曾受国王宠爱的海盗，加斯帕发誓，如果她不愿回应他的感情，就会被斩首。最后，加斯帕的威胁变成了现实。在远离故土的热带小岛上，这位小公主独自长眠在加斯帕为她准备的孤坟

之中。夜幕降临，夜莺在暮色中吟唱，月光投下温柔的阴
240 影，守护着这位长眠于此的王族。

加斯帕的船员讲述了很多关于这位海盗头目的传奇经历，包括他的性格、习惯和激情。据说他举止优雅，非常钟爱时尚服饰；他在战斗中无所畏惧，但残忍无情。他对女性有着狂热的偏执，他的房子里总是关满了俘虏。据说，加斯帕十分看重美貌。他会将长得漂亮的俘虏留给自己，但由于性情多变，每当有了新欢，他就会杀掉一个旧爱，为新欢腾空间。毋庸置疑，加斯帕的墓地体现了这个残酷事实的真实一面。

1819 年，美国通过 1803 年《路易斯安那购地案》获得墨西哥湾沿岸各州，开始对这些劫匪团伙发起战争。海盗们聚集在萨尼贝尔岛（Sanibel Island）[7] 举行了一次会议，除了加斯帕、贝克尔、凯撒和老约翰，其他人纷纷扬帆离开小岛，再也没有消息。

差不多两年后，由于美国对海盗的打击日趋严厉，加斯帕和船员决定平分财富，弃恶从良，用老实人的身份度过余生。据估算，他们的财产价值 3000 万美元，海盗们为分赃和新生活做出了计划。

1822 年春，加斯帕忙着将藏在 6 个不同地方的赃物

集中起来，准备分赃。这时，他看见博卡格兰德海峡附近似乎停泊着一艘大型英国商船。想到海盗生涯结束前还能捞上一笔，加斯帕的眼中闪烁着贪婪的光。他沿着墨西哥湾海岸线悄悄进入夏洛特港，通过现在被称为小加斯帕里拉通道的地方绕到加斯帕里拉岛，将船员召集起来。当加斯帕说出自己的计划时，船员们非常兴奋。80 人的团伙分成两队，他和拉菲特各指挥 35 人，留下 10 人看守营地。 241
下午 4 点左右，加斯帕里拉和手下冲向英国船，快速追赶着逃跑的船只，他们扬起黑旗，同时准备好抓钩。突然，英国旗降下，星条旗升起。顷刻间，战舰上的大炮显露出来，加斯帕意识到自己中了圈套，试图逃跑。然而，他的船被战舰炮火击毁，眼看无法逃脱，他将一条锚链缠在腰间，跳入海中。加斯帕去世时约 65 岁，他的船员被吊死在桁端，只有一名茶房和负责看守俘虏的 10 人逃到陆地上，潘瑟岛老约翰就是其中之一。茶房被带到新奥尔良，在那里坐了 10 年牢。 242

The Nineteenth Century

第三部分

海盗的消退（19 世纪）

30

First Barbary War

第一次巴巴里战争

阿尔及利亚、突尼斯、的黎波里
1801 年—1805 年

什么样的“海盗”不算“海盗”？从某种程度上而言，第一次巴巴里战争是刚成立的美国面临的首个国际事件，其中“海盗”一词被用来为军事行动辩护。然而，如果我们将海盗定义为试图谋取个人财富的非法独立行动者，则巴巴里海盗并不完全符合这个定义。1785 年，时任国务卿托马斯·杰斐逊收到一封言辞悲痛的信，这封信来自水手理查德·奥布赖恩（Richard O’Brien，他的名字在信中有多种拼写方式），信中描述了他的船被阿尔及利亚袭击者劫持，船员们被奴役的事情。奥布赖恩恳请杰斐逊出面斡旋，然而，巴巴里海盗听命于巴巴里海岸领主的指示，这些领主要求所有希望在地中海开展贸易的欧洲和美国船只纳贡。这种做法与一个成立仅 10 年的国家主要通过征收港口税来维持收入有何本质区别？这些总督扣留俘虏是为了迫使他人缴纳贡金，维持他们作为军事首领的影响力和控制权。杰斐逊曾与内阁成员通信，对奥布赖恩信中 245
所述之事表示怀疑——毕竟，囚犯在阿尔及利亚的烈日下被囚禁，仅靠一张毯子度日，每天被迫把岩石敲碎，只能靠稀粥、压碎的橄榄和醋充饥，竟然还能有纸笔和闲暇时间给托马斯·杰斐逊写信？但奥布赖恩的描述是真实的。他的信完成了两个使命，一是促进巴巴里海岸城邦与新成立的美国达成有利协议，一是为美国提供组建海军的正当理由，而这支海军会在即将到来的美英战争中派上用场。

当然，水手们向托马斯·杰斐逊求助实在有几分苦涩的讽刺，毕竟杰斐逊是奴隶主。

理查德·奥布赖恩[1]

1785 年 8 月 24 日

于阿尔及尔

尊敬的阁下：

我们是美利坚合众国公民，不幸于 7 月 24 日和 7 月 30 日在葡萄牙海岸被阿尔及尔人俘虏，之后被带到这个港口，现已成为奴隶，被送入劳工所服役。我们的遭遇难以言表，亦超出您的想象。希望阁下能代表我们向国会陈述我们的苦情，让他们采取措施，尽快将我们赎回。希望阁下能体谅我们的处境，为不幸的受难者提供一些援助，直到我们被赎回。我们的衣物被夺走，每天仅靠两块小面包度日，没有其他生活必需品。英国领事查尔斯·洛吉（Charles Logie）先生看到我们的惨状后，将我们 3 位船长从劳工所救出，并向阿尔及尔君主——“残暴之王”提
246 供了担保。如果不立即提供救助，我的船员必将饿死。所有基督教国家的臣民若落入这些野蛮人手中，通常在赎回前都会获得一些生活保障。如果您能写信给派驻此地的领事洛吉先生，我将不胜感激。

船名：海豚号大船，船长：理查德·奥布赖恩，隶属费城马修与托马斯欧文公司，航程：圣尤贝斯至费城，7 月 30 日被俘，仅出海 2 天。

船名：玛丽亚号纵帆船，船长：艾萨克·史蒂文斯，航程：波士顿至加的斯，隶属波士顿威廉福斯特公司，7 月 24 日被俘，仅出海 26 天。

本港的巡洋舰正以最快速度装备，我认为阿尔及尔海盗将袭击我们驶往欧洲的大部分船只。他们将在欧洲西部群岛以北和英吉利海峡附近巡航，因此我们越早制止他们

越好，因为他们会根据掠夺的战利品数量来确定赎金。西班牙已与他们达成协议，其他欧洲国家只能效仿。我希望我们赶在其他国家之前采取行动，他们现在已经与某些国家开战。

谨致敬意，

您忠实的仆人及请愿人

理查德·奥布赖恩

致美利坚合众国驻巴黎全权公使

信尾由未知人士背书

关于美国俘虏在阿尔及尔的报告[2]

国务卿审查美国公民被阿尔及尔囚禁的情况后，向美国总统作出以下报告。

最近一次会议上，众议院将被俘公民的请愿书交由国务卿处理，当时众议院仍抱有一丝希望，即通过保密方式采取的某些救赎措施可能奏效。 247

然而，国会休会期间收到的消息大大削弱了这种希望，因此现在有必要向总统提交报告，详细说明国会在总统上任前后为解救这些受难公民所采取的全部救援措施，以便总统决定下一步行动。

1785 年 7 月 25 日，波士顿福斯特先生的玛丽亚号纵帆船在圣文森特角附近被阿尔及尔海盗船俘获；5 天后，费城欧文公司海豚号船长奥布赖恩的船只在里斯本以西约 50 里格处被另一艘阿尔及尔海盗船俘获。两艘船连同货物和 21 名船员被带到阿尔及尔。

国会此前曾授权全权大使与巴巴里沿岸政权签订友好与贸易条约，并准备派遣特使。为此，美国正式任命了一位特使前往阿尔及尔，甚至准备了具体行动指示，接着全权大使收到公民被俘的消息。尽管赎回俘虏一事并未列入他们委任书的议题之列，因为当时此事尚未发生，但他们认为有义务为赎回这些俘虏的谈判做准备，并担心如果等候国会下达指示，俘虏可能会被分散卖到偏远的非洲内陆。他们向特派员增加了一条补充指示，要求特派员谈判俘虏赎回事宜。但在没有正式授权的情况下行事，他们
248 认为有必要限制赎金数额，以免遭到国会反对。为此，他们提出的赎金限制为每人不超过 200 美元，这比法国马图林兄弟会之前为 300 名法国俘虏支付的赎金略低（马图林兄弟会是古老的法国宗教团体，专门从非基督教国家赎回

基督徒）。特派员到达阿尔及尔后，阿尔及尔总督略有让步，要求为21名俘虏支付59496美元。特派员于1786年返回，未能达成和平或赎回协议。1787年初，美国驻巴黎全权公使与马图林兄弟会的负责人进行会晤，目的是请该组织的负责人出面谈判美国公民赎回事宜，费用由美国承担。那位负责人慷慨表示愿意提供一切可能的帮助，他表示自己在阿尔及尔有代理人，专门从事寻找并赎回本国俘虏的工作，这些代理人将以同样的热情和忠诚来处理美国公民的赎回事务，而且他们不收取任何服务费。他只是希望美国方面能准备好赎金，以便覆盖赎回工作涉及的费用。那位负责人还补充说，他们最近一次支付的赎金已接近每人2500里弗（Livre）[①]，他无法保证赎回美国俘虏的费用低于法国俘虏，因为赎回俘虏本来是非常规操作，海盗们可能会利用这一点抬高要价。

此提议于1787年2月递交国会，并于同年9月19日获得批准。美国驻巴黎全权公使收到指示，接受马图林兄弟会负责人的提议。之后，公使立即将此消息告知马图林兄弟会负责人，同时指出，对方在资金到位前不宜作出任

① 里弗是法国旧时货币单位。

249 何承诺。那位负责人希望整个行动能严格保密，如果那些野蛮人发现他们在为美国服务，将提出高昂的赎金要求，即使获得美国方面的同意，他也不能支付该笔赎金，因为这样会影响他们以后的交易。那位负责人还表示，他从驻阿尔及尔的代理人处获悉，美方俘虏每日的生活补贴较丰厚，明显看得出来这笔钱来自公共资金。他建议停止补贴，由其代理人提供与法国俘虏一样的补贴，虽然这些俘虏得到的比以前要少，但足以满足基本生活需求，而且这样看上去俘虏的生活由马图林兄弟会资助，赎回行动会更加顺利。

这些建议是马图林兄弟会由于担心抬高赎金价格而提出的，得到了全权公使的认可，因为这是美国首次赎回俘虏，将成为先例。若美国方面高价赎回俘虏，可能会导致那帮海盗只追捕美国人，相反，若赎金定得低，则有助于避免这种情况。

因此，为了消除海盗对美国赎回俘虏的期望，西班牙驻阿尔及尔领事先前为我们俘虏提供的生活费账单未获支付。美国方面给出暗示，最好停止这种援助，因为不确定对方能否得到补偿。我们甚至有必要采取进一步措施，让俘虏本人及其家人在一段时间内相信，政府并未关注整个事件，也未理会他们的信件，他们如今确实持这种看法。将真相告诉俘虏并不安全，他们一旦泄露秘密，赎回可能将无法实现，因为海盗会提高赎金要求，将来若有美国水手被俘，我们将无法支付如此高昂的赎金。这是最为艰难的决定，俘虏们因此发出最令人痛心的指责。 250

一年后，资金存入巴黎，谈判真正开始。与此同时，马图林兄弟会负责人从阿尔及尔获悉赎金价格发生显著变化。过去两三年，西班牙人、那不勒斯人和俄罗斯人以高价赎回俘虏，导致奴隶稀缺，几乎任何俘虏都不再出售。然而，马图林兄弟会负责人仍决心尽力而为，他获得授权为每个俘虏支付 3000 里弗或 550 美元。这位负责人立即致信他在马赛的一个可靠代理人商讨最佳赎回方式，并收到回复。

众议院在上次会议将阿尔及尔俘虏的请愿书交由国务卿时，我们尚未收到关于谈判进展或前景的进一步消息。之前的叙述表明，若当时公开报告，可能会破坏仍然存在的某些希望。然而，根据美国驻巴黎临时负责人的消息，尽管这些措施的希望尚未破灭，但不应寄予厚望。除了先前担心的高额赎金外，法国近来将神职人员的土地和收入收归国有，撤回了马图林兄弟会继续进行赎回工作所需的资金。因此，我们目前应寻求更有希望的途径，同时继续保持通过马图林兄弟会赎回俘虏的可能性。经过长时间的情报收集，国务卿掌握了阿尔及尔方面可能提出的赎金要求以及其他国家实际支付的赎金情况，现就收集的原始文
251 件和他人提供的信息亲自向总统作简要报告。

此处不讨论马图林兄弟会的赎金，因其情况特殊，赎金远低于一般水平。

1786 年，阿尔及尔总督要求我方代理人为 21 名俘虏支付 59496 美元赎金，平均每人约为 2833 美元。代理人自认为能以每人 1200 美元的价格赎回。与此同时，代理人秘书告诉我们，西班牙支付的赎金为每人 1600 美元。

1787 年，俄罗斯以每人 1546 美元的价格赎回俘虏。

1788 年，阿尔及尔一位知情居民向美国驻巴黎全权公使保证，自西班牙与海盗国家签订条约以来，没有任何国家以低于 250—300 英镑的价格赎回俘虏，取中间值折合约 1237 美元。奥布赖恩船长在同一时间认为我们可能不得不支付 1800 美元，并提到一位萨沃伊船长刚刚以 4074 美元的价格赎回。

1789 年，英国驻阿尔及尔领事洛吉先生告知一位希望赎回我们普通水手的人，赎金从 450 到 500 英镑不等，平

均为 2137 美元。同年 12 月，奥布赖恩船长认为我们现在需要为每人支付 2920 美元，尽管一位犹太商人认为他能以 2264 美元的价格赎回。

1790 年 7 月 9 日，直布罗陀的辛普森先生应某些特别要求，费力查明了我们的俘虏能以多少价格赎回，他发现 14 人将花费 34792.7368 美元，相当于每人约 2485 美元。与此同时，其中一位苏格兰男孩（普通水手），实际上已以 8000 里弗（约合 1481 美元）的价格赎回，与辛普森所说的普通水手赎金相差不到 19 美元。美国驻巴黎临时负责人被告知，所有俘虏可按此价格赎回，由于船长的赎金比普通水手高 50%，因此平均每人的赎金为 1571 美元。 252

由此可以看出，赎金的价格在 1200 美元、1237 美元、1481 美元、1546 美元、1571 美元、1600 美元、1800 美元、2137 美元、2264 美元、2485 美元、2833 美元和 2920 美元之间波动，不包括为船长支付的 4047 美元。

1786 年，阿尔及尔共 2200 名俘虏。1789 年，因死亡或赎回减少到 655 名。其中我们的 6 名水手已去世，一名由朋友赎回。

结合这些事实和意见，可以对我们公民重获自由的条件做出一些推测。

然而，若通过武力压制更合适，我们或许可以考虑另一种解救方案，即对敌人进行抓捕，俘虏阿尔及尔方面的一些海员，用交换代替赎金。事实上，交换俘虏并非阿尔及尔方面的惯例，他们通常拒绝此类交换。然而，某些情况下，交换仍有可能实现，例如给予他们更多好处。有时他们接受用两个摩尔人换一个基督徒，有时却拒绝用五六个摩尔人换一个基督徒。也许他们更偏爱土耳其俘虏，因为他们的政府完全由土耳其人掌控，因此土耳其人被视为更优越的阶层。此外，对我们而言，交换可能更具可行性，因为我们的俘虏并未被卖给私人，而是被政府扣押。

我们公民的解救与我们在地中海的商业自由密切相关，这一问题目前正由国会审议。两者的困境源于同一原因，针对其中一个问题采取的措施可能有助于解决全部问题。

国务卿托马斯·杰斐逊

1790 年 12 月 28 日

附文是 1790 年 7 月 9 日辛普森提供的被阿尔及尔扣押的美国囚犯名单以及阿尔及尔方面开出的赎金金额，内
253 容如下：

1785 年 7 月 30 日被俘的海豚号船员名单

理查德・奥布赖恩	船长	赎金要求	2000
安德鲁・蒙哥马利	大副		1500
雅各布・特桑尼尔	法国乘客		2000
威廉・帕特森	水手（经营酒馆）		1500
菲利普・斯隆	水手		725
佩利格・洛林	水手		725
约翰・罗伯逊	水手		725
詹姆斯・霍尔	水手		725

1785 年 7 月 25 日被俘的玛丽号纵帆船船员名单

艾萨克・斯蒂芬斯	船长	2000
亚历山大・福赛斯	大副	1500
詹姆斯・卡思卡特	水手（经营酒馆）	900
乔治・史密斯	水手（与王室有关）	725
约翰・格雷戈里	水手	725
詹姆斯・赫米特	水手	725

共计 16475 阿尔及尔塞昆。

税金为上述金额的 10%，即 1647.5 塞昆。

为总督府及摄政政府官员提供的各种奖励，每人 28.5 塞昆，合计 240.125 塞昆。

总计：34792.736 墨西哥元，莫组纳（Mozuna）与塞
254 昆的兑换比例为 38∶1，合计 18362.833 塞昆。

斯特雷特海战[3]

站好岗位，各位勇士，
保持沉默，不要言语，
临危不惧，胜利在即，
一言不发，做好准备。
清洁炮管，装好炮弹，
瞄准目标，一发命中，
大炮轰鸣，敌人丧钟，
稳住，兄弟们，稳住。
且再观望，不要开火——
勇敢的斯特雷特一声令下——开火！
击沉的黎波里摩尔人，
战士们纷纷惊讶不已。

千炮齐发，兄弟们，
看那血液如紫色潮水，
顺着破损的船身流下；
命运的子弹朝她飞去，
战啊，不成功便成仁，
坚决捍卫你们的权利。
那艘船沉默了——欢呼吧！
哥伦比亚的旗帜升起！

31

Zheng Yi Sao

郑一嫂

南中国海与澳门
1801 年—1810 年

企鹅海盗史

19 世纪初，南中国海像 18 世纪的加勒比海一样是海盗活跃的地方。约 1775 年—1810 年，许多有组织的海盗舰队互相竞争，控制了这片海域。与之前由西方政府暗中支持的海盗活动不同，这一时期的中国海盗活动之所以兴起，一部分是因为当时人们的生活水平提高，但财富分配并不均匀。中国沿海渔业社区收入低，经济压力大，民众生活艰难，加上作物歉收、台风、灾荒等影响，民不聊生的问题更加突出。同时，越南的西山起义为有组织的海盗团伙提供支持，助长了他们在海上无法无天的气焰。[1]

当时南中国海涌现出不少颇具魅力的海盗头目，但其中最著名的或许要数著名海盗郑一的妻子——郑一嫂。郑一嫂生于 1775 年，广东人，1801 年嫁给郑一。大约 1802

年，西山起义对中国海盗的资助画上句号，郑一夫妇达成协议，成立广东海盗联盟。联盟各海盗船队保持一定的自 256
主权，并打着不同颜色的旗帜进行劫掠，郑一夫妇麾下的是红旗舰队。1807 年，郑一遭遇风暴溺亡，郑一嫂独自接管舰队，在广东海盗联盟中迅速崭露头角。1810 年，郑一嫂接受清廷招安，她和丈夫的养子（后来成为她的情人）从此控制大部分舰队。1844 年，郑一嫂去世。

以下是英国东印度公司船只埃利号大副理查德·格拉斯普尔（Richard Glasspoole）的回忆录，记载的是被郑一嫂麾下海盗囚禁的经历。理查德于 1809 年被红旗舰队俘虏，等待赎金期间被囚禁了两个月。

有关我被南中国海海盗囚禁经历的简要叙述[2,3]

1809 年 9 月 17 日，东印度公司旗下的埃利侯爵号停泊在中国三洲岛附近，距中国澳门约 12 英里。我奉命搭乘我们的一艘驳船前往澳门寻找引航员，同时护送事务官将东西送上岸。[4]下午 5 点，我带着 7 名装备精良的士兵离开，那时正刮着东北风。我们晚上 9 点到达澳门，我将东西交给罗伯茨先生，然后安排船员带着船帆到公司的贸易站过夜，[5]船只则交给一位买办的手下看守。[6]到了夜里，风刮得更猛了。凌晨3点半，我来到岸边，发现看守擅自离岗，船被冲到岸上，半个船舱都灌满了水。我叫醒船员一起舀水，发现船已严重受损和漏水。凌晨5点半，潮水
257 退去，我们带着蔬菜返回大船，离开澳门。

随行有一位能讲英语的买办，负责带我们前往伶仃洋[①]。由于澳门最近发生骚乱，官府拒绝给正规引航员签发引航牌。[7]我原本以为大船会停在航道上，[8]因为我们离开时，大船正在准备起锚。然而，我们却发现大船在下风方向五六英里处，正以右舷受风状态航行。[9]当时刮着强劲的东北风，我们调整航向朝大船驶去，距离大船大约一缆绳的距离时，[10]大船改变航向，我们也转向朝其追去。[11]这时，一阵强风吹来，潮流湍急、波涛汹涌，我们被风吹离，加之水面上雾气朦胧，大船很快不见踪影。我们拆下桅杆，拼命划行，[12]结果根本没用。于是我们收紧前帆和后帆，朝一艘在伶仃洋下风锚泊的本国商船驶去。[13]结果靠近时，那艘船起锚离开了，我们陷入极其危险的境地——船上没有锚，正被风吹向岩石。我们拆下桅杆，经过四五个小时的拼命划行，终于脱险。

---

① 亦称“零丁洋”，在中国广东珠江口外、内伶仃岛和外伶仃岛之间。

但这时情况非常糟糕，夜幕降临，天气愈加恶劣，风急雨大，海浪又高，小船漏水严重，我们不仅没有指南针、锚和食物，而且正在快速漂往背风方向的海岸，[14]周围是危险的岩石，而且有海盗盘踞。我收紧船帆，[15]不停改变航向，左右舷交替前行。[16]天亮之后，我们幸运地发现船没有漂得太远，基本上停留在头天晚上的位置。那天夜里漆黑一片，暴风雨一刻也没有停。

9 月 20 日，星期三早晨，我们打算趁涨潮时起锚，逆风朝陆地驶去，[17]结果发现船正在迅速朝下风方向漂去。大约 10 点时，我们看到两艘中国船正驶向我们。我们调 258
整航向，[18]朝对方驶去，同时发出信号让对方靠近。待我们靠近，那两艘船调整航向，驶向岛屿的下风侧。船上的买办建议我跟着那两艘船，他会带我们沿着下风方向回到澳门。我表示担心会被南中国海的海盗抓住，因为船上的弹药已经湿了，火枪派不上用场，只有弯刀防身，处境不妙。再说 3 天以来我们什么也没吃，只吃了几颗青橙。

当时我们无路可走，船上的买办又保证不会遇到海盗，我便同意听他的，驶向岛屿的下风方向。[19]我们发现下风方向的水域平稳得多，看起来似乎是通往澳门的直接航道。我们继续划行，晚上 6 点，发现 3 艘大船停在一片海湾中。对方看到我们，立即起锚朝我们驶来。买办说那几艘船上的是海盗，如果被他们抓住，肯定会没命！3 艘船离我们越来越近，我们拆下桅杆，逆风划行了五六个小时。[20] 由于潮水转向，我们靠岸锚泊，免得被发现。后来我们看到那 3 艘船从旁边驶过，朝着下风方向开去。

21 日早晨，我们趁涨潮时起锚，沿着海岸前进，心情十分愉快，预计两三个小时内就能到达澳门，因为按照船上买办的说法，我们当时距离澳门不过六七英里。[21] 划行一两英里后，我们看到岸上有几个人，站在离岸边很近的
259 地方，手里拿着长矛和枪。我让翻译向对方喊话，问对方如何最快到达澳门。那几人回答说，如果我们上岸，就会告诉我们怎么走。看他们表情凶狠，我认为不宜上岸。随后，我们看到对岸停泊着一支庞大的船队，翻译说那是渔船，我们可以过去补给食物，同时找一位引航员带我们去澳门。

我调整航向，朝对岸驶去，结果发现岸边停泊的是几艘大船，船上满是人，并且装备了多门火炮。我犹豫着没有靠近；但船上的买办向我保证，那些是官船 [22] 和盐船，于是我们靠近其中一艘，询问去澳门的路线。对方没有回答，但做了几个手势，示意我们靠岸。我们继续前进，一

艘大划艇很快追上来，大约 20 个家伙从船底跳上我们的船。他们每人手里拿着一把短剑，一把架在我们的脖子上，另一把指向我们的胸口，死死盯着他们的头目，等着他下令是杀还是留。看到我们没有反抗，那个头目便把剑收起来，其他人也立即照做。随后，那帮人把我们拖进他们的船，然后带我们登上其中一艘大船，十分凶狠的样子。我们以为他们是想折磨我们，再残忍地杀死我们。上船后，他们搜查了我们所有的口袋，拿走了我们脖子上的手帕，随后拿来重重的铁链，准备将我们锁在大炮旁边。

就在这时，一只船开过来，把我、我的一名船员和翻译带到了他们头目的船上。随后，我被带到那个头目面前，他坐在甲板上的一把大椅子上，穿着紫色丝绸衣服，头戴黑色头巾，看起来大约 30 岁，身材魁梧，很有架势。他抓住我的衣服，把我拉到他旁边，一脸严肃地问翻译，我们是谁，为什么会来到这个地方。我告诉翻译说，我们是遇难的英国人，已在海上漂泊 4 天，什么东西都没吃。他不相信，反而说我们是坏人，威胁要把我们全部杀掉。接着他让手下对翻译酷刑伺候，逼他说出真相。

这时，一名曾到过英国、能说几句英语的海盗走到那个头目面前，告诉他我们确实是英国人，而且我们有很多

钱，还说我衣服上的纽扣是金子做的。那个头目命令手下
拿一些糙米饭过来，我们终于吃上一顿饭，因为除了几颗
260 青橙之外，我们已经近 4 天没吃过东西。吃饭时，一群海
盗围着我们，扒拉我们的衣服和头发，让我们很不舒服。
还有几个人拿着剑，把剑架在我们脖子上，示意他们很快
会把我们带上岸。虽然令人遗憾，但这就是我在被囚禁期
261 间目睹的数百人的命运。

32

Jean Laffite

让·拉菲特

新奥尔良、巴拉塔里亚与加尔维斯顿
1810年—1821年

企鹅海盗史

18 世纪 30 年代之后，黄金时代的海盗基本成为历史记忆，主要原因在于新西班牙的财富出口减少，美洲殖民地分裂，许多社区寻求自治，沿岸社区的劳动力和经济发生变化。然而，在 19 世纪初的墨西哥湾及加勒比海一带，依然能看到海盗的身影，而且他们的劫掠活动大多针对的是奴隶贸易。

作为墨西哥湾最臭名昭著的海盗，让 · 拉菲特最初在路易斯安那巴莱兹外围沼泽地的走私哨所活动，后来转移阵地，在巴拉塔里亚（Barataria）湾的格朗特尔岛（Grande-Terre）上的一片小海湾建立据点，最后来到得克萨斯加尔维斯顿岛建立基地，这个岛如今已成为宁静的海滩社区（春假期间除外），距休斯敦大约 1 个小时车程。拉菲特的海盗事业主要依赖于劫掠奴隶船和转卖奴隶，这些奴隶是美国禁止进口奴隶之后通过非法手段获得的。以下叙述体现了 19 世纪初刚刚崛起的美国海军在打击海盗方面的作用。262

让·拉菲特的出生背景并不明确，不过广为人知的是，路易斯安那州州长克莱本（Claiborne）曾悬赏捉拿这个海盗头子，结果拉菲特以牙还牙，悬赏捉拿克莱本。他在得克萨斯和路易斯安那拥有近乎神话般的地位，然而，在这位海盗的经历被浪漫化之前，我们需要指出的是，让·拉菲特通过非法手段将黑市奴隶从萨宾河运到路易斯安那，让他们在甘蔗种植园劳作，从中赚取巨额财富。这些奴隶仅以每磅一美元的价格卖出。

可以肯定的是，（让·拉菲特的）一生充满了模糊性和不确定性，但作者多方查证之后发现拉菲特 1780 年出生于法国。一些权威人士指出，拉菲特出生在圣马洛（St. Malo），另一些则坚持认为他出生于波尔多（Bordeaux）……据说，拉菲特于 1807 年前往新奥尔良。众所周知，1810—1812 年期间，拉菲特是一帮有组织犯罪团伙的头目，该团伙的总部设在巴拉塔里亚湾的格朗特尔岛，距密西西比河入口三四十英里。[1]

表面上，拉菲特打着卡塔赫纳共和国（即新格拉纳达）的旗帜行动，实际上，这些冒险者几乎掠夺任何国家的船只。巴拉塔里亚湾为他们的小型船只提供了安全的避风港，他们的货物搭乘小船通过复杂的湖泊、河道和沼泽地带，走私进入新奥尔良，最终运送至新奥尔良的一个窝点，这个窝点稍微靠近密西西比河上游。经过一系列无效的诉讼之后，1814 年，海军准将帕特森指挥的远征队被派去打击巴拉塔里亚人。格朗特尔岛上的定居点被占领，所有在港船只也被捕获，但拉菲特及同伙从内陆沼泽和河道逃脱，等帕特森准将的部队撤退后，又回到老巢开始
263 活动。

大约同一时间，英国人制定了侵略美国南部海岸的计划，他们向拉菲特提出合作请求，想拉拢他实现侵略计划。一艘双桅帆船军舰被派往巴拉塔里亚，舰长带着墨西哥湾英国海军指挥官珀西准将和佛罗里达海岸陆军指挥官尼科尔斯上校的信函，信函称英国将向拉菲特提供 13 万英镑的报酬，连同英国海军军官的委任状，条件是他协助实施进攻新奥尔良的计划，并将相关公告分发给路易斯安那的居民。拉菲特假装对这些诱人的提议感兴趣，然后向英国舰长洛克耶（Lockyer）提出请求，自己需要一些时间来

考虑此事。

拉菲特立即给路易斯安那州州长克莱本写信，随信附上了洛克耶舰长交给他的文件，将即将到来的入侵告知克莱本，指出自己所占据位置的重要性，并表示愿意为保护路易斯安那提供服务，但唯一条件是撤销对他和同伴的指控。当然，赦免对象还包括拉菲特的弟弟，他当时被关在新奥尔良监狱里，因海盗罪面临起诉。美国政府官员犹豫了一段时间，接受了拉菲特的提议。

在一名美国工程兵军官的联络下，拉菲特参与了巴拉塔里亚湾通道的防御工事，并在 1815 年 1 月 8 日的新奥尔良战役中指挥手下作战，发挥了重要作用。拉菲特后来的经历和他的早期生涯一样，依然充满不确定性。虽然拉菲特没有获得美国政府嘉奖，但麦迪逊总统发布宣言，确认了克莱本对所有协助美国军队的巴拉塔里亚海盗给予的宽恕。战争结束后，拉菲特获得私掠许可证，虽然不知这 264
许可证是从新格拉纳达政府，还是从墨西哥政府那里得到的，但拉菲特很快重操旧业。从事劫掠活动期间，拉菲特在今天的加尔维斯顿市建了一处定居点，该定居点于 1821 年被克尼（Kearney）中尉（后来成为海军准将）指挥的海军力量摧毁。

不过，拉菲特的弟弟皮埃尔当时在拉菲特的一艘船上担任指挥，很可能被人误以为是拉菲特。关于拉菲特的死因众说纷纭，有人说他死于海上沉船事故，有人说他遭到西班牙军舰俘获后被烧死，还有人说他死于与英国巡洋舰的激烈战斗。此外，还有另一种说法称他返回法国，在加伦河畔的亲戚家中去世。在当时的人们眼中，拉菲特体格健壮、长相英俊，身高约 6 英尺 2 英寸，一头黑发，淡褐色的眼睛大而深邃。拉菲特的外貌与人们常见的海盗形象完全不同，他的性格虽然有些内向，举止优雅，平易近人。他对海盗事业的管理方式完全像做生意一样，而且在一众追随者当中很有威望。

巴拉塔里亚的海盗据点被摧毁后，拉菲特不满足于过上踏实、平静的生活，他俘获了一些航速较快的船只，带着大批追随者于 1819 年前往得克萨斯加尔维斯顿湾，获得朗（Long）将军委任。拉菲特拥有 5 艘船，这些船只通常用于巡航，船员约 300 人。[2] 两艘接受加尔维斯顿亨伯特（Humbert）将军委任的敞篷船抢劫了马门托河的一座种植园，掳走了奴隶和财物等，之后两艘船在萨宾河被美国军舰猞猁号（Lynx）抓获。[3] 拉菲特担心美国政府报复，处决了其中一名船员。猞猁号还俘获了拉菲特的一艘纵帆

船和一艘长期从卡门托走私货物的船。拉菲特还有一艘巡 265
逻船叫朱庇特号（The Jupiter），一次短暂的巡航后，这艘船带着一批宝贵的货物（主要是贵金属）安全返回加尔维斯顿，这也是第一艘在得克萨斯州政府授权下航行的船只。美国政府深知，拉菲特所在之地的海盗和走私活动频发，便派了一艘军舰在墨西哥湾巡逻，打算清扫得克萨斯海岸。拉菲特虽然被任命为加尔维斯顿总督，但政府安排了一艘巡逻船，在港口外监视他的动向，这让拉菲特极为恼火，于是他写信给该舰指挥官马迪逊中尉表达不满。

致加尔维斯顿港美国巡洋舰指挥官

尊敬的阁下：

我知道您是海军巡逻舰，受政府之命前来。我认为有必要询问您，为何在此港口停留，却没有与我们沟通。我写此信是想告知您，加尔维斯顿港属于得克萨斯共和国，[4] 已于去年 10 月 7 日设为入境港口。鉴于得克萨斯共和国最高国会认为我适合担任此地总督，[5] 我想特此通知您，如果您对该政府或在此地的任何人有任何要求，请派遣一名官员向我提出，我保证他将受到最高礼遇，并获得所需答复。如果您受命或试图以敌对方式进入此港口，鉴于对政

266 府的忠诚以及我立下的誓言，我将奋起反抗，至死方休。

为证明我对贵政府的善意，我附上了昨天被捕的几名囚犯的声明。根据此地专门设立的调查委员会审理，他们几人被判有罪，罪名是抢劫美国居民的若干奴隶和贵金属。送信者将提供与此地有关的任何必要信息，供您了解。

此致，

J. 拉菲特

差不多同一时间，拉菲特帮派的老成员米切尔集结150名亡命之徒，在巴拉塔里附近的岛屿上修建防御工事，并装备了几门大炮。米切尔发誓，自己和同伴将在战壕里死守，决不向任何人投降。之前有一次，米切尔手下的4名成员曾去新奥尔良玩乐，市民向城市警卫报信，几人的住所被包围，结果这4人手持上膛的手枪冲出来穿过人群，众人纷纷让路，没人敢抓捕他们。

美国巡逻船亚拉巴马号在前往密西西比河口途中捕获了拉菲特的一艘纵帆船，这艘船配备了两门大炮和25名船员，由拉菲特的手下勒·佩奇（Le Page）指挥，当时还带着一艘俘获的船一同航行。巡逻船喊话时，海盗船向巡逻船开了几轮火，巡逻船随即反击，双方展开激烈交火，最后巡逻船获胜，船员当中 4 人受伤，其中两人伤势严重，海盗船则有 6 人死亡，两艘船都被俘并带到圣约翰湾。[6] 随后，一支远征队被派去驱逐米切尔及同伙，迫使他们从占领的岛屿上撤离。远征队锚泊后发出投降号召，米切尔通过猛烈的炮火回应。美国军舰靠近海岸，船员们在炮火掩护下划小艇上岸。海盗们用火力压制，但美国船员，迅速集合，展现出同归于尽的姿态。虽然代价惨重，但他们还 267
是冲破了海盗修建的低矮防护墙。经过殊死战斗，海盗们终于撤退，多人被俘，但米切尔和大部分海盗逃入难以实施追捕行动的赛普拉斯沼泽。在这次行动中，大量干货、贵金属以及其他战利品被缴获，20 名海盗被捕，之后被押送到新奥尔良。经美国巡回法院法官霍尔审判，16 人被判有罪。法官宣布死刑判决后，几名海盗在法庭上大喊：“天啊！这是谋杀！”

事情原委传到拉菲特耳中，他清楚地意识到，美国政府决心和他打一场灭绝战，剿灭他的巡洋舰队。走投无路之下，拉菲特弄到一艘大型快速双桅帆船，他在船上装备了 16 门大炮，并挑选了 160 名船员。这时的拉菲特手里没有任何委任书，不过是一名纯粹的海盗。他扬言劫掠所有国家，绝不宽恕任何人，也不接受任何人宽恕。一艘在墨西哥湾巡航的英国战舰听说拉菲特本人在海上，于是加强警戒，安排人员在桅杆上的瞭望台巡视。一天早晨，一名军官用望远镜扫视海面，发现了一艘很长的深色船只，船体伏在水面上，但船的桅杆非常高，帆白如雪。这时英国战舰处于上风位置，[7]且航速更快，于是扬起副帆，全速追赶。拉菲特发现对方的身份后，命令手下收起遮阳篷，升起大方帆，迅速前进。这时风力增强，英国战舰很快追上了海盗船，拉菲特发现无法逃脱，决定拼死一搏。他命令
268 手下将炮弹运上来，准备开火。战斗就这样打响，拉菲特船上的炮火击中英国战舰，造成对方多名船员死亡，还打断了对方的前桅，但英国战舰没有还击，直到靠近海盗船时，才从船舷一侧开炮，同时用小型武器猛烈射击。由于战舰的炮火角度过高，未能直接击中低矮的海盗船，[8]但还是产生了一些效果。海盗船的前桅被打断，主桅斜桁被切断，大部分索具跌落到甲板上，10 名海盗死亡，但拉菲特毫发无损。英国战舰上的船员通过右舷甲板登船，双方展开激烈的刀枪战。此时，拉菲特身受两处重伤，右腿骨被火炮击碎，腹部也被割伤，但他手下的船员们如猛虎般战斗，甲板上鲜血尽染，尸体累累。带领船员登船的英国队

长被火枪托击中头部，倒在拉菲特的旁边，拉菲特举起匕首，想刺入对方心脏。然而，在死神的逼近下，拉菲特头脑晕眩，没有刺准，匕首刺入了那名队长的右大腿。拉菲特一边挣扎，一边用最后的力气拔出匕首，撕裂了身上的伤口。他再次举起匕首，同时将左手放在那名队长的心脏附近比画，这样好刺得更准。然而，临死前的眩晕感再次袭来，匕首再次刺入队长的左大腿，拉菲特最终倒下，就这样死去。

甲板上的战斗平息后，英国战舰上的船员冲进下层甲板，继续清剿。下层甲板的状况异常惨烈，直到海盗们呼喊求饶，英国船员才停手。投降的海盗全被带到牙买加，在海事法院接受审判，其中 16 人被判死刑，6 人后来获得赦免，10 人被执行死刑。 269

33

Schooner Jane

简号纵帆船

直布罗陀、加那利群岛与苏格兰
1821 年

企鹅海盗史

进入 19 世纪之后，关于海盗的记载发生变化，不再专注于描述某个具有魅力的海盗头目不断劫掠一系列船只的故事，而是更倾向于聚焦某一艘船遭遇袭击或者船上发生叛乱的故事。以下记载与两名男子有关：彼得·希曼（Peter Heaman）和弗朗索瓦·戈蒂耶（Francois Gautiez 或 Gautier），两人曾在简号纵帆船上工作，因叛乱和海盗行为受审。

诉状中列出了一份非售卖物品的清单，这些日常物品能够让我们窥见那个时代水手的日常。“三条标有 T.J. 字样的棉布领巾”、两支火枪、一把手枪、一块银怀表，表盘上刻有“Wm Simpson，London”字样；两条棉布裤子、一件条纹棉质马甲、一件丝绸毛料混纺马甲、一件淡黄色“开司米”马甲、一件条纹棉质夹克、一件绿色外套、一条红白相间的棉布小手帕、一件蓝色保暖外套；一本名为《对德拉诺船长海盗行为的审判》（*Trial of Captain Delano for Piracy*）的书（海盗抢来一本关于海盗审判的书，还真是讽刺）、一只带帆布套的行李箱、一只带小牛皮套的行李箱、两件普通白色亚麻衬衫、3 双白色棉质短袜、一件白色呢夹克、一套白色棉质床单再加一条不成套的白色棉质床单、一条白色吊带（英国对吊带裤的叫法）以及两条粗糙的手巾。其中一名被告是大副彼得，另一名被告是厨师弗朗索瓦。 270

弗朗索瓦·戈蒂埃是法国人，不会讲英语。他曾是住在爱丁堡的法语教师，审判期间被任命为口译员。被叛乱者囚禁并出庭作证的是两名 19 岁的未婚年轻人，出海约 4 年。其中一人偶然听到大副密谋杀害船长并夺取财物，试图向船长报信。叛乱发生时，他被关在船舱下面，差点丧命。他向上帝发誓，承诺永不泄露当时发生的事情，方才活下来。

最终，爱丁堡巡回审判法院裁定两人有罪。但他们真的有罪吗？其律师指出了证词中的某些前后矛盾之处，其中一名被告甚至不会说英语。下列证词供各位读者自行阅读和判断。[1]

来自直布罗陀的双桅纵帆船简号，[2]其船主为直布罗陀商人摩西·莱维（Moses Levy），船长为托马斯·约翰逊（Thomas Johnson），该船于1821年5月19日从直布罗陀海峡启航，前往巴伊亚港（也可能是巴西其他港口），船上载有38180枚西班牙银圆和2枚里尔银币，其中31195枚银圆由住在直布罗陀海峡的马努埃尔·安德拉德·席尔瓦（Manoel de Andrade Sylva）运送并交付……6765枚西班牙银圆和2枚里尔银币由直布罗陀商人马努埃尔·努内斯·尚托（Manoel Nunes Chanto）运送，也可能由直布罗陀的巴罗斯与尚托公司（Barros & Chanto）运
271 送并交付，而尚托是该公司的合伙人……220枚银圆由直布罗陀海峡商人约书亚·莱维（Joshua Levy）运送并交付……船上还载有约20桶橄榄油，约34包纸，约98桶蜂蜡，约15袋茴香种子；上述货物交付给……此外，船上还载有属于未知起诉方的其他货物。当时该等货物由托马斯·约翰逊合法持有或负责，原本打算运送至巴伊亚港。1821年6月7日，据称彼得·希曼（Peter Heaman）和弗朗索瓦·戈蒂埃（Francois Gautiez/Gautier）都在简号纵帆

船上，当时该船正驶向巴伊亚港，位于北纬 7° 左右，距
离加那利群岛大约 5 天航程的地方（也可能是其他位置），
总之位于直布罗陀海峡与巴伊亚港之间，控方不清楚具体
位置……为达到劫掠目的，恶意占有上述船只以及船上装
载的银币和其他货物，两人以共同和单独行动的方式袭击
并伤害船长托马斯·约翰逊，用装填子弹或其他硬物的火
枪射击船长的头部或其他身体部位……并残忍地用火枪枪
托击打对方……托马斯·约翰逊当场死亡。彼得·希曼和
弗朗索瓦·戈蒂埃……继续残暴地攻击船员詹姆斯·帕特
森（James Paterson），用火枪击打对方，致其死亡……
他们随后把两具尸体扔进海里……并将两名船员——彼
得·史密斯和大卫·罗伯逊·斯特拉昌（David Robertson
Strachan，别名罗伯特·斯特拉昌）关押在前舱，牢牢锁
住舱口，企图用烟雾使二人窒息，恐吓……并强迫二人协 272
助被告，即彼得·希曼和弗朗索瓦·戈蒂埃……被告根据
计划劫持上述船只及货物，改变船只航向，驶向爱尔兰或
苏格兰海岸，目的是将船上银币和货物据为己有。1821 年
7 月 21 日，他们……最终驾驶该船抵达罗斯郡刘易斯岛附
近……他们在该岛的鸡头角对面故意在船只底部钻孔（也
可能是教唆他人钻孔），将简号沉没或遗弃，致该船只失

事并被冲到该岛岸边。7 月 22 日，他们将（部分）银币和货物运至刘易斯岛沿岸，以便藏匿和后续运输，该岛位于罗斯郡斯托诺韦（Stornoway）索德尔（Swordale）附近……他们在此地被捕……

安德鲁·卡梅里耶（Andrew Carmelier），18 岁，未婚，马耳他人，在船上担任茶房 4 年，证词如下：

证人被枪声惊醒，立刻上了甲板。当时舱内很暗，枪声似乎离证人很近，他就在船长旁边，感觉子弹是朝船长的床射来的。证人上甲板之后，看到大副和帕特森在主舱口旁边，大副手中拿着火枪，正在用枪托打帕特森。证人听到帕特森的喊声，但没听到大副对帕特森说什么，帕特森手里没有任何东西……帕特森摔倒在主舱口旁，旁边是一只小船……这时船长上来，对证人问道：“这是怎么
273 回事？怎么回事？”证人看到船长用手捂住头部右侧……其头部有血。证人告诉船长……他认为大副在与帕特森打斗。厨师从前方走来，抓住船长，用火枪枪托打了船长。被大副和厨师击打后，船长发出痛苦的叫声，倒在地上。大副走向水手舱，叫船员们上甲板……他们准备把尸体扔

进海里，帕特森看起来已经死了，他的尸体被先扔下去。他身上的衣服还在，脚上绑着一块铁……大副命令证人帮忙，将尸体扔进海里。当时证人正在哭，没帮上什么忙，但还是出了力……船长身上绑着一些石块……他被扔进海里时看起来还没死……船长被杀后，证人对大副说：“不要杀我。”大副回答道：“好吧，去前甲板待着。”

出庭证人[3]罗德里克·麦艾弗（Roderick M’Iver），斯通诺韦海关检查员，约 46 岁，证词如下：

“证人是斯通诺韦的海关检查员，他记得去年 7 月听说有一艘船停泊在斯通诺韦附近，疑似走私船。证人立即派了 4 名船员去确认那艘船的情况，他自己随后带着长子赶去。证人没有找到那艘船，但在岸边发现了一艘大渔船，船上有 6 人，他们在岸边搭了一顶帐篷。证人跟其中一名船员，即被告大副彼得·希曼交谈，希曼说自己是纽约贝齐号（Betsy）大副，船上载着烟草和棉花，船在巴拉岛附近失事。对方还说自己和船长发生争吵，船长带 274
着 5 名船员乘小艇去了利物浦。他和其他船员本想乘另一艘小船驶向陆地，但被风浪吹到现在这个地方。希曼还补充说，这艘船是他父亲的。证人接着开始检查船上的五六只箱子，其中两三只是大箱子。证人打开第一只箱子，彼得·史密斯说这是他的，最上面放的是衣物，最下面是装满银圆的大袋子。证人又打开其他箱子，发现里面也有银圆。证人记下了这些人的名字，不过当时雨太大，名字一写下来就被淋湿，字迹变得模糊，但大副说自己名叫乔治·萨德威尔（George Sadwell）。证人返回斯通诺韦，留了两名船员在原地看守。证人和长子走了大约 100 码后，一个外国男孩（证人之前在船上见过这个男孩）跟着他们走来，男孩告诉证人，大副和厨师杀害了船长和一名叫帕特森的船员，占领了船只。证人决定先不露声色，等走到悬崖顶上，俯瞰小船停靠的海岸时，再仔细询问。男孩告诉他，这艘船来自直布罗陀。证人派了两名船员回去看守，以防当地人接近，如果船员试图逃跑，就打烂小船，用绳子把船员绑住。那个马耳他男孩告诉证人，这些人的吊床里藏有更多的银圆，沙滩上还藏有更多的银圆[4]……证人随后前往沙滩，发现马耳他男孩说的是实话。证人在沙滩上找到的银圆，加上箱子里的那些，总共是 31211 枚银
275 圆。证人记得自己头天晚上检查箱子时，大副曾说箱子里的 3000 枚银圆是他的，这些银圆可能占总数的 1/4。所有

这些都是真事，证人愿意对上帝做证。

彼得·希曼，海员，曾任直布罗陀“简”号大副，年约 35 岁，证词如下：

简号是一艘前部采用双桅横帆，后部采用纵帆的船，[5] 载重 90—120 吨，由托马斯·约翰逊担任船长。证人与船长达成一致，作为大副在船上工作。该船于 17 日下午开始装货，货物包括 10 桶 [6] 橄榄油、35 包带印花的印刷用纸。18 日，又装了 10 桶橄榄油、120 桶蜜蜡、14 罐圆形罐装精油、300 罐方形罐装橄榄、14 箱葡萄干、6 个 18 加仑的大桶、一个约 9 加仑的大桶以及一个约 7 加仑的大桶，桶内装满了西班牙银圆，这些银圆分装在袋子里，每袋 1000 枚银圆，有些袋子是 500 枚银圆，桶内还塞满了锯末，总计约 38000 枚银圆……19 日，船只从直布罗陀启航。启航之前，两名船员——厨师弗朗索瓦和葡萄牙人约翰·劳伦斯把衣物带到甲板上，说自己想回岸上，船长骂他们是“该死的傻瓜”，还说“你们就不能做点好事吗”，然后转过身来说：“我这次可要赚上一笔。”于是两人同意继续留在船上。自从船离开港口以来，船员们经常讨论这些钱，以及如何得到这些钱。帕特森说，最好让船长走上跳板，[7]这样就可以把他弄下船，法国人则回答说，这种死法太残忍。所有船员都在谈论这件事，不管是用餐，还是换
276 班，只要逮住机会就会聊上一阵。证人自己也经常听到这样的谈话，有时这些话是用开玩笑的口气说出来的。6月6日之前，船员们有三四天没提起这件事。这一天，约翰·劳伦斯因为航海技术方面的失误惹怒船长，船长拿起一根绳针，[8]追着劳伦斯，威胁要打他，但并未动手。约翰·劳伦斯说："以后你可别想再拿绳针打我了。"

证人还说，厨师不懂英语，经常在做饭时惹恼船长。厨师还常常用法语，有时用西班牙语骂人，这让船长很不高兴，所以船长常常威胁要一枪崩掉厨师的脑袋。

证人继续做证称，7日早上三四点钟，船长身穿睡袍拿着上膛的手枪上了甲板，误把正在操纵舵盘的帕特森当成法国人，打爆了帕特森的脑袋。当时在船头望风的法国人听到动静后赶来，船长发现自己打错人，又用枪托击打法国人，还说要是枪里还有子弹就好了，这样问题就解决了……这时，所有船员都上了甲板，船长还在打那个法国人，将其打倒在甲板上，船长自己也多次摔倒，法国人的

一只手臂被打断。证人认为，所有船员都对船长动了手，他看到全体船员围在一起厮打，证人在此期间一直在操控舵盘。后来，所有船员围到证人周围，商量接下来该怎么办，证人建议最好继续航行，别再提这件事。证人这样做是为了维护船员之间的和平。

证人接着表示，约翰·劳伦斯提议把船开到美国，因为他对美国沿海很熟悉，劳伦斯还提议分赃，然后销毁船只，但他的提议没有得到同意。史密斯和斯特拉昌提议去苏格兰北部，买一只小船上岸，在海上将这艘大船沉了，
船员纷纷同意，接着他们便调整航向，朝英格兰驶去。 277

接下来的证词详细描述了他们沉船的技术细节。

问：证人于何处下令执行这些事情？

答：证人声明，这些事情是全体船员商议后决定的，证人并未下令，仅在操控船只时给出指示，但船员们经常不听从命令。

判决结果：有罪。

判决词：如果我国法律允许在任何情况下对罪犯施加比死刑更重的惩罚，这种惩罚将会施加在你身上。虽然有时我们的海岸会出现野蛮人，但我们的法律并无野蛮之处……因此，本人在宣布死刑判决的同时，也必须向你说

明，该判决极有可能立即执行。对那些迷失方向且心怀忏悔的罪犯，宽恕的大门有时会为他们打开，但对海盗和杀人犯，这扇门将永远关闭。

判决词继续以法律专业术语写道：囚犯将从法庭送回爱丁堡监狱关押，仅以面包和水为食……直至明年 1 月的第二个星期三……当天早上 9 点到中午 12 点，囚犯将从该监狱押送至利斯沙滩，由行刑官在潮水线以内区域将其吊死在绞刑架上，之后他们的尸体将移交爱丁堡大学解剖学教授亚历山大·门罗（Alexander Monro）博士，由其按法律规定进行公开解剖。囚犯所有财产和遗产均收归国家所
278 有[9]——特此宣告！

34

The Dover

多佛号

古巴马坦萨斯
1822 年

企鹅海盗史

在众人眼中，下文这帮西班牙海盗“劫掠”的财物算不上“宝藏”。其实，大多数海盗的战利品通常都是普普通通的货物，更多体现的是绝望，而非浪漫。

前述船只的船长萨宾斯报告称，1822 年 1 月 16 日，“我们从马坦萨斯海湾出发向南航行，看到一艘货船放下一只小船朝我们驶来，[1] 这艘货船是头天晚上启航的。小船上载着 5 个西班牙人，手持长刀、手枪、弯刀等武器。[2] 船只靠近时，对方朝我们开了一枪，欢呼着登上了我们的船。他们是我们见过的最凶恶的人。登船后，他们立刻拔出武器，用弯刀狠狠地殴打我们，把我们赶到船舱里。除了我们身上穿的，他们抢走了我们的所有衣物，还拿走了我们的手表和所有贵重物品。之后，他们一个一个把我们叫上来。4 个手持刀具的人站在船长身旁威胁说，如果他不交出钱财，就杀光所有人并烧掉这艘船。抢劫船员之后，他们开始洗劫船只。他们撬开舱口，强迫我们把船上的小艇放下，把战利品搬到他们船上”。 279

“他们从我们这里抢走了一个罗盘、5 袋咖啡、一桶糖，几乎所有食物，我们的旗帜、索具和炊具。然后，他们命令我们朝北航行，否则他们会追上我们，杀光船员并烧掉船只。我们扬帆启航，不久后又被一艘海盗船拦截，对方朝我们开火，但得知我们已被抢劫一空，他们便离开了。” 280

35

The Porpoise

鼠海豚号

古巴海岸
1822年

进入19世纪20年代之后，为了保护美国贸易，美国海军在打击加勒比地区海盗活动方面发挥着越来越重要的作用，以下是两则关于打击海盗的军事报告。

美国海军

“鼠海豚”号纵帆船

古巴北海岸

1822年1月20日[1]

尊敬的阁下：

我已于本月7日完成该舰的必要装备，并已提前通知您，我将于本月10日从巴莱兹港启航，与护航舰队一同出海。现在，我非常荣幸地向您报告，我按计划在指定日期启航，并护送5艘船出海。1月15日，我护送前往哈瓦那和马坦萨斯的船只安全抵达目的港，之后全速向西航行。次日，我登上波士顿博利纳 281
号（Bolina），该船由戈勒姆（Gorham）船长指挥，我从他那里获得以下信息：前一天，他的船只被海盗劫持，船上所有可以搬动的物品都被抢走，海盗还残暴地伤害了船员和他本人。

为这艘船提供必需品后，我继续驶向陆地。第二天清晨（古巴北海岸的萨德尔山位于东南方向），我派出几艘船和40名士兵，由卡特里斯中尉指挥，去追捕这帮人类公敌。

我们的船驶过延伸到海岸外的一片礁石后，很快发现并捕获一艘海盗纵帆船，船员逃入树林。卡特里斯中尉非常明智，他派我们的船员接管那艘海盗船，接着朝下风方向行进了约10英里，据说这帮海盗的窝点就在那里。幸运的是，卡特里斯中尉找到那个窝点，发动了攻击。我方与海盗发生小规模冲突，但随着我们部队的推进，敌人迅速撤退。我方随即占领该地，摧毁了海盗舰队。他们的舰队包括5艘船，其中一艘是又新又漂亮的纵帆船，载重约60

吨，只要挂上帆，就能出海。我们还俘获了3名囚犯，其他人逃入树林。

远征部队的官员表示，敌人在这次事件中的损失很大。我方只有一人受伤，值得一提的是，这名伤员原本是海盗船上的人，后来成为我方俘虏，被我方包围时受伤。

我相信摧毁该海盗窝点将对我方有利。据我收到的消息，这是他们的主要据点，他们从此处派遣舰队前往安东尼奥角。那些舰队满载赃物回巢，再安排专门的船只将赃物运至哈瓦那。该地不仅储备了修理船只的物资，还储备
282 了造船所需的材料。

在我方舰上的囚犯中，有一名水手曾是英国亚历山大号（Alexander）的船员。海盗俘获这艘船后，不仅放火烧毁船只，还残忍地杀害了船长。为此，我将这名水手留作此案的证人。

卡特里斯中尉对皮特尼、金斯顿、莫里斯、特里尔医生以及所有作战官兵的英勇和良好表现给予高度评价。他们在追击敌人时士气高涨，发起进攻时义无反顾，两者充分证明，哪怕任务再艰巨，他们也会挺身而出。

我已派人控制了其中一艘被缴获的纵帆船，留待我方使用。这是一艘装备精良且航速极快的船，将在我方今后

对这片海岸的进一步行动中发挥巨大作用。

先生，行文至此，我必须向您提及卡特里斯中尉，他不仅在此次行动中表现出色，而且在我指挥的每次行动中表现英勇，值得我给予高度赞扬。 283

此致

詹姆斯·拉梅奇（James Ramage）

中尉兼指挥官

致海军部尊敬的史密斯·汤普森

（Smith Thompson）阁下

36

The Alligator

鳄鱼号

古巴马坦萨斯

1822年11月

在鼠海豚号事件发生的同一年，海盗在古巴海域劫持了美国的一艘双桅横帆船和一艘纵帆船，美国海军鳄鱼号回应了海盗的赎金要求。

1822 年 11 月，美国 W.H. 艾伦中尉指挥的鳄鱼号抵达马坦萨斯，得知美国的一艘双桅横帆船和一艘纵帆船被海盗劫持，且海盗们占据了马坦萨斯以东约 45 英里处的一处窝点。[1] 海盗派双桅横帆船的船长和纵帆船的大副前往上述窝点筹集两艘船的赎金，金额为 7000 美元，否则他们将摧毁船只，用酷刑伺候船员。

船长和副船长被带上鳄鱼号，该船立即启航前去营救其他人。11 月 9 日黎明时分，鳄鱼号靠近海湾，藏在一片陆地后面，发现了 1 艘大船、2 艘双桅横帆船和 5 艘纵帆船。其中一艘纵帆船的甲板上黑压压全是人，看样子准备启航，鳄鱼号的武装小艇立即开始追击。当时风力较轻，那艘纵帆船利用长橹划船，[2] 试图逃往海湾深处。鳄鱼号的 284
小艇靠近时，发现对方的桅杆上钉着鲜血染红的旗帜，并遭到对方一门 18 磅铜制旋转炮和 4 门小炮的攻击。艾伦中尉、海军陆战队队长弗里曼和 12 名船员乘坐小艇追击，其速度远超其他小艇。他们奋力划桨，最终赶上并占领海盗船。虽然遭遇激烈反抗，但这帮勇敢的战士克服了困难。除一人之外，其他海盗跳进海里或乘船逃走。就在此时，英勇的艾伦中尉被两颗火枪弹击中，不幸倒下。

鳄鱼号的外科医生在一封致友人的信中说道（该信在当时的许多报纸上刊登）：“艾伦船长一直坚持指挥，并与戴尔先生以及其他人交谈，直到临终前几分钟，他依然表现得十分乐观，这对身负重伤的人来说是难以想象的。艾伦船长说，他希望自己的亲人和国家知道他曾英勇作战，还补充说，他在和平与善意中死去。”

艾伦中尉受伤后，一艘海盗纵帆船逃脱，但另一艘重武装的纵帆船、大船和另外两艘“前横帆后纵帆式”帆船被捕获。除艾伦中尉外，鳄鱼号失去 4 名船员，3 人受伤。海盗一方 14 人战死，还有数人溺亡。海盗装备最精良的纵帆船配有一门 12 磅长炮，两门 6 磅炮，两门 3 磅炮和两门旋转炮。3 艘海盗纵帆船共计 125 人和 14 门火炮。鳄鱼号小艇船员约 40 人，装备有火枪、佩剑和手枪。

不幸的是，鳄鱼号于 1822 年 11 月 19 日在佛罗里达海岸的卡里斯福德礁（Carysford Reef）触礁沉没。这个地方很危险，不管是之前还是之后，许多装备精良的船只都在此处遇难。幸运的是，鳄鱼号上的官员和船员全部
285 获救。

37

The Belvidere

贝尔维德号

马萨诸塞州贝弗利
1822 年

本书跳过了美国私掠船在1812年战争期间的情况，主要是因为在那场冲突中，私掠行为在技术层面上是合法的，因此严格来说不算海盗行为，尽管对海洋爱好者来说，那场冲突中不断变化的海上环境是极具研究价值的领域。扎卡里亚·G. 拉姆森是众多美国船长当中的一员，他在早期的航海生涯中曾冒险突破美国海军实施的封锁，当时新生的美国试图限制国民与英法两国的海上贸易，直到这两个国家之间的冲突得到解决。拉姆森16岁出海，最初在船上担任茶房，他曾告诉自己的父亲，“海上生活是我的毕生追求”，正如他多年后在一部未完成的回忆录中所写。21岁时，拉姆森晋升为船长，驾驶纵帆船在新英格兰、加勒比海和新奥尔良之间航行。贝尔维德号是他第二

次被海盗袭击时驾驶的船只。第一次，海盗把他的船洗劫一空。第二次，结果完全是另一番景象。 286

一篇报道曾记载海盗船袭击贝尔维德号的经过，这艘船由贝弗利的拉姆森船长指挥，在从太子港到新奥尔良的航行途中遇袭，但这艘船成功反抗了海盗的袭击。遇袭后，拉姆森船长抵达伯利兹（Balize），[1] 他提供的以下细节被刊登在新奥尔良的报纸上。[2] 事发当时，海盗船长命令拉姆森船长登上海盗船，拉姆森船长回答说自己马上就来，其实他是想拖延时间，让贝尔维德号的船员准备自卫。海盗船长随后乘小艇靠近，登上贝尔维德号。拉姆森船长立即用步枪将其击倒，随后贝尔维德号船员与海盗展开激烈搏斗，海盗全军覆没，死亡 6 人。贝尔维德号有一名船员重伤死亡。

拉姆森船长（他在此前的一次航行中曾被海盗抢劫并遭受羞辱，[3] 决心此后遇到任何海盗袭击都会奋起反抗，因此他武装了自己的船只和船员）无疑因其英勇而果断的行为而受到高度赞扬。类似的反击，将像我们装备 74 门炮 [4] 和护卫舰的战舰一样，有效防止那帮无法无天的海盗再次作恶。

以下是贝尔维德号拉姆森船长航海日志的摘录。

出发地：太子港，目的地：新奥尔良。

5月2日，我们在海上遭遇了一艘纵帆船和3只小艇，对方开始追击我们。当时风很大，而且我们处于上风位置，因此第二天摆脱了对方。早上10点，我们发现一艘纵帆船在我们的左舷前方，[5]正用主帆和前帆前进。[6]11点，这艘船出现在我们下风方向的后方，它朝我们开了一炮，快速向我们靠近。11点20分，对方又开了一炮，升起红色旗帜，上面是骷髅与交叉骨的图案。

我发现对方不好对付，于是立即做好一切准备，收紧顶帆，[7]拉起下层帆，降下上帆，收起前帆，调整主顶帆位置，[8]将航向偏离两个罗经点，[9]开火的同时升起旗帜。12点钟，敌船离我们约10码远，对方喊话道，“该死的，你
287 们要是不派船过来，老子就杀光你们所有人。”

当时对方还没有发现我们的炮。我告诉对方，我马上派船过去，结果我还没出发，对方立即给了我们一阵猛烈的散弹枪[10]和火炮射击。我们的炮布已撤去，炮口也瞄准了对方。船员们立即用船上的24磅大口径短炮、4把火枪和7把手枪猛烈回击。第一次开火后，我们看到6名海盗倒下，海盗头目就是那个喊话的人。他用长枪开了3次火，我们的第三发炮弹打烂了他的炮架，长枪掉进下风口

的排水口里。[11] 海盗船长继续用步枪和火枪反击，同时向船尾靠近，试图寻找更安全的位置，但我们的铜制 3 磅炮连续开火，将他打得毫无招架之力。海盗船距我们 20 码的时候，我们用一颗炮弹和两袋火枪子弹（每袋有 40 枚子弹）连续扫射，彻底结果了对方的性命。对方的船没有用火力还击，船上也听不到人说话，实际上甲板上一个人也没有。海盗船在顺风的情况下跑得非常快，很快逃出我们的射程，调整了航向。我们数了数，对方还剩六七人，海盗船长已倒在甲板上。我们有一名船员头部中枪死亡，大约 40 发火枪子弹射中我们的舵箱、舵柄、天窗、舱口，前桅顶帆升降索被打断，[12] 试帆索也断成了 3 截。海盗船重 36—40 吨，对方靠近我们时，我们发现那船上有 22 名海盗，装备了一门铜制 6 磅炮（也可能是 9 磅炮）、火枪和大口径短枪。 288

38

The Mary

玛丽号

费城
1822年

企鹅海盗史

与之前的故事不同，这篇叙述几乎可以肯定是虚构的。它于1824年2月刊登在《美国月刊》（*American Monthly Magazine*）上，名义上是由一名从费城前往新奥尔良疗养的男子所写。叙述的夸张程度、主人公携带的金钱数额与携带方式，以及随之而来的血腥场面，表明无论是过去还是现在，公众对海盗故事戏剧性的渴求都一样，都需要大量的华丽渲染。实际上，海盗们劫掠船只很少是为了折磨他人，哪怕确实如此，这篇故事中描述的暴虐行为也十分少见。他们更感兴趣的是抢夺咖啡、腌牛肉、烈酒和鞋子。表明该故事完全虚构的线索还包括：海盗连船上的狗都没放过，叙述者是唯一幸存者，但没有任何关于他在晕厥后被救起的细节，故事只提到他被绑在一艘沉船的

桅杆上。 289

6月初，我从费城乘玛丽号纵帆船出发，前往新奥尔良。[1]数月来，我的健康状况逐渐恶化，所以想通过海上旅行疗养一番。我在新奥尔良有一些朋友，他们的商业事业规模庞大，因此我被委托携带一些金银财宝，总额约18000美元。我将情况告诉船长，并与他商量用最安全的方式保管这些钱。船员从我的舱室取下一块舷板，将钱放在夹层里，然后将舷板钉回原位，缝隙用松香密封。这样一来，我不再担心遭遇海盗袭击，也不再担心钱被坏人发现，心情稍微轻松了一些。除此之外，我还携带了一些其他贵重物品。

所谓贵重物品是指面值15000美元的大量银行票据，我把部分票据小心地缝进外套的左翻领里头，假如我在海上遇难，尸体被找到，至少我的外套还能留下最值钱的物品，至于其余票据，我小心地缝进了黑色丝绸领巾里。除船长之外，我乘坐的船上还有4名水手、航程所需的牲畜以及一只纽芬兰犬。这只狗忠诚又聪明，很受船员喜爱。有一次，船长因船帆突然移位被击晕，接着被抛入海中，是这条狗救了船长的命。我是船上唯一的乘客，一开始旅途很顺利，时间过得飞快。在海上时间越长，我感觉体力恢复得越好，当我们抵达佛罗里达南岸附近时，我感觉整个人都焕然一新。

第 14 天傍晚，大概是日落前两小时，我们在船尾发现了一艘船。随着暮色降临，这艘船以惊人的速度向我们靠近。当时天色很晚，四周一片黑暗，偶尔能听到轻柔的波浪拍打我们的船头，浪花闪烁着光芒。在我们船尾不远处，可以看到那艘陌生船只荡起的泡沫发出的不规则光芒。微风轻拂，鼓动着我们的船帆，不过这风让人感觉很清新。

我们在夜色中平稳地向前航行，有一两次涛声突然变
290 大，我们还以为驶过了一处暗礁。

当时我说不出来哪里不对劲，但现在想起来，可能是由于后方的那艘纵帆船在夜色中靠得太近了。午夜时分，我上了甲板。除了偶尔一闪而过的光亮，四周什么也看不见，海面十分平静。然而，这种黑暗让人感到恐惧和压抑，尽管我努力保持冷静，仍无法平静下来。在前甲板的卷锚机旁边，3 名水手和我一样无法入睡，聚在一起交谈。我凑过去，发现大家都感到有些害怕。他们一直目不转睛地盯着那艘陌生的船，好像预感某种可怕的事情将要

发生。他们告诉我，他们已经准备好武器，决心要么活下来，要么战死。

就在这时，一道闪光从追击我们的船只发出，可能是火枪引信燃烧的火光。借着光亮，我们清楚地看到那艘船的甲板上满是人。我的心几乎要停止跳动，因为我从未经历过战斗，不知道那是什么感觉。天终于亮了，追击我们的船升起所有船帆，迅速向我们逼近。显然，对方一整晚都在跟踪我们，只是不愿在黑暗中发动攻击。过了一会儿，那船开了一炮，靠了上来。那是一艘海盗船！海盗们放下小艇，十几个面目可憎的家伙跳上船，带头的应该是他们的指挥官。小艇向我们迅速逼近，我们准备从侧舷发起一轮齐射。我们所有的武器加起来只有 6 支火枪、一门老式旋转炮（用来发信号），还有我腰间别的两把手枪，但海盗小艇的船员们装备了火枪、手枪、剑、弯刀和小刀等。对方离我们仅有一船身的距离时，我们用 5 支火枪和旋转炮向他们开火。

敌人的小船没来得及还击就被击中，船只沉没，全体船员葬身大海。虽然我们对此感到些许庆幸，但当我们看到另一搜海盗纵桅帆船上依旧站满了同样恐怖的家伙时，
我们的心情跌落到谷底。海盗们乘第二艘小艇出发，手持 291

火枪对准我们，等他们抵达与上一艘小船相同的位置时，我们再次开火，但这次没有命中。海盗立即还击，一边发出可怕的喊声，一边跳上我们的船。我们两名勇敢的船员倒在甲板上死去，剩下的人也难逃一劫。这时船上充斥着法语、西班牙语和英语的喊叫声，所有的声音混杂在一起，可怕的咒骂不绝于耳，威胁的言辞让人无法想象。

一个满脸黑色浓密胡须的恶徒走近我，那黑色的胡须几乎遮住了他的整张脸，[2]只能隐约看到他浓密眉毛下方的眼睛，整个人看起来更像是地狱恶犬而非人类。他手持弯刀向我走来，我拔出一把手枪对准他的脸，扣动扳机，但火花一闪，子弹没能射出去。[3]我正准备拔另一把手枪，那海盗用弯刀狠狠地打我的脸，将我打倒在地。我伤得太重，无法反抗，鲜血如泉涌般从额头流下。这时，那恶徒抓住我的头发，挥舞着弯刀，割断了我脖子上的领巾。我清楚地感觉到冰冷的铁刀从我的脖子滑过，后来每当想起这种感觉，都会让我不寒而栗。

我曾想象人类的残忍行为，如今这种想象变成了现实。我能清楚地看到死亡正在向我逼近。那恶徒没有检查领巾，而是将它塞进口袋，随即用雷鸣般的声音喊道：“起来！”我立刻站起来，他将我的双手反绑在背后，带我走到船舷旁，问另一个海盗是否要将我扔进海里。回想起当时的场景，我至今仍感到震惊。我试图想象死后的永恒世界，但除了坟墓的冰冷和令人麻木的死寂之外，我什么也想不出来。他的恶毒同伙回答：“他穿得太好，不该送进地狱。”[4]随后，他们把我带到前桅杆，将我面朝船尾绑在上面。绳索勒得我四肢无法动弹，剧痛让我几乎失去知觉。把我绑好之后，大胡子走开了。292

我环顾四周，发现海盗们正忙着洗劫船上物品。我的左肩上方有一名水手被吊在桅杆上，看上去已经奄奄一息。在我面前，我们英勇的船长正跪在地上求饶。那些恶徒试图从他口中逼问我们藏钱的地方，船长一开始怎么也不松口。愤怒的海盗把他的双臂拉开，将其从肘部砍断。这时，人性在剧痛面前崩溃，船长说出了我们藏匿金银的地方。几分钟后，这些金银就被搬上了海盗船。为了报复我们可怜的船长，海盗确认船上没有其他值钱的东西之后，在甲板上铺了一床填絮，他们先用松节油将填絮浸透，然后将船长绑在上面，往他嘴里塞满填絮，将整张布都点燃了。那可怜的人发出撕心裂肺的哭喊声，痛苦得无以言表，但一切很快就结束了。我被迫目睹这一切，看到眼前的惨状，我曾试图闭上眼睛，但一声近在耳畔的火枪声让我不得不睁开眼睛。

我把目光转向玛丽号船尾，看到我们水手长的双脚被钉在甲板上，身体被长钉穿过，固定在舵柄上。他痛苦地挣扎着，像是在十字架上遭受最后的刑罚。悲剧发生时，我一直没看到第五个船员。然而，几分钟后，他被蒙住双眼带到甲板上。随后，他被带到旋转炮的炮口前跪下。海盗开了一炮，他的头被炮火射得惨不忍睹。片刻之后，我眼睁睁地看着他痛苦地挣扎和抽搐——人类的语言太过微弱，无法形容这种痛苦。我曾见过人被绞死，但与这名船员的死亡相比，那些人仿佛只是安然入睡。

屠杀过程中，一名恶徒拿枪对准船长的狗开火，子弹击中狗的肩膀，打得它无法动弹。那恶徒又开了一枪将狗打死，最后还割掉了它的舌头！目睹这地狱般的暴行，我感到愤怒至极，看到这只无辜、无害的狗遭受如此虐待，
293 我的血液沸腾了！但我无力喊叫，也无法动弹。

目睹船员们一个个被杀害，我开始想到自己的生死。那个似乎把我给忘了的恶棍又一次走近我，身上满是血液和脑浆。他站在旋转炮前那名不幸水手的身旁，用刺刀尖戳着对方。他还从腰间抽出一把匕首，将刀尖对准我的心脏，用力刺入。我感觉刀尖碰到了我的皮肤，但由于我缝

在衣服里的票据，刀未能刺入。这个野蛮的怪物随即将匕首插入我的胸膛，仿佛要把我的胸膛划开。这时，票据掉到甲板上。他贪婪地捡起票据，喊道："啊！让我看看还有些什么宝贝！"[5]我的衣服在几分钟内被撕得粉碎，我也险些丧命。他一次又一次地折磨我，我的皮肤几乎被撕开，我的全身都在流血，但多亏上天的怜悯，我每一次都活了下来。

就在这时，一阵强风袭来，打中玛丽号船身，我听到一个海盗喊道："看，那是一艘船！"[6]他们急忙撤退，回到自己船上，很快消失在视野中。

此时此刻的我无助至极，唯一欣慰的是，海盗们被一艘陌生的船吓跑了，尽管我被绑在前桅杆上，无法看见那艘船，也不知自己何时能获救。海盗逃走之后，大概过了一两个小时，这时已是中午时分，太阳热辣辣地照在我头上，我感到虚弱和疲倦逐渐袭来，我心想怕是要发烧了。我的头慢慢垂到胸前，就在这时，我听到水从舱窗里灌进来的声音。原来那些恶徒在玛丽号的船体钻了孔，想抛下我和船一起沉没。我只好准备迎接死亡。我感到自己渐渐死去，最后只记得海浪拍打的声音。后来我才知道，那是因为当时一艘船正好经过。最终，我被救起，慢慢恢复了

健康，但我已经成了一个身无分文、深受打击、无依无靠
294 的人。

39

The New Priscilla

新普里西拉号

马萨诸塞州塞勒姆与哈瓦那
1829 年

企鹅海盗史

19 世纪的报纸，尤其是塞勒姆等港口城市的报纸，通常会刊载船只进出的详细记录，例如船只在海上相遇时互相传递的消息，或提及失联船只有关情况的通信。新普里西拉号向我们展示了那个年代的海上信息传递网络，当时的通信速度远远比现在慢。这艘船还牵涉了一些幽灵般的元素，包括一艘被遗弃的船和水手们对即将到来的航程可能带来厄运的迷信。

针对美国船只最严重的一次海盗袭击可能发生在 1829 年 2 月，当时哈特船长指挥的新普里西拉号在距离哈瓦那几英里处被发现时，显然处于被遗弃状态。[1] 关于这一悲剧的报道因无人幸存而笼罩在谜团之中，以下内容来自当时报纸档案的汇编。

新普里西拉号是来自塞勒姆的双桅帆船，由哈特船长指挥，最初的目的地是苏门答腊的胡椒海岸，但这艘船再也没有回到故乡。当时人们买卖胡椒是用西班牙银圆支付 295
的，这次的银圆由埃塞克斯街的银行通过几辆 4 匹马拉动的邮车运送到码头，这样银圆就不必过夜存放。新普里西拉号接收货物后便启航了，后来被发现在墨西哥湾流中漂浮，船上所有人都被海盗杀害。不过，仍有一些人假装塞勒姆历史上不曾发生重大事件。

“这事不稀罕，我们经常能看到几辆马车从波士顿驶向埃塞克斯街的亚洲银行，[2] 车上装满了银圆，每个桶 3000 美元，每个帆布袋 1000 美元。”一位老马车夫如是说。

费城《公报》（*Gazette*）刊载了一封从哈瓦那寄来的私人信件和一份来自马坦萨斯的公证书。信中是纽约玛丽 · 简号船长约翰 · 科内加（John Conega）所作的陈述，内容如下：

“2 月 14 日，西南风吹进狗岛附近的凯萨尔银行。下午 2 点半，看见一艘混合型帆船（雌雄同体式帆船）和一

> 艘纵帆船并排航行，迎风停了下来；下午 4 点，我们不想离开那片海域太远，于是调整方向，朝南航行，那两艘船也立刻启航。4 点 15 分，两艘船发现我们靠近，便掉转方向，约 15 分钟后，纵帆船再次起航，离开了停在原地的另一艘船。下午 5 点，我们靠近塞勒姆的新普里西拉号，发现船尾小艇的缆绳悬在水中，小艇已经不见踪影，船上没有人影，我们叫了三四次，但无人回应，便转头走了。

值得注意的是，关于某个男孩被海盗钉在甲板上的说法至今无据可考。这个令人毛骨悚然的故事通常与新普里西拉号遭遇海盗事件联系在一起。此外，关于这次事件还有一个说法，据称新普里西拉号的两名船员在查尔斯顿被允许上岸自由活动一天，晚上返回时，两人正要登船，突然一只大黑狗来到船边嚎叫。在这两位水手看来，狗叫是不祥之兆，船上肯定会发生什么事情。于是他们转身逃跑，躲了起来，一直等到船只离开港口。两人因此躲过一
296 劫，保住了性命。

40

The Friendship

友谊号

马萨诸塞州塞勒姆与苏门答腊
1831 年

企鹅海盗史

到目前为止，19 世纪的船只分别在加勒比海、墨西哥湾以及美国大西洋沿岸遭遇海盗袭击。这次要讲的故事表明，哪怕远至苏门答腊，美国的航运业务依然受到海盗威胁。文中描述的是苏门答腊居民对一艘前来交易胡椒的船只发动的一次袭击。但这些居民到底算不算海盗？可以推测，胡椒贸易可能对苏门答腊的权贵有利，但对袭击并占有船只的当地居民来说，并没有什么好处。从马来人的角度来看，这些所谓的海盗可能与波士顿茶叶党没有太大区别。如果他们只是受人差遣，那么他们与巴巴里海岸的海盗或许并无二致。

友谊号最初建于 1797 年，是东印度公司的船。如今，塞勒姆的友谊号是这艘船的现代复制品，由国家公园管理局运营，供塞勒姆港游客参观。[1]

1831 年 2 月 7 日，塞勒姆恩迪科特船长指挥的友谊号在苏门答腊夸拉巴图海岸被马来人俘获。[2] 悲剧发生的那天 297
上午，恩迪科特船长、巴里先生（二副）和 4 名船员照常上岸，打算称量胡椒，他们预计当天能从马来人那里收到两船货。这艘胡椒船装载完毕后，船员注意到船只在河中行驶时有些迟缓，由于船员全是马来人，船员们推测他们可能在偷胡椒，然后藏到丛林里。想到这里，船长派了两名船员去查看。靠近船只时，他们看见五六个马来人从丛林中跳出来，迅速登上胡椒船。船员误以为这些人是那艘船上的船员，因为靠近这艘船时，他们曾看到这五六人从船上下来。不过，随后的事情证明他们错了。此时，一艘双桅帆船出现在视野中，正向约 5 英里外的苏苏港（Soo Soo）驶去，那是另一个胡椒港口。恩迪科特船长走到海滩上，想查看那艘船是否悬挂旗帜，结果发现胡椒船已靠近友谊号，而且船上有很多本地人。

胡椒船靠近时，友谊号船员有限，事情忙不过来，许多马来人上了船。负责称量胡椒的大副奈特先生站在甲板上，询问对方来意。对方回答说，他们只是上来看看船。奈特命令对方回到他们的船上，那些人照做了，但很快又回到友谊号上发动了袭击。由于船员分散，无法集中力量进行有效抵抗，最终船只遇袭，一些人倒在前甲板上，[3]奈特先生试图从船舷拿起一根船桨自卫，结果在船尾被一刀刺中后背，重伤倒下。

还有两个负责运输胡椒的船员想上船帮助同伴，
298 最后被迫跳入海中。一个名叫查尔斯·康弗斯（Charles Converse）的塞勒姆人受了重伤，好不容易游到斜桅支索处，[4]他一直抓着支索，直到被当地人救起。由于某些原因，他之后未受到进一步骚扰。他的同伴约翰·戴维斯（John Davis）不会游泳，随潮流漂向船的吊船装置旁，当时用来操作小船的绳索离水面很近，戴维斯抓住了其中一根绳子。马来人看到后，将小船从船尾放下，迅速驶向戴维斯，将其杀害！厨师跳入旁边的独木舟，试图划船离开，结果独木舟翻了。厨师不会游泳，只能趴在翻过来的船底上，用手划水回到岸边，结果被俘。意大利人格雷戈里（Gregory）躲到前桅顶部的横梁上，马来人用友谊号上的火枪朝他开枪，但他幸免于难。

还有3名船员跳入海中，游向距离小镇北边约一英里远的陆地，然后躲开岸上马来人的视线，悄悄地朝北游向费利克斯角（Cape Felix），计划前往大约45英里外的安纳拉布港。经过一晚上的努力，他们次日早晨发现已经接近海角，但距安纳拉布港还有 25 英里。

恩迪科特船长、巴里先生和 4 名水手来到海滩，看到船员跳入海中，船长立即意识到发生了什么，一帧帧恐怖画面在他脑海里闪现——船只遇袭了。他们二话不说跳上船，划着小船出发了。与此同时，一个名叫波·亚当（Po Adam）的友好王公也跳进了小船。波·亚当非常富有，距离夸拉巴图河口三英里处的普洛基奥（Pulo Kio）港口以及大量地产，都归他所有。过去 8 年里，他在胡椒海岸的生意比任何人都要成功，而且他一直宣称自己是美国人的朋友，认为美国人诚实可靠。波·亚当能说一点英语，当他跳进小艇，他喊道：“船长，你遇到麻烦了。马来人要杀你，他们也会杀了我！”成群的马来人聚集在河的两 299
岸，挥舞着武器，气势汹汹。同时，8—10 名马来人驾着渡船驶出，他们手持长矛和克里斯刀，[5] 企图阻止船员们重新登船。然而，恩迪科特船长和船员毫无畏惧，站在船头挥舞着波·亚当的弯刀，威胁马来人。马来人被吓跑了，纷纷退回岸上，为恩迪克船长的船让了路。等恩迪克和船员靠近大船，发现马来人已经完全占领这艘船。有些人在甲板上游荡，还有些人在向岸上的人发出成功的信号，除了站在桅杆上的一名船员，原来的船员都不见了。3 艘马来船载着约 50 名马来人从河口驶出，朝着这艘船驶来，恩迪科特船长和船员认为，要想夺回船只，只能向其他船求助，于是他们朝穆奇（Muchie）方向前进，因为他们知道那里停泊着几艘美国船。3 位美国船长得知同胞的不幸后，立即起锚驶向夸拉巴图，决心想办法夺回友谊号。当天 4 点，他们在夸拉巴图锚泊，其间马来人已经把船上所有可移动的物品，包括黄金和几箱鸦片，搬到了岸上，货物总价值超过 3 万美元。这一切发生在 9 日晚上，10 日早晨，马来人试图将锚链收起，将锚提到船头，让船漂向海滩。然而，锚链没有固定[6]在船尾的支柱上[7]，突然猛地松开，一段弯曲的锚链[8]被意外扔到卷锚机前[9]，锚链打了一个结[10]，锚下沉至距离锚链孔约 15 英寻处突然卡住[11]。随后一场暴风雨来袭，船开始斜着漂向海岸，最终在距离小镇约半英里的珊瑚礁上搁浅。第二天，马来人找到一个合适的地方停船，一位友好的马来人从苏苏港登上船，传信说
300 美国人要求归还船只。船上的海盗回答说[12]，他们不会交出船只，除非美国人武力夺船。此时，美国舰队向友谊号发起攻击，甲板上密密麻麻的马来人立刻回击，同时岸上的马来人也用炮火支援。双方打得难解难分，决定通过近

距离搏斗一决胜负。为发动强攻，美国船员准备了几只小艇，载着大约 30 名官员和水手，准备登船作战。然而，马来人没有等到美国船员登船便全部弃船逃走，船只被美国船员夺回并拖入深水区。当他们登上友谊号，整艘船的状态无法用言语形容。船体各部分都遭到明显的暴力破坏，一眼就能看出曾经历十分惨烈的袭击。后来，友谊号放弃原定航程，回到美国。 301

41

The Mexican

墨西哥号

马萨诸塞州塞勒姆与里约热内卢
1832 年

对这一时期的美国而言，奴隶制是合法的，但奴隶进口被禁止，奴隶贩子和海盗的角色往往可以互换。袭击墨西哥号的潘达号船员后来在非洲西海岸被捕，在波士顿受审，其中一半人被判绞刑。

墨西哥号是一艘注册吨位为 227 吨的船，船主是塞勒姆的约瑟夫 · 皮博迪（Joseph Peabody），船长是同样来自塞勒姆的约翰 · G. 巴特曼（John G. Butman）。这艘船于 1832 年 8 月 29 日从塞勒姆出发，准备前往里约热内卢某市场[1]做生意。[2]出发时，船上除了约 100 袋硝石和 100 箱茶叶外，基本上没有搭载其他物品，不过船底藏了大约 20000 美元。

墨西哥号的人员由 13 人组成：船长、大副、二副、8

名前舱水手、一名有色人种厨师和一名管事。 302

1832 年 9 月 20 日，墨西哥号航行至北纬 33°、西经 34°1′2″ 的位置时被海盗船潘达号俘获。墨西哥号上的金币被海盗抢走，船员遭到虐待，其个人物品被抢走，船上所有食物、帆布和家具也被洗劫一空。

海盗还将墨西哥号的船员和船长赶到船舱下层，将所有出入口牢牢封死，将船只帆索和帆布剪断并摧毁，在厨房里塞满可燃物，然后放火点燃了船只。随后，海盗们遗弃这条船，任由船只和船员葬身火海。

幸运的是，火势尚未蔓延开来之前，船员们设法突破封锁，将火扑灭。不过，他们不敢太快将火扑灭，因为海盗还能看见他们，如果火势一下被扑灭，肯定会被看出端倪，那帮恶徒肯定会折回来，这样他们就彻底完蛋了。虽然海盗让这艘可怜的船陷入绝境，但巴特曼船长和船员活了下来，并立即抓紧修复船只，终于赶在天黑前重新挂上新帆，并修好了帆索等设备。

幸亏巴特曼船长眼神犀利，他发现那艘陌生船只的真实身份后，设法将一些必要的航海设备藏了起来，如指南针、象限仪和航海图等。最后，墨西哥号于 1832 年 10 月 12 日安全返回塞勒姆。 303

42

La Amistad

阿米斯塔德号

哈瓦那与蒙托克
1839年

考虑到海盗常常在极端自由和极端不自由的状态之间摇摆不定，本书最后一个例子尤为引人注目。1839 年 7 月，西班牙的阿米斯塔德号纵帆船上搭载了 53 名门德族俘虏，这些人被非法贩卖并运送到古巴，违反了禁止跨大西洋进口奴隶的国际条约。此外，船上还有 4 名儿童。船上的厨师曾对奴隶们开玩笑，说他们将会被杀害并被吃掉，这使得旅途的气氛更加阴暗。几天后，一个名叫森贝·皮耶（Sengbe Pieh）的门德族男子，其英语名叫约瑟夫·辛克（Joseph Cinque），领导奴隶们进行了一场血腥而暴力的反抗。他们夺下船只，杀死了船长和那个开玩笑的厨师，并要求俘虏他们的人将船驶回非洲。

两名西班牙人——何塞·鲁伊斯（Jose Ruiz）和佩德

罗·蒙特斯（Pedro Montes）欺骗了船上的门德族奴隶，决定驶向美国东海岸，因为他们知道，如果美国海军认为这艘船落入海盗手中，肯定会拦截他们。鲁伊斯和蒙特斯认为，门德族叛乱者将被迫返回古巴，依旧是他们的财产。到了长岛附近，阿米斯塔德号被美国巡逻舰华盛顿号 304
拦截。皮耶和一些同伴逃脱了华盛顿号的追击，但最终被捕，并与其他叛乱者一起被监禁。阿米斯塔德号被拖入康涅狄格州纽黑文，叛乱者被指控犯下谋杀和海盗罪。颇具讽刺意味的是，他们被指控夺取的财物不仅包括船只本身，还包括他们自身——因为他们是船上的奴隶。此事引发了两桩重要的法院案件，一是华盛顿号船员主张的对船只和船上“人类货物”的打捞权，二是美国对西班牙人囚禁门德族奴隶的指控。西班牙要求美国总统将阿米斯塔德号的叛乱者作为奴隶送回古巴，最终，美国诉“阿米斯塔德”一案（1841 年）在美国最高法院接受审理，法院作出有利于门德族俘虏的裁决，成为废奴运动中的标志性时刻之一。阿米斯塔德号上的“海盗们”（实际上他们最终没有被判定为海盗）获得约翰·昆西·亚当斯（John Quincy Adams）的辩护，以下是亚当斯辩护时的一段摘录：

那个月 30 日夜间，接近次日破晓时分，奴隶们发动对船员的袭击，杀死了船长、船长的一个奴隶以及两名水手，只留了两个活口，分别是何塞·鲁伊斯和佩德罗·蒙特斯，这两人遭到虐待且受伤。前者拥有船上 49 名奴隶，后者拥有另外 4 名。[1] 奴隶们之所以饶了这两人，是为了让
305 他们操纵船只，驶回非洲海岸。蒙特斯利用自己对航海事务的了解，借着“神的庇佑”——“神的庇佑啊！”——成功将船开到美国东海岸。蒙特斯在途中遇到多艘船只，黑人奴隶从这些船只的船长那里购买了食物，但由于被严密监视，蒙特斯无法向那几位船长说明自己所处的困境。最后，幸运的是，他到达长岛，阿米斯塔德号被美国的华盛顿号军舰扣留。舰长吉德尼了解事件经过之后拘捕了奴隶，并将他们和船只一起带到康涅狄格州的新伦敦。

尊敬的法官阁下：

身为本法院一名获得正式许可、执业良久的律师和顾问，我深感或许有必要向法院致歉，在接下来的陈述中，我恐因年老体衰和缺乏经验而无法完全胜任，无法为那些生死和自由掌握在法院手中的人提供期望的服务。[2] 然而，我不愿占用法庭的时间来讨论我个人的情况，我将把必要

的辩解推迟到关于案件本身的辩论结束时。

审理此案时，虽然我为自己和我的当事人感到忧虑，但有两点让我感到欣慰。首先，学识渊博的各位同仁已经充分和有力地捍卫了我当事人的生命和自由权利，以至于几乎没有给我留下多少辩护的余地。我认为，我当事人的利益已得到充分、公正对待，我在辩护过程中的任何失误和不足都只能归咎于更深层次的原因。其次，令我深感安慰的是，本法院是公正的法院。在其他场合，我可能不会请法院考虑“何为正义”这样显而易见的问题。正如《尤斯提尼安法典》在近 2000 年前定义的那样，正如所有理解
人际关系和人权之人理解的那样，正义是—— 306

“Constans et perpetua voluntas, jus suum cuique tribuendi.”

“为了保障每个人拥有自己应得权利的恒久意愿。”

在公正的法庭上，在双方当事人出席的情况下，正义要求每一方的权利得到保障，并且每一方都享有法庭确保的权利。这一点非常重要，因为我今天代表的是 36 个人，他们每个人的生死和自由都依赖法庭的裁决。因此，我相信，在裁定此案时，法庭不会对这 36 人做出笼统判断，而会根据每个人的具体情况来决定其生死和自由。

他们的情况各不相同，境遇也各不相同。在他们被带到法庭并接受美国法院保护的过程中，有 32 或 33 人被指控犯有谋杀罪。其中 3 人或 4 人是年幼的女孩，根据我们的法律，她们不可能犯下谋杀罪、海盗罪或其他任何罪行。然而，从船只被我们海军官员接管的那天起，她们就一直被当作要犯关押，被美国法院拘留与监禁，至今长达 18 个月。因此，我相信，在法庭做出最终判决之前，尊敬
307 的法官们会充分考虑案件各当事人的情况。

当我说自己站在公正的法庭上感到欣慰时，我必须表达自己的立场，因为正如我即将陈述的，美国政府另一部门在处理此案时采取了完全不公正的立场，而我所代表的这些人站在法庭前等待法庭的裁决，他们的命运完全由法庭决定，然而他们面对的是享有全权的美国行政部门以及外国政府的压力。最为痛苦的考量在于，在我支持撤销上诉的动议时，我不仅有责任调查并向本法院提交关于此案中行政部门程序与形式的审查意见，还要审查行政部门干预的合法性和动机，特别是涉及对当事人个体权利的不寻常干预。

我对现任行政政府提出的指控是，在所有涉及这些不幸之人的程序中，他们没有像本法院一样遵守应当遵守

的正义原则，而是感情用事。在这场正义的冲突中，他们对一方表现出同情，而对另一方表现出反感，即对白人同情，对黑人反感。为了证明这一点，我将引述国务卿本人的承认和声明。1839 年 12 月 13 日，福赛思（Forsyth）先生在致西班牙大臣阿尔盖伊（d’Argaiz）的信中为政府的做法辩护，在回应西班牙使节无理且尖锐的指责时，他写道：

“本人不得不在此信件结束前提醒阿尔盖伊爵士一个事实：除了蒙特斯先生和鲁伊斯先生因面临民事诉讼而颇感困扰外，所有有关此事的程序以及政府行政和司法部门的所有行动，都是基于他们两人才是受害方这一假设，他们要求交还财产的主张不仅有事实依据，而且符合正义原则。” 308

写这封信时，福赛思先生的陈述是完全正确的。政府的所有程序——无论是行政部门还是司法部门，都建立在一个假设上，即这两位西班牙奴隶贩子是唯一的受害方。他们毫无过错，而幸存下来的、寻求自我解放的受害者一方则大错特错。我请求法官们考虑，这样是否公正？连福赛思先生自己都认为这样不公正。正如他所言，这是同情，因为在同一封信的前一页，他提到自从吉德尼中尉首次介入以来，政府的行动是这样的：

“鲁伊斯先生和蒙特斯先生最初在美国海岸附近被发现时，他们被剥夺了财产和自由，遭受非法暴力，且面临随时可能失去生命的巨大危险。

“两人在这种困难和危险的情况下被美国官员发现，在同情心的促使下，这些官员立即将两人从危险中解救出来，恢复两人自由，确保压迫他们的人为所犯的暴力行为承担后果，并将两人声称为自己所有的财产置于法律保护下，直到相关部门审查其所有权，并依据1795年《美西条约》第九条的规定作出裁决。”

国务卿宣称，最先对西班牙奴隶贩子表现出同情心的是吉德尼中尉。将这种同情心的产生归咎于吉德尼中尉，且这种同情已成为“国家层面的”同情，我希望这种表述并不准确。政府宣称，有关部门的行动基础是国家对奴隶贩子的同情，[3]而这一点被用来回应西班牙大臣的所有主张、要求和指责！我无法像反驳诽谤罪那样反驳称国务卿的某些陈述不实，因为遗憾的是，正如国务卿所言，政府的立场确实如此。我们的行政部门，乃至国家，出于对奴隶贩子的同情，站在这些贫穷、不幸、无助、哑口无言、无法为自己辩护的非洲人的对立面，也正是因为同情成为本案相关所有程序的依据、基础和动机，此案才得以递交贵院审理。309

我想问，凭什么从吉德尼中尉到国务卿，再到国家，所有的同情都只施予来自古巴的两位西班牙人，凭什么对这 53 位受到西班牙奴隶贩子非法暴力行为侵害的受害者，拒绝给予同情？凭什么他们通过自己的抗争恢复自由，让压迫者为自己所犯暴行承担后果，却得不到同情，反而施暴者得到同情？阿米斯塔德号首次进入美国的领土管辖范围时，西班牙人和船上的非洲人之间确实发生了暴力事件，但哪一方的暴力行为是非法的，哪一方是施暴者，是关乎是非对错的问题。如果美国政府和人民决定干预，他们本应对所有人伸出同情之手；如果他们决定干预，那么这种干预应该是公正的，而不是偏袒其中一方。他们要做的不是感情用事，而是本着正义原则，给予每个人应得的正当权利。

这些非洲人已经占有船只，且拥有推定的所有权，他们与美国保持和平关系。法院已作出裁定，他们不是海盗，且确实如此。他们正在前往自己的故乡——他们“甜美的阿尔戈斯”；他们已获得继续航行的权利，并且根据他们的了解，他们有能力继续航行；船是他们的，且靠近纽约州岸边，处于纽约州管辖范围内。即使并非完全如此，船上至少一半人已踏上纽约土地，他们有权享受国际法和该州法律为所有人提供的保护和保障。

吉德尼中尉在没有任何政府授权和法律依据的情况下，用武力制服了他们，把他们驱赶下船，夺走船只，并违背船只占有者的意愿将船只转移到另一个州。我以正义
310 的名义询问，该等行为依据的是何种法律？即使承认这些非洲人犯下的是海盗罪（而法院已裁定这不是海盗罪），此案涉及的问题对美国人民的自由，尤其是纽约州的自由仍有重大关系。美国海军军官是否有权在纽约州领土上凭借武力逮捕他们，向他们开枪，制服他们，解除他们的武装，将他们强行押上船并带到另一个州，而没有任何法律依据且不经任何正式程序？我并非指责吉德尼中尉，但我请求法庭在正义的名义下，弄清楚该等行为依据的是何等法律，以及该等行为的原则应当如何界定。

我主张驳回上诉，依据是美国政府与该事件相关的所有程序从一开始就是错误的。首先，美国海军军官不应扣押船只和我的当事人。其次，在纽约州领土强行逮捕这些人或其中一部分人是错误的。船只被带到康涅狄格州地方法院管辖区之后，这些人因在公海上涉嫌谋杀和海盗罪被

提起刑事诉讼且被监禁。随后，吉德尼中尉将他们作为财产提起诉讼，要求对这些人行使“打捞权”，并根据这一程序将他们作为财产交给美国法警看押。之后，鲁伊斯和蒙特斯对这些奴隶提出索赔，法院再次将他们关押。康涅狄格州地方法院的检察官于9月2日致信国务卿报告了这一情况，称“这些黑人因谋杀船长和大副被起诉”“目前关押在纽黑文监狱”。这位检察官还写道：“我们的巡回法庭下一次开庭日是本月8日，我想，”——打印出来的文书中，“我想”二字用的是斜体——“除非他们以某种方式被处置，我想我有责任将他们送上法庭。”这是检察官第一次就案件作出暗示，不难想象，他所说的“以某种方式被处置”是指什么。最后这位检察官说：“如果您有任何指示，请尽快告诉我。” 311、312

Appendix

附录

流行文化中的海盗故事

本书的目的是提供有趣的原始资料，方便读者了解有关黄金时代海盗的真实历史，增长见闻。但正如我们所看到的，即使在原始资料中，海盗的传说也充满了夸张、谣言和神话。以下是流行文化中两个知名海盗——西尔弗与虎克的故事摘录，也许我们没有读过这些故事，但肯定听说过它们。

约翰·西尔弗如今是一家海鲜餐厅连锁的名字，而他的独腿也成为很多儿童海盗读物的标志形象——他是罗伯特·路易斯·史蒂文森冒险小说《金银岛》中的反派人物，这本小说最早以《海上厨师：讲给男孩们的故事》为题，于 1883 年出版。《金银岛》是一则获得广泛改编，[1] 且充满戏剧性情节的成长故事，讲述的是一个名叫吉姆·霍金斯（Jim Hawkins）的少年去寻找海盗宝藏，却发现船上厨师有造反之心的经历。尽管这本小说于 19 世纪出版，但其故事发生在 18 世纪，正值黄金时代海盗的巅峰时期。以下内容节选自《我在苹果桶里听到的事》，讲述了吉姆第一次得知约翰·西尔弗承认自己是海盗的情形，当时吉姆藏在甲板上的苹果桶里。

同样，海盗船长詹姆斯·虎克（James Hook）首次出现在 J.M. 巴里的剧本《彼得·潘：不会长大的男孩》（*Peter Pan; or, The Boy Who Wouldn't Grow Up*）中，之后又出现在小说版本《彼得·潘与温蒂》（*Peter and
313 Wendy*，1911 年出版）中。虎克船长的手曾被鳄鱼咬掉，后用一只钩子代替，并因此得名。这只鳄鱼的肚子里有一只嘀嗒作响的钟，它一直在追踪虎克船长。虎克的船叫作快乐罗杰号，当然，这个名字来源于 150 年前海盗常用的骷髅和交叉骨旗帜。在各种卡通和玩具版本中，虎克有着一头飘逸的长发，看上去像是斯图亚特王朝复辟时期的宫廷贵族，他对彼得和失落男孩们的邪恶阴谋显得既滑稽可笑又缺乏男子气概，而这种表现源于虎克的无能、虚荣和懦弱。

这两个臭名昭著的反派角色加深了人们对海盗肢体残缺的刻板印象——这种残缺在叙事中象征着海盗灵魂的堕落。尽管这种残缺也反映了海上生活的残酷，正如前文所述海盗章程对肢体残缺的规定所体现的那样。两人都被描绘成无情的角色，而且这种无情由于他们对儿童的威胁而显得更加邪恶。与小时候遭遇强奸，后来成为海盗的亨利·埃弗里相比，与在牙买加被亨利·摩根关押和饿死的孩子们相比，《金银岛》中的吉姆最终取得了胜利。在彼得的衬托下，虎克显得滑稽可笑，而 21 世纪从维达号沉船残骸中挖掘出来的那位少年，就像海盗黑萨姆一样，最终死于非命。在这两个故事中，海盗最终都被儿童制服。有关海盗的虚构故事最终达成所有清教徒牧师、私掠者、海军、大炮、国际协议、公开绞刑和皇家赦免无法达成的目标：让海盗成为人畜无害的形象。

确实，只有在虚构故事当中，广阔的海洋才是安全的。314

43

Robert Louis Stevenson, Treasure Island, "What I Heard in the Apple Barrel"

约翰·西尔弗

节选自罗伯特·路易斯·史蒂文森著
《金银岛》中的《我在苹果桶里讲到的事》

“不，不是我，”约翰·西尔弗说道，“弗林特才是船长，我装了假腿，就当了舵手。那次船舷排炮齐射，我的腿被炸断了，老皮尤的眼睛被炸瞎了。给我锯腿的是一个大名医，医学院出来的，会说一口流利的拉丁文，什么都懂。可他和其他人一个下场，最后像狗一样被绞死，在科尔索城堡晒成了干尸。那是罗伯茨一伙，[1]他们老是把船名改来改去，什么皇家财富号之类的。要我说，一艘船原本叫什么名字，就叫什么名字，别乱改。就像卡桑德拉号，英格兰船长[2]征服了印度副王号，又载着我们平安回来。弗林特的老船海象号也是一样，我曾亲眼见过这艘船上沾满鲜血，船上的金子快把船给压沉。”

“啊！”另一个声音喊道，那是船上最年轻的船员，言语间显然充满了钦佩，“真是英雄好汉呐，这弗林特！”

“听说，戴维斯[3]也是个了不起的家伙，”约翰·西尔弗说道，“我从没和他一起坐船出海。一开始，我跟的是英格兰，后来跟的是弗林特的船员，我就是这么过来的。现在嘛，我算是自立门户了。[4]我从英格兰那儿分了900块，从弗林特那儿分了2000块。对一个普通水手来说，赚这么多算不错了，而且我全存进了银行。你得明白，关键不在于赚多少，而是存多少。英格兰的手下现在都去哪儿 315
了？我不知道。弗林特的船员呢？大部分都在这艘船上，而且都很高兴能混一口饭吃。[5]他们当中有些人以前还靠讨饭过活哩。老皮尤，眼瞎了，按理说，他应该感到羞耻，当初他一年花掉1200英镑，过得像上议院的大老爷一样。现在他在哪儿？哦，他死了，埋在舱底；不过他死之前那两年，他穷得饭都吃不上！他讨过饭，偷过东西，割过别人的喉咙，最后还是饿死了，天知道！”

“看来干这一行没什么好下场。”年轻的船员说。

“对傻瓜来说，干这一行的确没什么盼头，因为傻子干什么都没盼头，”约翰·西尔弗大声说道，“不过你听我说，你年轻，倒也机灵，我一看你就知道了，所以我把你当成大人看。”

大家可以想象，当我听到这个可恶的老家伙用曾经吹捧我的话来讨好别人，我心里是多么不痛快。我想，要是当时我能动手，我会从桶里钻出来，朝他捅上一刀，把他杀了。不过他还在滔滔不绝，讲个不停，完全没想到有人偷听。

“我给你讲讲‘海上豪客’的事吧。他们生活艰苦，冒着上绞刑架的风险，但他们吃得好、喝得好，派头十足。干完一票，他们口袋里就会塞满成百上千的英镑，而不是什么小钱。大多数人拿到钱之后，都跑去吃酒，寻欢作乐，等钱花光了，又披上衣衫出海冒险。我可不是这样的人，我把钱都存起来了，这里存一点，那里存一点，每个地方存得都不多，免得招人怀疑。我 50 了，你听着，等干完这一票，我要做个堂堂正正的绅士。也许你会说，时间还多着呢。啊，除了海上的日子没那么好过，我以前倒是过得轻松自在，样样不缺，每天睡得香、吃得好。那我是怎么走上这条路的？像你一样，也是从普通水手做起！”

“哦，”另一个声音说，“可是你原先那些钱不都花光了吗？这次回到布里斯托尔，你敢露面吗？”

“你猜我的钱在哪儿？”约翰·西尔弗不屑地问。

“在布里斯托尔，在银行里，或是别的什么地方。”

年轻的船员回答。 316

“是啊，”厨子说，“我们起锚那会儿，是存在那里来着。不过，我老婆现在把钱都取走了。‘望远镜’客栈也卖了，租契、商号，还有各种家当都卖了，我老婆离开了那个地方，准备去别处跟我相会。我倒是相信你，不过要是我告诉你地点，会引起别人嫉妒。”

“你信得过你老婆吗？”年轻的船员问。

“海上豪客，”约翰·西尔弗回答道，“一般都不太信任自己人。他们这样做也说得过去，你得明白。可我有我的办法，要是哪个伙计算计我，我会让他们明白，约翰·西尔弗可不是吃素的。我知道有人怕皮尤，有人怕弗林特，但连弗林特自己都怕我。没错，他又怕我，又器重我。弗林特的船员是最狠的，连魔鬼都不敢和他们出海。我告诉你，我不是爱吹牛的人，你也看得出来，我跟谁都合得来，不过我当舵手那会儿，弗林特手下的老伙计们可不是什么温顺的小绵羊。啊，在我约翰·西尔弗的船上，你尽管放心。”

“说实话，”那个小伙子说，“和你谈话之前，我根本不喜欢这份工作，但我现在决心干下去了。”

“你真是个勇敢的小伙子，聪明得很，”约翰·西尔弗一边说，一边用力握对方的手，他握得那么用力，整个苹果桶都摇动起来，“你是我见过的最适合当海上豪客的人。”

这时我开始理解他们的暗语。所谓“海上豪客”，显然就是指海盗，我偷听到的这席话，应该是海盗腐蚀老实船员的最后一环——也许那人是船上最后一个老实人了。不过我很快就弄明白了这一点，因为西尔弗轻轻吹了一声口哨，又有一个人走过来，坐在他们旁边。

“迪克是个靠得住的人。”约翰·西尔弗说。

“哦，我早就知道迪克靠得住。”舵长伊斯雷尔·汉兹（Israel Hands）的声音传来。“他可不是傻瓜。”汉兹嚼了嚼嘴里的烟草，啐了一口。“不过你看，”汉兹继续说道，“我现在想知道的是，烤肉老伙计，我们还要在这艘鬼船上等多久？[6]我受够斯莫利特船长的气了，真是够了！我非要进他的舱房，他的腌菜和酒，还有其他东西，
317 全都归我所有！”

“伊斯雷尔，”约翰·西尔弗说道，“我看你这脑瓜儿真的不好使，而且向来如此。不过你应该听得到我说的话，你的耳朵还是够大的嘛。我告诉你，你现在得睡在前舱，过得艰苦点，讲话小声点，保持清醒，直到我下令为

止。你得听我的，伙计。”

“好吧，我也没说不行，是不是？”舵手低声咕哝道，“我说的是，何时下手？”

“什么时候！天杀的！”约翰·西尔弗喊道，“好吧，如果你非要知道，那我告诉你，我们能对付到什么时候，就是什么时候。船长斯莫利特是一流海员，帮我们驾驶这条宝贝船。船上还有一个大老爷，一个医生，他们带着地图和那些东西——但我不知道这些玩意儿在哪儿。你也不知道，是吧？所以，我的意思是，这位大老爷和医生准能找到宝藏，帮我们弄上船，到时候我们再见机行事。要是我对你们这些白痴有信心，我早就行动了，怎么会让斯莫利特船长带我们走一半的路。”

“我们船上不是这么多海员吗？”年轻的迪克说。

“我们都是普通水手，”约翰·西尔弗冷冷地说道。“我们确实能让船朝着一个方向开，可谁来定方向呢？[7]你们这些家伙就是弄不明白这一点，所以才会把事情搞砸。要是我能说了算，我会让斯莫利特船长把我们带回信风圈，那样我们就不会犯错，不会落到每天只有一口水喝的地步。不过，我知道你们这帮人的性子。等到岛上，我们的货物都上了船，我就干掉他们，可惜是可惜了一点。可是你们呢，非得喝到酩酊大醉，才能快活起来。和你们这帮人一起出海，真他妈受气，伤脑筋！”

“别急嘛，高个儿约翰，”伊斯雷尔喊道，“谁惹你生气了？”

“你们知道我见过多少艘大船遇难？见过多少快活的小伙子在刑场被处决，尸体被晒干？”约翰·西尔弗喊道，“全都是因为性子急躁！你听明白了吗？我在海上见得多了。我告诉你们，如果你们能定航向，朝着正确目标行驶，你们现在早就坐马车享福了。但你们不是这块料！我了解你们。明天你们还是会烂醉如泥，死在谁手里都不
318 知道。”

44

J. M. Barrie, Peter and Wendy, “The Pirate Ship”

詹姆斯·虎克

节选自J.M.巴里著
《彼得·潘与温蒂》中的《海盗船》

企鹅海盗史

一道绿光照在海盗河口附近的基德湾上，[1]双桅帆船快乐罗杰号就浅浅地停泊在这片水域。这艘船外形丑陋，船体肮脏，每根桁条都像地面散乱的羽毛一样令人不悦。它是海上的食人恶魔，根本不需要船员望风，就凭它令人生畏的名号，就能在海上畅行无阻。

船被深深的夜幕笼罩着，没有任何声音传到岸边。船上静悄悄的，只听得一台缝纫机嗖嗖作响的声音，斯密正坐在缝纫机旁，永远那么勤劳，那么乐于助人，仿佛平凡又伤感的化身。我不知道为什么他总是如此伤感，也许是因为他完全不自知。即便是强悍的人从他身边走过，也会匆匆移开视线。夏天的夜晚，斯密曾不止一次触动虎克，让他的双眼噙满泪水。可斯密对此浑然不觉，就像对其他

事情一样。 319

几个海盗趴在船舷上，嗅着夜晚的恶臭，还有几人懒洋洋地围坐在木桶旁，玩着骰子和纸牌。刚才抬小屋的那4个海盗累坏了，有气无力地趴在甲板上，他们甚至睡觉时也能熟练地从这边滚到那边，躲开虎克的钩子，免得他经过时冷不丁用铁钩去抓他们。

虎克在甲板上踱着步子，沉思着。哦，深不可测的男人。这是他的得意时刻，彼得已经永远从他面前消失，其他孩子也准备走上跳板，这是自他制服"烤肉"船长以来最有成就感的一件事。[2]我们知道人类是多么虚荣，就算谁此刻看到虎克船长在甲板上喜不自胜地踱着步子，恐怕也一点都不会惊讶。

可虎克的步子没有丝毫欢欣，反而跟他的心情一样沉重。他的内心沮丧极了。

宁静的夜晚，虎克走在甲板上常常陷入沉思，因为他太孤独了。这个令人捉摸不透的人，反而觉得手下的人围在身旁时最孤独，因为那些人跟他不在一个层次，根本无法交流。

虎克并非他的真名。即便到今天，揭露他的真实身份也会在这个国家引起轩然大波。但那些能从字里行间读出言外之意的人应该能猜到，虎克曾在一所著名公学就读，[3]而且这所学校的传统至今仍像衣服一样紧紧缠绕在他身上，让他一刻也不敢掉以轻心。即便现在，虎克依然觉得平时在船上还穿着打劫时的那身衣服是不体面的。走路时，他依然保持着学校那种颇有架势、气定神闲的姿态。最重要的是，他依然保持着对“风度”的渴望。

风度！无论堕落到什么地步，他仍然要讲风度。

虎克在内心深处听到一阵吱吱作响的声音，就像一扇生锈的门打开，透过门缝传来一阵沉闷的敲击声，就像人们夜里睡不着时听到的敲打声一样。“今天你保持风度了吗？”那声音一直在问。

“名声，名声，那个闪闪发光的小玩意儿，我得到了。”他喊道。

320 “出了名就是有风度吗？”学校里的敲打声回答。

“我是唯一令烤肉船长害怕的人，”他坚持说道，“连弗林特都害怕烤肉船长。”

“烤肉船长，弗林特——哪个学院的？”[4]传来尖刻的反问。

最令人烦扰的是，为了“风度”这般苦恼，是不是没风度？这个问题搅得虎克不得安宁。它是一只比铁钩还要锋利的爪子，撕扯着他，汗水顺着他那油晃晃的脸庞流下，滴到他的紧身衣上。[5]他不断用袖子擦脸，但汗水依然流个不停。

啊，别羡慕虎克。

他突然觉得，自己肯定会早早死去，仿佛彼得的可怕诅咒已经登上这艘船。虎克感到一阵阴郁，想趁早留下临终遗言，生怕稍后就没机会了。

“如果虎克没这么大的野心，该有多好。”

只有情绪最低落的时刻，虎克才会用第三人称提及自己。

“没有小孩子喜欢我。”

奇怪，他居然会想到这个问题，以前他从来没有为这个问题烦恼。也许都是那台缝纫机惹的祸。很长一段时间，虎克喃喃自语，盯着斯密，斯密正在平静地踩着缝纫机，心里八成想着所有孩子都怕他。

怕他！怕斯密！那天晚上，船上没有哪个孩子不爱斯密，尽管斯密凶了他们，还抡起巴掌打了他们，因为他不能用拳头打，但他们还是紧紧地挨着他。迈克尔甚至还试着戴了他的眼镜。

我要告诉可怜的斯密，孩子们觉得他很讨人喜欢！虎克很想这么做，但这样似乎太残忍了。于是他继续在脑海中琢磨这个谜题：为什么他们觉得斯密讨人喜欢？他像猎犬一样追踪这个问题的答案。如果斯密讨人喜欢，那原因
321 是什么？一个可怕的答案突然浮现——“他有风度？”

难道这个水手长对自己的风度浑然不觉？是不是这样才是真正的风度？

虎克想起来了，人必须证明自己不知道自己有风度，才有资格进入伊顿公学联谊俱乐部。[6]

虎克恼怒地大喊一声，抡起铁钩，准备向斯密头上挥去，但他没有这样做。让他停下来的，是这个想法：“因为对方风度好而揍他，这算什么？”

“毫无风度！”

可怜的虎克浑身无力，大汗淋漓，就像一朵被砍断的花一样倒了下去。

船员们以为船长没在旁边，立马把纪律抛之脑后，像发酒疯似的跳着舞。虎克一跃而起，人性的所有弱点一扫而空，仿佛一桶水浇在他身上。

“安静，臭小子们，”他大喊，“不然我用铁钩扎死你们！”顿时，喧嚣声戛然而止。“那些孩子是不是都用铁链拴好了？可别让他们飞了！”

“拴好了，拴好了。”

“把他们弄上来。”

可怜的囚犯们被从船舱里拖出来，除了温蒂之外，排成一排站在虎克面前。一时间，虎克似乎没有注意到他们的存在。他悠闲地靠着，哼着一首粗俗小曲儿的片段，调子还挺好听，手指在一副扑克牌上随意拨弄着。雪茄的火光不时闪亮一下，为他的脸镀上一层颜色。

“好了，伙计们，”他干脆地说，“今晚有 6 个人要走跳板，但我船上还有两个空缺，谁愿意干？”

“除非万不得已，不要惹恼他。”温蒂在船舱里叮嘱过孩子们。图图礼貌地走上前，他打心眼儿里不想加入这支队伍，但本能告诉他，把责任推给一个不在场的人比较明智。他虽然有点儿傻，但他知道，只有妈妈总是愿意给孩子当替罪羊。所有孩子都知道这一点，虽然他们瞧不起自己的妈妈，[7]但总是利用这一点。

图图小心翼翼地解释道：“是这样的，先生，我觉得我妈妈不想当我海盗。你妈妈想让你当海盗吗，弱弱？” 322

图图朝弱弱眨了眨眼，弱弱愁眉苦脸地说：“我觉得她不想，”仿佛他希望妈妈能让他当海盗似的。“你们妈妈希望你们当海盗吗，双胞胎？”

“我觉得不愿意，”双胞胎中的老大跟其他孩子一样机灵，“尖尖，那你——”

“闭嘴，”虎克咆哮道，回答问题的孩子被拉了回去。“你，小子，”他对约翰说，“你看起来有点胆量。你不想当海盗吗，小伙子？”

约翰确实这样想过，尤其是写算术作业时。[8]他没想到虎克居然挑中了他。

“我曾经想过管自己叫‘血手杰克’。”约翰怯怯地说。

“好名字。如果你入伙，我们就这么叫你。”

“你说呢，迈克尔？”约翰问道。

“如果我入伙，你们叫我什么？”迈克尔问道。

“黑胡子乔。”

迈克尔果然动心了。“你觉得呢，约翰？”他想让约翰拿主意，但约翰希望他拿主意。

“我们还能当国王的好臣民吗？”约翰问道。

虎克咬牙切齿地回答：“你必须发誓，‘打倒国王’。”

或许约翰以前的表现一直不好，但现在他终于出头了。

“那我拒绝。”约翰大喊着，猛地拍了一下虎克面前的木桶。

“我也拒绝。”迈克尔大声喊道。

“天佑不列颠！”弯弯尖叫道。

恼羞成怒的海盗们狠狠地抽他们的嘴巴，虎克大声咆哮：“你们死定了！把他们的妈妈带上来，把跳板准备好。”

他们只是小孩子，看到朱克斯和切科准备好要人命的跳板时，他们的脸顿时吓得苍白。但温蒂被带上来时，他们尽量表现出一副勇敢的样子。[9] 323

我无法形容温蒂是多么鄙视这帮海盗。对孩子们来说，海盗的名头多少有点魅力，但温蒂看到的只是这艘船已经很多年没有打扫了。每一扇舷窗都满是污垢，甚至能用手指写下“脏猪”二字，她已经在好几扇窗户上写过了。不过，当孩子们围着她时，她一心都在孩子们身上。

“怎么样，我的美人儿，”虎克假装好声好气地说，“你的孩子们可要走跳板咯。”

尽管虎克是体面的绅士，但他沉思的时候弄脏了袖口边，他突然发现温蒂正在盯着袖口看。[10] 他急忙用手遮住，但来不及了。

“他们会死吗？”温蒂问道，脸上带着极其鄙视的神情，虎克看了差点晕倒。

“没错！”虎克咆哮道。“大家安静，”他得意洋洋地喊道，“听听母亲给孩子们的临终遗言。”

这时温蒂显得格外庄重。“亲爱的孩子们，我最后想说的是，”她坚定地说道，“我从你们真正的妈妈那里带来一个口信，那就是：‘我们希望我们的儿子能像英国绅士一样赴死。’”

海盗们听了也感到震惊。图图斯歇斯底里地喊道：“我要像我妈妈希望的那样去做。你呢，尖尖？”

“按照我妈妈希望的那样去做。你呢，双胞胎？”

“按照我妈妈希望的那样去做。约翰，你呢——”

虎克又吼道。

“把她绑起来！”他大喊道。

斯密将温蒂绑在桅杆上。“听我说，亲爱的，”他低声说道，“如果你答应做我的妈妈，我就救你。”

但即便是为了斯密，温蒂也不愿做出这样的承诺。“我宁愿没有孩子，”她轻蔑地说。

说来令人悲伤，当斯密把她绑在桅杆上的时候，没有一个孩子看着她。所有人都盯着跳板，因为他们即将踏出

人生的最后几步。他们已经无法再希望自己能勇敢地走上去，因为他们已经失去思考的能力，只能两眼发直，浑身颤抖。 324

虎克咬紧牙关朝孩子们微笑，向温蒂迈了一步。他希望转过她的脸，让她看着孩子们一个接一个地走跳板。但他没有走到温蒂身边，也没有听到他希望从她嘴里挤出来的痛苦惨叫。他听到了别的声音。

是那条鳄鱼发出来的可怕嘀嗒声。

在场的人都听见了——海盗们，孩子们，温蒂，所有人都转向一个方向，不是朝着声音传来的水面，而是朝着虎克。所有人都知道，即将上演的一幕只跟他一个人有关，而他们突然从演员变成了观众。

虎克身上的变化让人看了害怕。他的每个关节仿佛都折断了一样，整个人瘫倒在地。

声音越来越近，但抢在它前头赶来的是这个可怕的念头："鳄鱼要登船了。"

就连那只铁钩也垂了下来，仿佛它知道自己不是鳄鱼的目标。要是换作他人，被这样孤零零地撇在一旁，恐怕早就吓得无法动弹了。但虎克那庞大的大脑依然在运转，在它的引导下，他手脚并用爬行着，想尽量远离那个声音。海盗们毕恭毕敬地给他让出一条路，虎克一直爬到船舷旁颤巍巍着站起来，这才开口说话。

“把我藏起来！”他嘶哑着嗓子喊道。

他们围着虎克站成一圈，所有人的目光都想躲开那个即将登船的东西，他们没有打算与它搏斗，因为那是命运。

虎克被海盗船员藏起来后，孩子们的好奇心上来了，他们的手脚也能动了，纷纷冲到船边去看鳄鱼怎么爬上来。结果他们看到的让他们大吃一惊，救了他们一命的不是鳄鱼，而是彼得。

彼得示意他们不要发出惊叹声，以免引起怀疑。然
325 后，他继续发出嘀嗒嘀嗒的声音。

Notes

注释

序言

1 Data drawn from "Trans-Atlantic Slave Trade-Database," Slave Voyages, accessed November 28,2022, https://www.slavevoyages.org/ voyage/database.

2 Vlessing, Etan, "Margot Robbie Says Disney Has Moved on From Her 'Pirates of the Caribbean' Spinoff," The Hollywood Reporter, 访问日期：2022年12月6日，https:// www.hollywood reporter.com/ movies/ movie- news/ margot- robbie-says- Disney - has- moved- on-from- her- pirates-of-the-caribbean-spino-1235261421 /。

第一部分　海盗传奇（17世纪及以前）

1　弗朗西斯·德雷克（绰号：猛龙）

1 要完成环球简直比登天还难。美国水手里奇·威尔逊（Rich Wilson）曾两次参加"旺代环球帆船赛"（Vendée Globe），他在自己的书《从法国到法国：将南极放在右舷》（*Race France to France: Leave Antarctica to Starboard*）中写道，单人不间断完成环球帆船航行的人比进入太空的人还要少。当然，德雷克并非独自航行，他曾在多个港口停靠，但他没有GPS，也没人告诉他关于“咆哮西风带”的事。参阅 Wilson, Rich, *Race France to France: Leave Antarctica to Starboard: An American in the Vendée Globe, Racing Solo, Non- Stop, Around the World* (SitesALIVE 独立出版，2012 年)。

2 引自 Nuttall, Zelia, ed. and trans., *New Light on Drake: A Collection of Documents Relating to His Voyage of Circumnavigation, 1577–1580* (London: Hakluyt Society, 1914), 201 – 8。

3 从技术层面而言，我们通常认为“船”（ship）没有严格定义，但在帆船时代，这个词主要用于表示船的大小。ship 是指大船，boat 是指小船。根据《牛津英语词典》的定义，“ship”是指“具有船首斜桅和 3 根桅杆的船，每根桅杆包括下桅、上桅和顶桅”。

4 “bark”通常是指小帆船。文中的“bark”可能是指船只的附属船，或是用于将船员从停泊的大船运输到岸上的小型船只。在帆船时代，这种小帆船用作水上的士。

5 “prow”是指船只前端尖锐部分，现在通常称为“船首”。

6 根据《牛津英语词典》，“poop”在文中的定义为“船的尾部；船尾；通常是船尾最高的那部分甲板，即艉楼（尤其是木船上的艉楼）”。

7 根据《牛津英语词典》，“火铳（arquebus）”是指“尺寸和重量各异的便携式火器，尤其是使用时放置在三脚架或叉形支架上的火器，现已是历史遗物”。

8 根据《牛津英语词典》，“大帆船（galleon）”是指“一种船，通常比帆桨两用船要短，但船体更高；一种战船，尤其是西班牙战船；西班牙人用于与美洲殖民地进行贸易的大型船只（现代多指此种用途）”。

9 1914 年文本中插入的一条注释指出“on the ballast”有时用来表示“在货舱里”。

10 在今天的墨西哥太平洋沿岸，特万特佩克湾常常是太平洋飓风的发源地，并且常刮名为“特瓦诺”的强风。

11 位于今天秘鲁太平洋沿岸的海港城市，是西班牙殖民时期最重要的港口之一。

12 1914 年译文插入的一条注释称：“这艘船的主人穿着非常昂贵的衣服，恳求德雷克不要拿走他的衣服，德雷克承诺不会拿走，他给了德雷克一只金鹰，感谢德雷克的好心。”——《环游世界》由弗朗西斯·德雷克爵士著，记录的是他在“神圣之名”航行之后的旅程，此前曾印刷出版。这些记录从弗朗西斯·弗莱彻牧师及其他几位随从的笔记中收集而来。现在，这些记录公之于众，不仅是为了彰显德雷克爵士的英雄事迹，更是为了激发人们的英雄精神，鼓励他们通过类似壮举为国家做出贡献，永载史册。伦敦，E[lizabeth] P[urslow] 印刷，尼古拉斯·博恩（Nicholas Bourne）1635 年出版。

13 1914 年译文插入的一条注释称：“扎拉特的船上装载着亚麻布和精美的中国丝绸，还有各种箱子，装满了精美陶瓷器皿，这些陶器采用优质白土精心制作而成，由西班牙人从中国带回来，被西班牙人视作珍宝。德雷克还从他们那里拿走了 4 箱陶器，以及 [?] 包亚麻布和大量丝绸。”《环游世界》，第 182 页。

14 1914 年译文插入的一条注释称：“‘diome por ellos un alfanje y un braserillo de plata y yo prometon a V. E que no perdio nada en las ferias’。根据西班牙语词典，‘alfanje’是指一种短而宽的弯刀，源自阿拉伯语的加泰罗尼亚语名称，类似于英语中的‘falchion’（弯形大刀）或‘hanger’（短剑）。‘braserillo’是指小型香炉，此处可能是指焚香的器物。”根据 2022 年《牛津英语词典》，“falchion”是指“刀刃位于凸面，刀身呈弯曲状的宽剑”。

15 现代巴拿马境内一个大约有 1000 人的定居点，“圣名港”是西班牙人于 1510 年建立的殖民地，是美洲历史上最早的欧洲定居点之一。德雷克掠夺此地时，圣名港是西班牙寻宝舰队的主要启航港口。

16 1914 年译文的另一注释提到：“‘de altura’这一习语特别指德雷克在航海方面的最高技能，即通过星盘或六分仪来测量天体的高度（‘altura’），以此确定纬度，这一技巧如今已被哈德利象限仪和六分仪取代。”

17 倾斜修船是指将船只倾斜到一侧，在水中修理船体，而不是将船拖到船厂或干船坞进行修理。倾斜修船可在浅水区和沙洲上进行，但船员中需要配备熟练的木匠和造船师。

18 译文中的一条注释提及：“据已知资料，德雷克船队中唯一能绘制地图和绘画的人是德雷克本人、他的堂兄弟约翰·德雷克以及弗朗西斯·弗莱彻，后者的笔记包含多幅图画和地图，斯洛恩手稿第 61 号可能是这些笔记的副本。”

19 此处的“sloop（小艇）”有几种不同的含义。它通常指的是采用前后帆装的单桅小船（类似现代帆船样式，而非方帆）。sloop 也可以指一种较小的武装船只，有时指大型敞篷船。

2 格蕾丝·奥马利

1 我通常不信任维基百科上的内容，但如需了解更多信息，可参考 https://en.wikipedia.org/wiki/Grace_O'Malley，访问日期 2022 年 12 月 6 日。另参阅 Chambers, Anne, *Grace O'Malley: The Biography of Ireland's Pirate Queen 1530–1603* (London: Gill Books, 2018), 51 [Kindle edition]。

2 Chambers, *Grace O'Malley*, 11 [Kindle Edition].

3 SPI 63/170/63 (Public Record Office, National Archives, London, 最初由安妮·钱伯斯转录，作为钱伯斯《格蕾丝·奥马利》一书附录发表)。

4 Eoghan Dubhdara Ó Máille.

5 Me Ní Mháille.

6 Dónal an Chogaidh Ó Flaithbheartaigh.

7 Eóghain Ó Flaithbertaigh.

8 Murchad Ó Flaithbertaigh.

9 Richard "the Iron" Bourke.

10 Tibbott Bourke.

11 根据《牛津英语词典》，"cess（地方税）"是指"地方当局征收并用于地方事务的税金。在当代英语中已被'rate'取代，但在方言中仍常用。cess 在爱尔兰仍是官方术语"。

3 杰克·沃德（绰号：查库尔）

1 Milton, Giles, "Pirate John Ward: The Real Captain Jack Sparrow," History Extra, 访问日期：2022 年 12 月 6 日，https://www.historyextra.com/period/elizabethan/pirate-john-ward-the-real-captain-jack-sparrow/。

2 Simpson, George, "Pirates of the Caribbean: Johnny Depp based Jack Sparrow on Keith Richards and Pepé Le Pew," Express, 访问日期：2022 年 12 月 6 日，https://www.express.co.uk/entertainment/films/1360221/Pirates-of-the-Caribbean-Johnny-Depp-Jack-Sparrow-Keith-Richards-Pepe-Le-Pew。

3 引自 Barker, Andrew, *A TRVE AND CERTAINE Report of the Beginning,*

Proceedings, Ouerthrowes, and now present Estate of Captaine WARD and DANSEKER, the two late famous Pirates: from their first setting foorth to this present time（伦敦：威廉·霍尔印刷，由约翰·赫尔梅在圣邓斯坦教堂庭院出售），1609年，未标页码。

4　伊丽莎白一世于1603年3月24日去世，其统治结束。

5　可能是指法弗舍姆（Faversham）。这是一个位于坎特伯雷附近湿地的小村庄，靠近斯威尔（Swale）河口。

6　此处存疑。根据《牛津英语词典》，"toot"可以指醉酒狂欢，也可以指侦察点或窥视孔。在其他文献中，有人提到杰克·沃德的性取向，暗示他特别喜欢男同性恋行为。本书编辑认为这可能是对沃德性取向的粗俗暗示，特别是考虑到接下来的文字是"像得意的公鸡"。

7　此处存疑。"chink"在17世纪的意思与今天相同，即小裂缝或缝隙。本书编辑认为这可能是另一处模糊的性暗示，特别是这个词与"淫荡地消磨时间"这一表述并列。

8　1603年3月伊丽莎白一世去世后，詹姆斯一世（即苏格兰詹姆士六世）登上英格兰和爱尔兰王位。

9　可怜的、无用的或可鄙的。

10　腌制咸牛肉或咸牛肉（因其大颗粒盐粒得名），自17世纪起是英国海军常见的口粮之一。

11　此处存疑。可能是"biscuit（饼干）"，也可能是"birsle"。根据《牛津英语词典》，"birsle"是苏格兰词汇，指的是烤制食品，或是经过高热烤制的物品，可能指的是温热的、刚烤好的肉，而不是咸牛肉。

12　墙外。

13　"take"的古英语形式，指的是誓言未被拒绝，誓言被自愿接受。

14　"bark"是指小型帆船，用作返回大船的辅助船只。

15　根据《牛津英语词典》，"scattergood"是指"浪费或挥霍财物的人；挥霍无度者"。

16　古英语，指下船或卸货。

17　根据《牛津英语词典》，"sneke"是一个过时且罕见的词，指的是头部感冒，源自16世纪。这个词难以从当时的手稿中转写出来，如果确实是"sneke"，也许丹斯克是在说这艘小船上的两个船员正在流鼻涕。

18　根据《牛津英语词典》，"potgun"是指"一种有独立枪膛的大炮；（也指）大口径短枪或迫击炮"。

19 根据《牛津英语词典》，“hostler”是指“在旅馆照料马匹的人；马夫，马场工”。

4 塞缪尔·帕拉赫

1 Kritzler, Edward, *Jewish Pirates of the Caribbean* (New York: Doubleday, 2008), 87.

2 Kritzler, *Jewish Pirates*, 91.

3 *Jewish Quarterly Review* 14 (1902), 358, reprints, quoted in Kritzler, chapter 3, note 31, 285.

4 荷兰，帕拉赫在这里担任奥兰治威廉之子莫里斯亲王的代理人。

5 威廉·杰克逊

1 引自 Leslie, Charles, *A New History of Jamaica, from the Earliest Accounts, to the Taking of Porto Bello by Vice-Admiral Vernon. In thirteen letters from a gentleman to his friend....* (London: Printed for J. Hodges, at the Looking-Glass on London-Bridge, 1740, second edition), 58-59。

6 托马斯·维尔

1 引自 Ellms, Charles, *The Pirates Own Book, or Authentic Narratives of the Lives, Exploits, and Executions of the Most Celebrated Sea Robbers* (Salem: Marine Research Society, 1924), 272-74。

2 美国马萨诸塞州遗嘱与遗产记录，1635 年—1991 年，来源：Ancestry.com，检索日期：2022 年 12 月 6 日。

3 关于地牢岩的更多信息，参阅 Brooks, Rebecca, “Dungeon Rock in Lynn, Massachusetts,” History of Massachusetts Blog, 更新日期：2021 年 6 月 7 日，https://historyofmassachusetts.org/dungeon-rock-lynn-ma/。

4 1658 年新英格兰确实没有发生过大地震。感谢亚历克斯·莫尔（Alex More）提供相关信息，参阅 Ebel, John E., *New England Earthquakes: The Surprising History of Seismic Activity in the Northeast* (Lanham, MD: Globe

Pequot, 2004)，第 3 章，“1658 年：可能根本没有发生过的地震”。

5 现在这个地方不再孤独荒凉，而是一个相对较新的住宅开发区，其中一个死胡同被命名为“海盗谷（Pirates Glen）”。

6 制革业曾是北岸社区的主要产业，尤其是 20 世纪初，尽管 17 世纪 50 年代可能并非如此。

7 这本书最初于 19 世纪 20 年代出版。

7 亨利·摩根

1 参阅 Cundall, Frank, *The Governors of Jamaica in the Seventeenth Century* (London: The West India Committee, 1936), OCLC 3262925.

2 “亨利·摩根爵士”，英国奴隶制遗产研究中心，访问日期：2022 年 12 月 6 日，https://www.ucl.ac.uk/lbs/person/view/2146662323。

3 引自 Leslie, *A New History*, 107-120。

4 亨利·摩根的契约期限说明，很多最终走上海盗之路的人在自由与不自由之间摇摆不定。

5 爱德华·曼斯费尔特（Edward Mansvelt）是一位具有荷兰或英国背景的私掠船长，可能出生于库拉索岛，他曾在牙买加罗亚尔港作战，经政府授权袭击西班牙定居点和船只。

6 现代哥伦比亚的圣安德烈斯、普罗维登西亚和圣卡塔琳娜群岛。

7 古巴哈瓦那。

8 大致等同于“伏击”。根据《牛津英语词典》，“ambuscade”一词“主要用于军事，指的是为了伏击敌人或受害者而潜伏在隐蔽地点；也指伏击本身”。

9 古巴圣地亚哥。

10 牛屠体。

11 每个海盗爱好者都知道“八里尔银币”（pieces of eight），不过保险起见，以下是维基百科对西班牙银圆的解释：“西班牙银圆，也称‘八里尔银币’（西班牙语名称：real de a ocho，dólar，peso duro，peso fuerte 或 peso），是一种直径约 38mm（1.5 英寸）的银币，价值 8 个西班牙里尔。这种银币由西班牙帝国根据 1497 年的货币改革铸造，含 27.468 克（0.88 盎司）纯银。由于其标准化的铸造工艺和品质，西班牙银圆成为世界上首款国际货币。许多国家对西班牙元加盖标记，将其作为本地货币使用。西班牙银圆在欧洲、美洲和远东广泛流通，是16世纪第一款世界货币。”参阅“西班牙银圆”，维基百科，访问日期：2022年11月30日，https://en.wikipedia.org/wiki/Spanish_dollar。

12 现代巴拿马与哥伦比亚之间的水域。

13 当时1里格约等于3海里。

14 引自 Exquemelin, A. O.（Alexandre O），*The Buccaneers and Marooners of America, Being an Account of the Famous Adventures and Daring Deeds of Certain Notorious Freebooters of the Spanish Main*，*ed. Howard Pyle* (London: T. Fisher Unwin, 1897), 131-40。

15 位于尤卡坦半岛的坎佩切。

16 根据《牛津英语词典》，“Walloon”一词“指比利时东南部地区讲法兰西方言的高卢族”。

17 现代巴拿马的查格雷斯河。

18 “Sieur”在此指的是一种尊称，类似“爵士”，而非人名。

19 西班牙查尔斯二世是哈布斯堡王朝最后一位国王，当时约7岁。

20 指巴拿马地峡或称西属美洲。

21 当代哥伦比亚的卡塔赫纳。

22 “护卫舰”的含义随时间推移而变化，根据《牛津英语词典》，在摩根那个年代，“护卫舰”常指“轻便、快速的船只，最初用于划船，后改为帆船”。

23 根据《牛津英语词典》，“galleon”的定义是“一种船只，船体较短但较高，通常指西班牙战舰；此外，也指西班牙用于从美洲殖民地运送商品的大型船只”。

24 可能不需要解释“boat（船）”这个词，但鉴于船的不同大小，此处仍需注意。根据《牛津英语词典》，“船”的定义是“一种通常采用开放式的小型水上航行工具，可通过划桨、帆或发动机推进，通常与‘舰船’相对”。

25 为了爆炸而制造的管状器材。

8 亨利·梅因沃林（绰号：恐怖海盗）

1 下级勋位爵士，访问日期：2022年12月6日，https://archive.org/

details/ knightsofengland02shawuoft/page/n175/mode/2up?view=theater。

2 引自 Manwaring, G. E., *The Life and Works of Sir Henry Main- waring, Volume 2* (London: Navy Records Society, 1920 – 22)。

3 美丽的犯罪。

4 马莫拉是位于直布罗陀海峡上摩洛哥一侧的要塞，于 1614 年被西班牙征服。参阅 https://www.rct.uk/group/482/content/miscellaneous/mamora-1614-forte-di-mamora-presa-da-cattolici-1614，检索日期：2022 年 12 月 5 日。

5 “dey”是奥斯曼帝国的荣誉头衔，大致可译为“总督”，这一职位采取终身制，在苏丹统治下拥有一定程度的自治权。

6 “Turn Turk”是当时常用的术语，意思是皈依伊斯兰教，就像杰克·沃德所做的那样。

7 可能是胡安·德·席尔瓦（Juan de Silva），波尔塔雷格雷第四代伯爵。

8 原始手稿中的注释写道，“M. 德·曼蒂是马赛人，据称是吉斯公爵的仆人，并且是航海和类似事务方面的知名人物。”

9 可能是阿瑟·梅因瓦林爵士。

10 “Perforstmen” 在《牛津英语词典》中没有出现，但此处用来指那些被征召或以其他方式被迫在海上服役的人员。

11 原文注释为“即没有被任何堡垒或其他军事设施控制”。

12 根据原文注释，布列塔尼贸易区“指的是乌尚岛和布雷斯特之间的海域，现称为伊洛瓦兹海峡”。

13 根据《牛津英语词典》，“pink（尖尾帆船）”是指“小型帆船，通常船尾狭窄；特别指（a）一种侧面凸起的平底船，用于沿海航行和捕鱼”。

14 原文注释称，“霍恩。位于阿姆斯特丹正北偏东 20 英里。”

15 “pram”的变体拼写，根据《牛津英语词典》，是指当时一种 “开放式平底船或驳船，特别用于波罗的海和荷兰的货物运输”。

16 根据《牛津英语词典》，“wherry（渡船）”是指“一种轻便划艇，主要用于在河流上运送乘客和货物”。

17 原文注释称：“海盗之所以频繁袭击爱尔兰海岸，据信是由于缺乏类似英格兰亨利八世法令的规章制度（第 15 章：对海盗和海上劫掠的惩罚），该法令允许授权特定人员或机构审判海盗。有时，所有在爱尔兰按法律应判死刑的海盗都必须送往巴恩斯塔布尔、布里斯托尔或西切郡受审。”

18 原文注释称：“1609 年 8 月 22 日，理查德·莫里森爵士从尤哈尔写信表示，海盗继续在该省西海岸活动，原因是该地偏远、当地人野蛮，以及海盗们有足够的力量和财富来指挥和引诱他人入伙。他报告称，当时那里有几艘海盗船，船员约几百人，他不得不放弃对他们的追诉。”（S.P. Ireland, 1608-10，pp.277-78。这本年鉴记载了大量关于海盗的内容。）

19 牛肉或牛的半边肉。

20 原文一条注释称：“奥本海默先生指出，在伊丽莎白女王统治时期的国家文献中，虽然许多海盗船长的名字经常出现，但没有一个人被处决。”（《皇家海军管理》，第 179 页）我无法告诉你奥本海默先生是谁，或者他为何在这个问题上有特殊权威，但相比 100 年后，伊丽莎白女王和詹姆斯一世统治时期海盗面临的惩罚确实较轻。

21 原文注释称：“保罗·亨茨纳（Paul Hentzner）在伊丽莎白统治末期访问英格兰时写道，英格兰人是‘出色的水手，更是优秀的海盗’。”（《旅行记》（*Travels*），1797 年版，第 63 页）两个著名海盗，约翰·费恩爵士（Sir John Ferne）和沃尔辛厄姆（Walsingham）曾在曼塞尔（Mansell）1620 年的阿尔及尔远征中担任职务。

22 原文注释称：“根据 1597 年—1598 年法案，（伊丽莎白女王第 39 号法典第 18 条），为惩罚‘流氓、流浪汉和强悍的乞丐’，其中包括‘所有谎称船只在海上失事或财物丢失、在全国各地乞讨’的水手，规定所有不愿悔改的人将被流放出境，或‘被判终身苦役，送至本国的奴隶船服役’。” 威廉·蒙森爵士（Sir William Monson）认为，被判处在奴隶船上服役的最短刑期应为 7 年（《皇家海军管理》，第 45 项第 207 页）。这种做法仍在《天佑不列颠！》的歌词中传唱：“天佑不列颠！征服海洋！不列颠人永不为奴！”

23 原文注释称：“托斯卡纳科西莫（Cosimo of Tuscany）对海盗的处罚非常果断。1614 年 11 月，两艘装载战利品的英国船只抵达莱霍恩。科西莫怀疑这些战利品来自基督徒而非土耳其人，他下令逮捕了船员。调查证实了他的怀疑，随后他将其中两名首犯‘吊死、肢解并悬挂示众’，并将其他人送往奴隶船终身服役。”（S.P.Venice,1613-15, xliv）

24 “lie ahull”的意思是漂流，根据《牛津英语词典》，是“指船只仅凭风力或水流的推动漂浮或漂流，即收帆或关闭引擎，通常用‘lie’来形容”。

25 这里的“plyer”是指迎风航行的船只。

26 海锚。

27 原文中的一条注释解释了这里的海盗策略：“这似乎是常用计策，也被国王的舰船采纳。”威廉·蒙森爵士表示：“一艘被追赶的船若想表现出恐惧，试图将追赶者引入其圈套，必须假装做出艰难行驶的样子，或像遭遇海难一样漂浮在海面上；它必须将拖拽物、木桶及其他物品丢入海中阻碍自身前进。”（Naval Tracts, N.R.S. xlvii, p. 142）1579 年 3 月 1 日，德雷克在金鹿号上与西班牙船只卡卡福戈号相遇。“如果收帆，会引起追舰的怀疑。”德雷克因此想到一个好办法，“在船尾拖拽空酒瓶，减缓航速，使追舰误以为他的航行能力受限”(Corbett, Drake, i. 274)。另参阅 *Sir Kenelm Digby's Voyage to the Mediterranean* (Camden Society, 96, p. 82)。

28 “top”指的是“顶帆”。根据《牛津英语词典》，其定义为“安装在帆船桅杆上方的帆；顶帆（topgallant sai）的简称”。

29 这是一种略显混乱的表达方式。读到这句话时，我感觉海盗更喜欢靠近并亲自登上受到引诱追逐自己的船只，但原文中的一条注释暗示，“aboard and board”可能是“on board and board”，或者正如注释所言，是指“当两艘船接触时”。

30 此处的 colors 是指旗帜。

31 根据原文对“floaty（浮动）”的注释，“浮动船是指吃水较浅的船”（参阅第 149 页），即吃水深度较浅的船。

32 原文中的一条详细注释提到，“凯鲁勋爵在 1616 年记录道，‘在安吉尔镇，英格兰人待遇还算不错，但如果他们在海上被俘，无论是出海还是回程，他们都被视为高价俘虏，无法赎回……为了确保捉到叛教者，土耳其人非常小心，每艘船上至少有 3 名土耳其人，以防出现叛教者’”（Carew, Letters to Sir T. Roe, p. 61）。

33 原文注释表示这里指的是“法尔肯，阿尔及利亚西北海岸”。

34 “特雷斯·福克斯，摩洛哥北海岸拉斯·德伊尔东北角”。Manwaring, G. E., *The life and works of Sir Henry Mainwaring, Volume 2* (London: Navy Records Society, 1920 – 22) 9 – 43。

35 “Euersay”：威廉·佩恩（W. Penn）拼写为伊维西（Ivessy）（*Memorials, i.332*）；阿德米拉尔·巴代利（Admiral Badiley）在 1652 年写的是伊弗西（Iversey）（Spalding, *Life of Badiley*, p.71）。

36 “弗门特拉，巴利阿里群岛之一。” Mainwaring, *The life and works,*

9 – 43。

37　1 英寻等于 2 码，意味着航道最深处约 18 英尺深，涨潮时仅 30 英尺深，这对当时船只的吃水来说几乎微不足道。

38　现为西班牙博 · 德 · 加塔国家区。

39　“博内是一个防守严密的港口城镇，其港口被认为是阿尔及利亚海岸上最安全的地方。”

40　原文注释为：“博吉。距离阿尔及尔东部 112 英里，锚地深且受保护。”可能是现在的贝贾亚（Bejaia）。

41　原文注释为：“圣皮埃特罗，撒丁岛西南角的岛屿。”

42　原文注释称这里指的是“西西里岛的帕塞尔角，西西里最东南端”。

43　“大型战船”或大型桨帆船，配备 4 片帆，有时多达 100 根桨。此类战船长度可超过 100 英尺。

44　原文注释表明该地点为“可能是霍马梅特湾的苏萨”。“command”在这里是指“统治”。

45　原文注释表明该地点为“突尼斯湾费林港，曾以其军械库闻名，是突尼斯舰队的冬季港口。布莱克于 1655 年 4 月 4 日在此取得著名胜利”。

46　原文注释为：“佩里，指的是一种暴风或逆风”[《哈利威尔词典》（*Halliwell's Dictionary*）]。

47　原文注释为：“阿尔及尔内港，最初建于 1518 年，包含一条将城市与灯塔岩石连接的堤坝，灯塔建于 1544 年，至今仍在。坐落于城市最高点的要塞由 200 门大炮把守。”根据《牛津英语词典》，“mole”是指“大型结构，尤其是石质结构，用作码头、防波堤或堤道，也指被这种结构围绕或包含的水域，尤其是形成港口或港湾的水域”。

48　原文注释为：“Vealls Mallego，位于马拉加东北偏东 14 英里。”

49　原文注释为：“Shavia，曾名 Xavea，位于阿利坎特东偏北 45 英里。”

50　原文注释为“Allicant”。

51　原文注释指出，这个地方是“Callery，位于瓦伦西亚以南 21 英里”。

52　原文注释为：“即 Ligier；驻外代理人或领事。”

53　里斯本岩。

54　早期航海偶尔使用高度或海拔代替纬度。

55　原文注释猜测“是否为洛博斯岛？”

56　亚速尔群岛。

57　原文注释为：“圣豪尔赫岛。”现隶属西班牙。

58　原文注释为：“皮科岛：有一座火山峰。”

59　原文注释将其翻译为“花卉”。

60　原文注释为：“塔尔塞雷斯；即亚速尔群岛。”

61　原文注释为：“科尔维斯。亚速尔群岛最小的岛屿。”

62　原文注释为：“即大型渔场。”在今天马萨诸塞州的马布尔黑德，仍然有一家叫“国立大浅滩”的银行，正是取名自渔船曾经的捕鱼场所——大浅滩。

63　原文注释提供了以下参考：“Travas。‘Travas 是指船只在风向变化时，在水平面上的运动变化，通过正确的角度计算，可以了解船只的运动或航向是否保持稳定’”（Davis, *The Seaman's Secrets*, 1607; Hakhluyt Soc. Reprint, p. 240）。

64　原文注释提供了以下关于护航的讨论：“请求派遣战舰保护渔民并护送他们回程的请求经常在国务文书中出现。1620 年 5 月，纽芬兰总督约翰·梅森被授予一项任务，前往伦敦的“彼得与安德鲁”号（载重为 320 吨）担任指挥，负责征召必要的船只以打击海盗。3 年后，又有两艘战舰奉命护送渔船队返航。1628 年，巴尔的摩伯爵向国王请愿，要求至少派两艘皇家舰队的船只来保护海岸，确保成千上万英国臣民的安全。这些请求通常得不到太多回应。1636 年，英格兰西部港口的商人又向查理一世请愿，要求保护当时从纽芬兰返航的船只。”（ Prowse, 108, 112; *S.P. Colonial, vol. i. p. 93; Weymouth Charters*, 1883, p. 178）

65　原文注释还补充道：“由于海盗在苏格兰海岸出现引发的恐慌，1614 年，威廉·蒙森爵士指挥的两艘舰船被派往该地区。蒙森抵达凯尼斯时，他发现海盗船已从 20 艘减少到仅剩两艘。其中一艘在被告知其罪行之后投降了，至于另一艘，蒙森记录道，‘船上的一名船员不久前还是我在狭海（Narrow Seas）航行时的大副’。海盗的报酬比在国王舰船上服役得到的报酬更丰厚，而在蒙森到达前一天，克拉克（即那个海盗的名字）刚与‘凯尼斯伯爵干了一战’，因为这位伯爵的‘府邸和臣民正遭受海盗劫掠之苦’。”（Naval Tracts, N.R.S., xliii.57）

66　原文注释为：“岛屿”。

67　原文注释描述了以下法律变动：“1612 年，国家颁布一项法案，惩治海盗和海上抢劫者；1614 年 10 月，国家又通过一项法案，专门打击爱尔兰海岸的海盗。”（*Statutes Ireland*, i. pp. 435－36; S.P. Irdand, 1611－14, pref. lxxi）

68 原文注释提到：“在伊丽莎白女王统治时期，海盗几乎成为公认的职业。1563年，四海已经有100多个海盗。”（Admin. of R.N., Oppenheim, p. 177）

69 原文注释描述了普通水手可能表现出来的情绪：“沃尔特·雷利爵士曾写道，水手们‘去国王舰船上服役时非常不情愿，就像去做奴隶一样’。”（Oppenheim，p.187）

70 原文注释将此翻译为“鞋匠应该按照鞋子模型制鞋”。

71 原文注释提到：“显然是指雷利爵士。根据奥尔迪斯所述，雷利有一天向女王请求恩赐。女王问：‘雷利，什么时候你才不会乞讨？’雷利回答：‘当您不再施舍，我便不再乞讨。’”（*Raleigh Wks*., 1829, i. 142）

72 引自 *Manwaring, The life and works*, 9－43。

9 亚历山大·O. 艾克斯默林

1 引自 Exquemelin, A. O., *Bucaniers of America, or, A true Account of the Most Remarkable Assaults Committed of Late Years upon the Coasts of the West-Indies by the Bucaniers of Jamaica and Tortuga, Both English and French Wherein Are Contained More Especially the Unparallel'd Exploits of Sir Henry Morgan, our English Jamaican Hero Who Sack'd Puerto Velo, Burnt Panama, &c. / written originally in Dutch by John Esquemeling ... ; and thence translated into Spanish by Alonso de Bonne-Maison... ; now faithfully rendred into English* (1684)。

2 在海上贸易中，残肢和肢解并不罕见，这也是为什么本书附录中出现的一些著名虚构海盗人物常常缺胳膊少腿，他们的手上装了钩子，靠木腿走路的原因之一。另参阅 Dropkick Murphys 演唱的歌曲 Shipping Up to Boston，或参考鲁珀特·默多克的故事，20世纪90年代，他乘坐拉里·埃里森的游艇航行时被船索切掉了一根手指，幸好一位参加过美洲杯比赛的水手反应迅速，才避免产生更严重的后果。参阅 Soper, Taylor, “How to Save Rupert Murdoch's Finger, and Other Startup Lessons from Entrepreneur T.A. McCann”，Geek- Wire，访问日期：2022年12月6日，https://www.geekwire.com/2019/save-rupert-murdochs-finger-startup-lessons-

entrepreneur-t-mccann/。

10　亨利·埃弗里/埃夫里（绰号：高个子本）

1　The National Archives, SP 63/358, fols. 127－32, via "Henry Every," Wikipedia，访问日期2022年12月6日，https://en.wikipedia.org/wiki/Henry_Every。

2　Burgess, Douglas R., *The Pirates' Pact: The Secret Alliances Between History's Most Notorious Buccaneers and Colonial America* (New York: McGraw Hill, 2009), 138.

3　Kole, William, "Ancient Coins May Solve Mystery of Murderous 1600s Pirate," Associated Press, 访问日期：2022年12月6日，https://apnews.com/article/ancient-coins-may-solve-mystery-1600s-pirate-f5a6151b74e0dcf-96de585eab451f90c.

4　Anonymous (Captain Charles Johnson), *The History and Lives of All the Most Notorious Pirates, and the Crews . . . And in This Edition Continued Down to the Year I735.* (The Eighth Edition. London: Printed for C. Hitch, in Pater-noster Row . . .MDCCLXV), 9－27.

5　"水手长（boatswain）"，有时称为"bosun"，船上官员，负责管理船上设备，特别是索具、绳索、缆绳、帆布等，是船上的高级船员。

6　"zounds"是过时的感叹词，是"上帝之伤"（God's wounds）的缩写。

7　这个故事是否真的发生过？我们现在很难判断。但关于埃弗里生平的这份记录确实暗示称他在6岁左右被船长绑架并遭到性侵，尝试通过炸船逃脱。如果这是真事，幼年被虐待的经历可能解释了埃弗里后来的暴虐行为。

8　"groyne（防波堤）"是一种水利结构，用于干扰水流和沉积物的堆积，通常建在岸边或河岸上，类似于码头。

9　我花了一些时间研究地图，但仍无法解读这个岛屿的现代名称。塞舌尔群岛中有一个德罗谢岛（Desroches Island），位于马达加斯加附近，另外还有一些较小的岛屿。读者是否知道这是什么岛？如有任何建议，欢迎前往 katherinehowe.com/contact 分享。

10　衣物。在这一历史时期，衣物和床单是普通人最宝贵的财产。

11 马提尼克岛。位于加勒比海东部，现为法国海外行省。

12 加拿大纽芬兰的特雷帕西港。

13 我目前仍无法确认这个岛屿的拼写。

14 穆希·阿尔丁·穆罕默德（约 1618 年—1707 年 3 月 3 日），通常被称为奥朗则布。尽管埃弗里通过夺取商船加剧了英格兰、东印度公司和莫卧儿帝国之间的紧张局势，但此处没有提及莫卧儿皇帝是否有一个女儿被强奸的事情。有关英莫战争和埃弗里的煽风点火，参阅：维基百科词条“奥朗则布”，访问日期：2022 年 12 月 7 日，https://en.wikipedia.org/ wiki / Au rang zeb #Relations _ with _ the _ English _ and _ the_Anglo-Mughal_War。

15 至少这一部分是事实：莫卧儿封锁了英国控制的孟买殖民地，东印度公司最终不得不支付约 60 万英镑的贡品来收买他。参阅 Burgess, Douglas R., “Piracy in the Public Sphere: The Henry Every Trials and the Battle for Meaning in Seventeenth-Century Print Culture,” *Journal of British Studies* 48, no. 4 (Oct 2009): 887 – 913。

16 《牛津英语词典》中的“tarpaulin”一词是指“水手或普通水手的昵称”，通常缩写为“tar”，类似于“Jack Tar（水兵）”，现已成为对普通水手的过时称呼。

17 “flip”是一种将啤酒和烈酒混合，加入糖并用热铁加热的饮料。

18 一种用于确保文件真伪的小印章，通常采用蜡来密封文书，类似于印戒。

19 英格兰王室曾在不同历史时期为海盗提供赦免，试图对海盗招安，促进贸易关系的发展。该赦免公告是本书第二部分的开篇，因为它在某种程度上开启了黄金时代海盗的最后阶段。

20 英国德文郡贝德福德。

11 威廉·基德

1 Skowronek, Russell K., and Charles R. Ewen, eds., *X Marks the Spot: The Archaeology of Piracy* (Gainesville: University Press of Florida, 2006), 102.

2 Skowronek and Ewen, *X Marks the Spot*, 103.

3 From *A Full Account of the Proceedings in Relation to Capt. Kidd. In Two Letters*. Written by “a person of Quality to a Kinsman of the Earl of

Bellomont in Ireland" (London: Book- sellers of London and Westminster, 1701).

4 此处大概指的是九年战争，其中包括英国的光荣革命和北美殖民地的印第安战争。参阅"Nine Years'War," Wikipedia, 访问日期：2022 年 12 月 7 日，https://en.wikipedia.org/wiki/Nine_Years%27_War。

5 莎拉 · 布拉德利 · 考克斯 · 奥尔特，两人于 1691 年结婚。

6 亨利 · 埃弗里（有时拼作埃夫里），前文已讨论。

7 热那亚人。

8 英国普利茅斯。

9 可能是葡萄牙的马德拉岛。

10 可能是许多地方，包括今天的哥伦比亚或哥斯达黎加。考虑到他的下一站以及跨越大西洋的信风圈，此处很可能是加勒比海某个地方。

11 可能是圣哈戈岛，或称圣地亚哥岛，今天牙买加的西班牙镇，当时是海盗的避风港。

12 加尔各答，今天的印度加尔各答。

13 莫纳岛，位于今天波多黎各与多米尼加共和国之间的无人自然保护区。

14 引自 Head, Franklin H., *Studies in Early American History: A Notable Lawsuit* (Chicago: Privately printed, 1895), 哥伦比亚大学图书馆收藏。

15 据说是弗雷德里克 · 劳 · 奥姆斯泰德，纽约中央公园等地的景观设计师。

16 迪尔岛，在美国缅因州。

17 这个名字非常荒谬。

18 当然是黄金时代美国纽约强盗财富的创始人之一。

12 **托马斯 · 图**

1 "友谊，如你所知，这是友谊。"《大白鲨》（*Jaws*）中的阿米提岛市长说道（1975 年）。

2 Skowronek and Ewen, *X Marks the Spot*, 105.

3 McDonald, Kevin P., Pirates, *Merchants, Settlers, and Slaves: Colonial*

America and the Indo-Atlantic World (Oakland, CA: University of California Press, 2015), 99.

4 引自 Anonymous (Captain Charles Johnson), *A General History of the Pyrates…* (London: T. Warner, 1724), 57 – 58.

5 戈雷岛，位于今天塞内加尔达喀尔海岸，因其在奴隶贸易中的作用而被联合国教科文组织列为世界遗产。15 世纪—19 世纪，戈雷岛曾是非洲海岸最大的奴隶交易中心，先后由葡萄牙、荷兰、英国和法国控制。参阅“戈雷岛”，联合国教科文组织，访问日期：2022 年 12 月 7 日，https://whc.unesco.org/en/list/26/。

第二部分 海盗的黄金时代（18 世纪）

13 《海盗赦免公告》

1 引自 Clarence S., *British Royal Proclamations Relating to America, I603–I783* (New York: B. Franklin, 1911), 176 – 77。

2 后来截止日期延长至 1719 年 7 月 1 日。

14 豪威尔 · 戴维斯

1 引自 Ellms, *Pirates Own Book*, 201-14。

2 非洲西海岸，奴隶贸易中心。

3 是指海盗爱德华 · 英格兰，而不是国家。

4 新普罗维登斯岛，巴哈马。

5 航海官是负责航海事务的海军或商船上的官员。

6 我不确定这个修理地点的现代名称，因为古巴东端有几个小海湾可能符合条件，包括塔科湾，还有关塔那摩湾，此外也可能是霍恩岛群岛的“科克森洞”，但这个地方相当偏远。

7 圣尼古拉岛，位于塞内加尔海岸的葡萄牙群岛。

8 可能不是爱丁堡外的梅岛，但我不确定哪个加勒比海岛曾经叫这个名字。

9 或称“granado（手榴弹）”，一种早期的手榴弹。

10 奴隶贸易。

11 普通水手，“站在桅杆前的水手”。

12 携带火枪的士兵。

13 根据《牛津英语词典》，“背风”是指“远离风源头的一侧；风的反方向”。此外，根据船上的定位，是指站在船尾并面向船头时的左侧。

14 阿克拉，今天的加纳，位于几内亚湾。

15 普林西比岛，非洲西海岸几内亚湾中的一个火山岛，现隶属圣多美和普林西比民主共和国。

16 对于那些认为戴维斯及其同伙十恶不赦的读者，可以稍感宽慰的是，据说肚子中枪是极为缓慢且痛苦的死法。

15 克里斯托弗·康登（绰号：独手威廉）

1 引自 Ellms，*Pirates Own Book*, 235-41。

2 根据《牛津英语词典》，“boom”是“从船体不同地方伸出的长横木，用于扩展或支撑某些帆的底部，如前桅帆桁、前斜帆桁”。对于现代帆船，如果桅杆和横木形成一个大写字母“L”的形状，帆桁则是L的底部。

3 根据《牛津英语词典》，“在伤口上撒盐”“最初是航海术语。将盐、盐水、醋等擦到（某人背上），以增加鞭打或抽打的痛苦，用这种方式惩罚（某人）。现在已经很少使用”。

4 “支索”是船上用来支撑船桅和其他结构的固定索具。

5 可能指的是沙漏的转动，通常分为4小时和半小时。此处很可能是指4小时，因为大多数船上的船员按4小时轮班，所以战斗持续了12小时。有关更多内容，参阅 Isil, Olivia, “Navigation and Related Instruments in 16th-Century England,” National Park Service, 访问日期 2022 年 12 月 7 日，https:// www.nps.gov/ fora/ learn /education / navigation-and-related-instruments-in-16th-century-england.htm。

6 又译作拉普拉塔河，阿根廷，位于布宜诺斯艾利斯和蒙得维的亚之间。

7 桑给巴尔，于东非印度洋沿岸，现隶属坦桑尼亚，为半自治群岛。

8 根据《牛津英语词典》，“snow（雪船）”是“一种小型帆船，类似于 brig（双桅横帆船），拥有主桅和前桅，以及位于主桅后面的附加三角帆桅；以前用作战舰”。

16　爱德华·洛（绰号：内德）

1　引自 Ellms, *Pirates Own Book*, 242-51。

2　乔治·劳瑟（George Lowther）是一位活跃在加勒比地区的海盗，他的船名叫快乐航行号（Happy Delivery）。

3　“Brigantine”（双桅帆船）有几种不同的定义，《牛津英语词典》中的定义可能与本书背景最相符：“拥有两根桅杆的帆船，前桅挂有方形帆，其桅杆布置与舰船的前桅相似；主桅或后桅类似于纵帆船的主桅，挂有方形顶帆：但如今这种船完全采用前后帆装。”

4　布洛克岛，位于长岛海峡的一座岛屿，属于罗得岛，靠近玛莎葡萄园岛。假设这点属实，那么来自安博伊的船可能是从新泽西启航的。

5　一些信息来源认为这是罗得岛的一个港口，但我没能确定它的现代名称是什么。

6　根据《牛津英语词典》：“一种采用前后帆装式的海上小帆船，最初只有两根桅杆，但现在常常有 3 根或 4 根桅杆，且装备一副或以上顶帆。双桅帆船的帆装特征被定义为通常有两片主帆，后帆不小于前帆，并且船头有一片船头帆。”

7　意思是他们反复将修道士吊起，放下之前让他们暂时不窒息，然后再吊起。

8　洛在洪都拉斯湾让玫瑰号尖尾帆船搁浅，但不小心命令太多船员站到船体一侧，炮舱的门没有关闭，船体进水最终沉没。

9　根据《牛津英语词典》，这是“一种葡萄牙金币，17 世纪前半期在英国及其殖民地流通，价值大约为 27 先令（现已成为历史货币）。因此，口语中常指代 27 先令（过时用法）。（通常为复数形式）广义上指任何金币。参见‘达布隆’（doubloon，西班牙旧时金币）”。

10　查尔斯·哈里斯（Charles Harris），一位与内德·洛关系密切的英国海盗。

11　有一点可以肯定，乘帆船高速追逐时，如果风向不利，实际上速度可能极其缓慢。

12　主桅帆桁是支撑主帆顶部的横杆（帆桁位于帆的底部）。如果没有主桅帆桁，船只就无法挂上最大、最有力的帆——方形帆。

17 斯蒂德·邦尼特（绰号：海盗绅士）

1 “这位水手被视为年轻、健壮、未婚，且不受传统道德约束的象征，代表着同性恋文化想象中的单身亚文化。他是几代同性恋色情文化作品中的男性偶像，正如查尔斯·德穆斯（Charles Demuth）和保罗·卡德穆斯（Paul Cadmus）等艺术家的画作，以及20世纪中期的同性恋色情照片所体现的那样。” Chauncey, George, *Gay New York: Gender, Urban Culture, and the Making of the Gay Male World, 1890–1940* (New York: Basic Books, 1994), 78。

2 Anonymous (Captain Charles Johnson), *A General History of the Pyrates* 3rd ed., 91 – 112.

3 北卡罗来纳州，位于威尔明顿以北。

4 1717年三国同盟，参阅维基百科词条“Triple Alliance (1717)”，访问日期：2023年12月8日，https://en.wikipedia.org/wiki/Triple_Alliance_(1674)。

5 船尾小艇，或是较大船只的小艇。

6 奥克拉科克港，位于北卡罗来纳州哈特拉斯角最南端。

7 “hogshead”是一种大桶，通常用于储存液体，如朗姆酒或糖蜜。

8 由于已接受国王的宽恕，这段话中的斯蒂德·邦尼特以“托马斯船长”这一化名继续从事海盗活动。

9 根据《牛津英语词典》，是指“一种重型大船，配有一根或多根桅杆，通常用于挂载前后帆或横帆，有时还配备火炮；单桅小帆船”。

10 南卡罗来纳州查尔斯顿外围的沙利文岛。

11 这是我们能确定的少数几个关于奴隶被海盗俘获的事件之一。在这种情况下，他们被交换给拥有被劫船只的海盗集团，以换取国王的宽恕。对耶茨来说，这样做非常有利，但对那些曾被用来交换的奴隶来说，非常不利。

12 通常复杂的港口和河口会有熟悉该地区潮汐和航行难题的“领航员”，他们登船的唯一目的是将船只导航到安全地方。在这个例子中，领航员将船搁浅了。

13 如果船在退潮时搁浅，且船下方是沙子，并不会立即造成损害，船通常会在6小时后涨潮时重新浮起。

14 我不确定此处《圣经》引文的准确性，但《玛拉基书》第 2 章第 6 节是这样说的：“那时耶路撒冷、犹太和约旦河四周的人们都去见约翰，承认自己的罪并在约旦河受洗。约翰看到许多法利赛人和撒都该人也来受洗，就对他们说：‘毒蛇的种类啊！谁指示你们逃避将来的愤怒呢？’”

15 《哥林多后书》第 5 章 18 节—20 节：“19 这就是神在基督里，叫世人与自己和好，不将他们的过犯到他们身上，并且将这和好的道理托付给我们。20 我们因此成了基督的使者，就像上帝借着我们恳求你们：‘替基督和好吧。’”

18 爱德华·蒂奇（绰号：黑胡子）

1 Bolster, W. Jeffrey, *Black Jacks: African American Seamen in the Age of Sail* (Cambridge: Harvard University Press, 1997), 14.

2 根据《牛津英语词典》，“拉米利斯假发”（Ramillies wig）是一种后面有一条长辫子，用蝴蝶结系住的假发。

3 Anonymous (Captain Charles Johnson), *A General History of the Pyrates*, 70－85。

4 本杰明·霍尼戈尔德（Benjamin Hornigold）是加勒比海和巴哈马群岛的英国海盗，后来接受国王宽恕，成为海盗猎人。

5 巴哈马群岛的一个岛屿，而非罗得岛城市。

6 特尔内（Turneffe），珊瑚岛，今属于伯利兹。

7 我在“特尔内环礁”（Turneffe Atoll）和“大开曼群岛”（Grand Cayman）之间没有找到与这个名字匹配的地名，突克岛和凯科斯岛位于牙买加另一侧，此处存疑。

8 查尔斯·韦恩是驻扎在牙买加罗亚尔港的英国海盗。

9 以价值计。

10 我不确定此处表示什么。詹姆斯河延伸到今天的纽波特纽斯，直至詹姆斯敦，当时是弗吉尼亚殖民政府所在地。

11 这意味着他的船吃水线较深，或者他的船龙骨比黑胡子船的龙骨入水更深。吃水线较深的船会比吃水线较浅的船更容易搁浅，浅滩区的水深会迅速发生变化。

12 减轻船只的重量可以降低吃水线，使船能够更接近黑胡子搁浅的船。

13 梅纳德特别希望减轻船只重量，以至于他命令船员打破装有饮用水的桶，减轻船只重量。

14 根据《牛津英语词典》，指的是“改变位置，移动（绳索、木块等）”。

15 船腰，即船舷上缘很低，黑胡子的船员如果站在甲板上，没有东西可以避开炮火。

16 采用葡萄弹，而非传统炮弹，这种弹药能造成大量伤亡，而不是击穿船体。

17 黑胡子手下的一名黑人海盗准备在最后一刻炸毁火药库，之后通过自杀反抗敌人。

19 巴塞洛缪·罗伯茨（绰号：黑色准男爵）

1 Rediker, Marcus. *Villains of All Nations: Atlantic Pirates in the Golden Age* (Boston: Beacon Press, 2004), 33.

2 Anonymous (Captain Charles Johnson), *The History and Lives of All the Most Notorious Pirates*, 83 – 90.

3 另一个关于特定海盗独特“骷髅旗”历史论证的罕见例子。

4 这个名字真是超乎想象，即使按照 18 世纪的标准也是如此。

5 卡拉巴尔（Calabar），当时的阿克瓦阿克帕（Akwa Akpa），今天的尼日利亚，曾是葡萄牙奴隶贸易中心。

6 洛佩斯角（Cape Lopez），即今天的加蓬。

7 安诺马布（Anomabu），今天的加纳。

8 帆船不能直接逆风航行，无论是大型方帆船还是小型独木舟，都是如此。现代船只可以逆风航行，但当时的大多数船是方帆船，意味着它们基本上只能顺风航行。因此，当时他们就在港口外，看到海盗在港口内，但由于风向问题，无法驶入港口，只能改变方向，从不同角度接近。

9 “slip the cable”意味着松开固定锚的绳索，将其放入水中，以便快速启航。相比之下，“起锚”需要花费大量时间，且需要船员们用绞盘将锚拉起。随着时间的推移，“松开缆绳”也成为航海术语，用来表示死亡。

10 今威尔士彭布罗克郡的小纽波特（Casnewydd Bach）。

20 塞缪尔·贝拉米（绰号：黑萨姆）

1 Skowronek and Ewen, *X Marks the Spot*, 131.

2 参阅此处转录的证词：Brooks, Baylus C.,"Deposition of Abijah Savage at Antigua-30 Nov 1716," Baylus C. Brooks, 访问日期：2022 年 12 月 9 日，http://baylusbrooks.com/index_files/Page46036.htm。

3 Levenson, Michale, "Remains Are Identified as a Boy Pirate," Boston.com, 访问日期：2022 年 12 月 9 日，http://archive.boston.com/news/ local/articles/2006/06/02/remains_ are_identified_as_a_boy_pirate/。

4 *From Instructions to the Living, from the Condition of the DEAD. A Brief Relation of REMARKABLES in the Ship- wreck of above One Hundred Pirates, Who Were Cast Away in the Ship Whido, on the Coast of New-England, April 26, I7I7*...(Boston: Printed by John Allen, for Nicholas Boone, at the Sign of the Bible in Cornhill, 1717), unpaginated.

5 维达号是一艘奴隶船，由此可以推测贝拉米和他的船员杀害的“囚犯”是被奴役的人。

6 控制心灵。

7 第一次读到这句时，我以为他在诅咒，因为海盗通常有这种行为。但仔细一想，我怀疑“约翰·布朗”是在牙买加出生，曾经遭到奴役。他被判死刑时，可能说的是母语，虽然我们不知道那是什么语言。此处存疑，但有这个可能。

21 威廉·斯内尔格雷夫

1 引自 Snelgrave, Captain William, *A New Account of Some Parts of Guinea and the Slave-Trade* (London, 1734), 196－211。

2 “Sallec”在《牛津英语词典》中没有出现，但回顾该词在 18 世纪和 19 世纪早期其他来源中的用法，应该指的是一艘寻找可以在摩洛哥出售奴隶的奴隶船。

3 根据《牛津英语词典》，“pinnace”借自法语“pinasse”，指的是一种小型轻便的船只，有两根可挂载纵帆（最初为方帆）的桅杆，通常跟随较大的船只，用于传递消息等。这个词在 18 世纪后期逐渐不再使用。

4 “flood tide”指的是涨潮。

22 约翰·厄普顿

1 引自 Hayward, Arthur L., ed., *Lives of the Most Remarkable Criminals Who Have Been Condemned and Executed for Murder, Highway Robberies, Housebreaking, Street Robberies, Coining or Other Offences: From the Year I720 to the Year I735. Collected from Original Papers and Authentic Memoir* (London, 1735; reprint New York: Dodd, Mead, 1927), volume 3。

2 这是一个过时的术语，可能意为“准备好供应”，即准备再次启航。

3 约瑟夫·库珀。1725 年，库珀将自己船上的火药库点燃，引爆自己和船只，逃避被捕和审判。

23 理查德·伦特利

1 引自“理查德·伦特利的临终遗言，伦特利是雄鹰号雪船上的木匠，因海盗和抢劫罪于 1721 年 1 月 11 日被处决，处决地点位于利斯的涨潮线附近”，苏格兰国家图书馆。

2 我不确定这位戴维斯船长是何人。除了豪威尔外，在同一作战区域内至少还有一位（也可能是两位）名叫爱德华·戴维斯的人。

3 根据《牛津英语词典》，此处的“butt”是指“一种用于储存液体的大酒桶，容量通常在 108—140 加仑之间（约 491—637 升），但在早期用法中，其容量通常更小。在后期用法中，也指酒桶的内容物；液体容量单位，相当于半个酒桶的容量”。

4 不确定这是哪个加勒比岛屿。

24 安妮·邦尼与玛丽·里德

1 引自 Anonymous (Captain Charles Johnson), *A General History of the Pyrates*, 157－73。

2 布雷达城，今天的荷兰。

3 “卧床”意味着妻子孕晚期生病，本书编辑认为她可能患有先兆子痫。

4 一种几乎没有价值的硬币。根据《牛津英语词典》的定义："英国的格罗特硬币于1351—1352年间铸造，等于4便士。格罗特和便士之间的比率保持不变，但由于两种硬币逐渐贬值，剩余流通的'老格罗特'估值较高（见b项提到的1465年、1483年以及1552年等例子）。格罗特在1550年后停止流通，且之后不再以此名称铸造。'4便士'（俗称'4便士币'）在1836—1856年间发行（并在1888年后重新发行，用于殖民地流通），偶尔被称为'格罗特'，但该名称既不被官方认可，也不常用。苏格兰的4便士币首次铸造于1358年，在1390年《英格兰法案》中称为'格罗特'（英语－诺曼语中被称为"grote"），这一名称同样见于15世纪的苏格兰。1373年，其价值只有4便士，1390年降到2便士，之后价值进一步下降。格罗特在爱尔兰首次铸造于1460年。"

5 巴哈马拿骚的新普罗维登斯岛，臭名昭著的海盗巢穴。

25 约翰·菲利普斯

1 引自 Dow, George Francis, and John Henry Edmonds, *The Pirates of the New England Coast, I630–I730* (Salem, MA: Marine Research Society, 1923), 310－13。

2 马萨诸塞州海岸的一座岬角，位于波士顿以北，是大部分殖民地渔船的总部。

3 佛罗里达本土最南端，位于大沼泽地地区。

4 迎风使帆船完全停止。

5 原文注释为：Babson，《格洛斯特历史》，第287页。这个说法很可能是正确的，因为波士顿的杰里米亚·邦斯特德在他的日记中这样写道：菲利普斯和布里尔的头被腌制后带到波士顿。——New England Historic and Genealogical Register, vol. 15, p. 201。

26 菲利普·阿什顿

1 From Barnard, John, *Ashton's Memorial: AN HISTORY OF THE Strange Adventures, AND Signal Deliverances, OF Mr. Philip Ashton, Who, after he had made his Escape from the PIRATES, liv'd alone on a Desolate Island for about Sixteen Months, & c* (Boston,1725).

2 喝醉的状态下。

3 加拿大纽芬兰。

4 可能是指玫瑰号尖尾帆船，这艘船因疏忽而沉没，当时船员没有关好炮口。

5 捕鸟。

6 特洛伊战争的典故，指赫克托尔因傲慢而在与阿基琉斯的战斗中丧命。

7 最高的帆，位于最高的桅杆上。

8 另一个航海难题。它们正好位于托巴哥港外，但风力如此微弱，船只的航速无法超过水流的速度。

9 今洪都拉斯乌提拉岛。

10 Ozenbrig 是一种粗糙耐用的棉布，类似于麻布，用于 18 世纪工人和奴隶的衣物。

27 威廉·弗莱

1 出自 Mather, Cotton, *The Vial Poured Out Upon the Sea: A Remarkable Relation of Certain Pirates*... (Boston, 1726) 以及 *The Tryals of Sixteen Persons for Piracy &c* (Boston, 1726)。

2 “Sheets”是控制船帆形状和方向的绳索。主帆的绳索称为主缆。

3 很可能是指卷锚机，一种大型齿轮装置，位于船头，用于卷起锚链。

4 使船体破裂或造成船只漏水。

5 根据《牛津英语词典》：“是指潇洒、自由、随和的家伙，好人；‘fellow’通常带有褒义，有时也指带有善意的轻蔑。”最初的意义难以捉摸：贝利于 1730 年提到：“一个英雄，一个强大的战士，一个花花公子。”约翰逊则认为：“一个活跃的人，可能既冲动又轻浮，带有轻蔑之意。”现为口语或俚语，主要用于对 18 世纪的怀旧。

6 比尔泽布（Beelzebub），即魔鬼。

28 范妮·坎贝尔

1 引自 Ballou, Maturin Murray, *Fanny Campbell, the Female Pirate Captain: A Tale of the Revolution* (New York: E. D. Long and Co, 1844), https://www.gutenberg.org/cache/epub /47430/pg47430-images.html。

2 自由树，实际上是一棵生长在波士顿公园附近的大榆树，曾作为早期的集会地点和反对印花税法案的抗议场所，后来成为美国革命的象征，最终成为一面旗帜，通常与口号“上天在召唤”搭配使用，用于乔治·华盛顿的护卫舰。后来，自由树的形象被抽象为松树，实际上这面旗帜是美国海军的第一面旗帜。

29 何塞·加斯帕（绰号：加斯帕里拉）

1 引自 Bradlee, Francis B. C., *Piracy in the West Indies and Its Suppression* (Salem, MA: Essex Institute, 1923), 53－56。

2 Davis, William C., *The Pirates Laffite: The Treacherous World of the Corsairs of the Gulf* (Orlando, FL: Houghton Miffl inHarcourt, 2005), 449.

3 海龟湾和夏洛特港位于今佛罗里达州迈尔斯堡西北，加斯帕里拉州立公园位于博卡格兰德最南端，与卡约科斯塔隔着一条小海峡。

4 关于佛罗里达州原住民土丘文化的更多信息，参阅 Edic, Robert F., “Aboriginal Occupation of Gasparilla Island,” *Maritime Archaeology of Lemon Bay, Florida*, no. 14 (Spring 1999), https://bocagrandehistoricalsociety.com/wp-content/uploads / 2017/ 04 / 2.2-Aboriginal- Occupation- of- Gasparilla-Island2.pdf。

5 皮埃尔是臭名昭著的巴拉塔里亚走私者让·拉菲特的兄弟（其姓氏有多种拼写方式，但历史学家普遍接受的是两个“F”和一个“T”），让·拉菲特最初以新奥尔良为基地，在美国参加新奥尔良战役后获得特赦，他在得克萨斯加尔维斯顿岛的事迹是本书第三部分的开端。皮埃尔更像商人，让则更像船长，有时两者会被混淆。

6 佛罗里达州迈尔斯堡以南，位于万岛国家野生动物保护区的一个小岛屿。

7 位于迈尔斯堡附近，与博卡格兰德位于同一外港群岛。

第三部分　海盗的消退（19 世纪）

30　第一次巴巴里战争

1　引自 McClure, James P., and J. Jefferson Looney, *The Papers of Thomas Jefferson Digital Edition* (Charlottesville: University of Virginia Press, Rotunda, 2008 – 2022)，访问日期：2022 年 12 月 7 日，https://rotunda-up-ress-virginia edu.proxy.library.cornell.edu/founders/TSJN-01-08-02-0339。原始来源：Main Series, Volume 8 (25 February – 31 October 1785)。

2　引自 McClure and Looney, *The Papers of Thomas Jefferson*。原始来源：Main Series, Volume 18 (4 November 1790 – 24 January 1791)。

3　Sterret, Andrew, "Sterret's Sea Fight."

31　郑一嫂

1　Antony, Robert J., *The Golden Age of Piracy in China, 1520– 1810: A Short History with Documents* (Lanham, MD: Rowman and Littlefield, 2022), 34.

2　根据《牛津英语词典》，这是一个古老的苏格兰词，指"劫匪"。

3　引自 Neumann, Charles Fried, *History of the Pirates who Infested the China Sea from 1807 to 1810* (London: Printed for the Oriental Translation Fund, 1831), 97 – 104。

4　根据《牛津英语词典》，除了通常所指的信件或书信小包裹外，"packet"在口语中（尤其是在英国）也指"一大笔钱"。

5　根据《牛津英语词典》，指"为商人提供贸易服务的机构，尤其是在外国；商会贸易站；贸易站，已成为历史性用法"。

6　根据《牛津英语词典》，"comprador（买办）"指的是"过去在印度和东方由欧洲人雇用的本地仆人，负责购买日常必需品，管理家庭账务，类似于管家"。

7　根据《牛津英语词典》，这是一个用于中国贸易的术语，"在印度、中国等地，指的是印章或印记、官方印章或印记"。

8　航海术语。"roads"指的是一片水域，通常不会受到潮流、大潮或涌浪的影响，船只可以在此锚泊，不用担心被潮流带走。

9 大概指大船已经离开，他们正在尝试用小艇追赶。

10 船缆的长度，大约是600英尺。1海里等于10个缆绳长度。1节等于每小时1海里。所以他们离船很近，但随后大船改变了航向，即通过调整船头方向在风中行驶。

11 航海术语，意思是他们调整船帆，使船能够尽量靠近风源航行或逆风行驶。现在更常见的术语是“逆风航行”。

12 他们正在尝试逆风航行，但由于潮汐和涌浪，他们正在向后退。他们拆下船桅，改用划桨来追赶，但没有追上。

13 一艘自己国家的船，船上悬挂着英国国旗，他们知道这艘船是友船。

14 “背风岸”指的是风吹来的方向一侧的海岸。如果风和潮流将一艘帆船推向岸边，而这艘船没有足够的“避风空间”，那么它可能会被推上岸。帆船不能直接迎风航行，最好是与风呈45度角航行，而只有性能良好的船只才能做到这一点。方帆船的指向性较差。此文作者的船很可能是前后帆装式，意味着它挂载的是类似现代帆船的三角帆，比起他们追赶的船，这艘船的逆风行驶性能更佳。即使是能够尽量与风源保持较小角度航行的船，也可能被风浪推到背风岸。

15 在大风天气下，船只可能受到风力过大的影响，最糟糕时可能发生侧翻，最好的情况则是航速降低。缩帆指的是减少可用的帆面积。在强风下，缩帆的船只会比满帆的船更容易操控，且航速更快、更安全。

16 “tacking”指的是使船头穿过风，基本上是指他整夜在风中来回调整航向，不停地调整船头以保持船只不动，这无疑是非常耗费体力的工作。

17 “迎风侧”即“逆风侧”，指的是风吹来的方向，所以此文作者说的“迎风侧”是指风吹来的方向一侧的陆地，他仍然在试图避免船只被推向背风岸。

18 调整航向，更接近风源。

19 目前尚不清楚格拉斯普尔的位置，我也未能确认他提供的航海线索的现代名称。然而，似乎他当时航行的区域位于今天香港的东南方向，而香港与现代澳门通过多个大小岛屿相连。他可能被困在现代的探索湾（Discovery Bay）。

20 由于帆船无法直接迎风航行，格拉斯普尔试图通过划船向红旗海盗船队无法航行的方向逃跑。

21 我猜测他们已到达珠江口，即今天香港东南侧。

22 根据《牛津英语词典》，指一种在东南亚使用的帆船类型，通常配有完全加固的梯形帆。现在主要指中国和日本的此类船只，早期还包括爪哇、马来群岛和南印度的船只。

32　让·拉菲特

1　引自 Bradlee, *Piracy*, 17－20。

2　引自 Ellms, *Pirates Own Book*, 81－85。

3　萨宾河划分了得克萨斯州和路易斯安那州的界限。

4　这时的得克萨斯显然还不是共和国，而是西属墨西哥的一部分，墨西哥当时在争取独立，但未完全取得成功。得克萨斯于 1836 年成为共和国，但十分短命。

5　拉菲特的主张是站不住脚的谎言，他手中的墨西哥政府授权书是伪造的，因此他的行为实际上是海盗行为，虽然表面上看似合法。

6　“bayou”是路易斯安那州和得克萨斯州东部的小水道，类似于小溪。圣约翰湾流从庞恰特雷恩湖流入新奥尔良的圣约翰区。

7　控制战斗的局势。可参考电影《怒海争锋》（*Master and Commander: The Far Side of the World*，2003）当中一幕精彩的场景。

8　“brigantine”是一种双桅帆船，前桅装有方形帆，主桅配有纵帆，有时也被称为“雌雄同体帆船”。相比之下，普通双桅帆船通常两个桅杆上都装的是方形帆。

33　简号纵帆船

1　引自 Stuart, Alexander, *Report of the Trial of Peter Heaman and Francois Gautiez or Gautier, for the Crimes of Piracy and Murder: Before the High Court of Admiralty, Held at Edinburgh on the 26th and 27th of November 1821* (Edinburgh: Charles Guthrie, 1821)。

2　根据《牛津英语词典》：“一种双桅帆船，像大船的前桅和主桅一样配有方形帆，但主桅还配有一块附有斜桁和横桁的纵帆。双桅横帆船与雪船的不同之处在于没有备帆桅，而是通过降低横桁来收起帆布。商用雪船常被称作‘brig’。这种船可能是由用于战争的双桅帆船改进而来，目的是实现更强大的风帆能力。”

3 根据《牛津英语词典》：“在苏格兰法律中特指作为诉讼一方亲自‘出庭’或通过代理律师出庭。”

4 这是我找到的第一则提及埋藏宝藏的例子。

5 这种帆装的另一种叫法是“雌雄同体式帆装”。

6 根据《牛津英语词典》，是指“特定容量的大容器，用于储存固体或液体，如肉类、鱼类或油类。现特指用于储存葡萄酒或苹果酒的大桶”。

7 这是我找到的第一份提到海盗走跳板的实际原始资料。

8 “marlinspike（绳针）”是一种长而尖的金属刀具，用于松开绳结。即使在今天，绳针仍然是航海刀或索具刀的标准配件。

9 根据《牛津英语词典》：“封建社会法律中的‘意外事件’是指租户死后，如果未留下合格继承人，封地将归还给领主。因此，土地在没有继承人的情况下将归国王（在美国归国家）或领主所有。”根据“血统玷污”原则（参阅“attainder（褫夺公民权利）”），被褫夺公民权利的人不能拥有合法继承人，其财产将归还国王。这种“因血统玷污而导致财产归还国王”的情况理论上不同于叛国和重罪导致的“没收”，并且随着 1836 年《重罪法案》（*Felony Act*）的出台而被废除。

34 多佛号

1 根据《牛津英语词典》，是指“西印度群岛沿海的船只，后来被用来指其他缓慢笨重的沿海船只”。

2 引自 Bradlee，*Piracy in the West Indies*, 32。

35 鼠海豚号

1 引自 Bradlee，*Piracy in the West Indies*, 15-17。

36 鳄鱼号

1 引自 Bradlee，*Piracy in the West Indies*, 30-31。

2 桨。

企鹅海盗史

37 贝尔维德号

1 路易斯安那州的海关入境点，位于墨西哥湾沿岸，通向一系列长沼和密西西比河支流，用于运送货物至新奥尔良。

2 引自 Bradlee，*Piracy in the West Indies*, 2-3。

3 上吊后再将其取下。

4 根据《牛津英语词典》：“一种装备有 74 门炮的军舰，现已不再使用。”

5 历史术语，如今叫作“左舷”，指的是站在船尾面朝船头时，船的左侧。

6 纵帆船通常有两根桅杆和多片帆，包括像船首三角帆和斜桅帆这样的多片前桅大帆。使用主帆和前帆意味着它们故意以非常小的帆面积航行，因此航速较慢。

7 根据《牛津英语词典》，是指“通过拉索将帆收紧”。

8 这里可能涉及更多的帆装细节，拉姆森将这些细节记录在航海日志中，而日志主要关注帆装的调整和天气。快速跨越大西洋的伟大快船时代（一些速度纪录直到最近才被打破）还要等 20 年才会到来，但船长们希望尽可能实现最快航速。

9 他已经把船调整到尽可能接近风源的角度，目的是达到最快航速。

10 根据《牛津英语词典》，是指“一种短管大口径火炮，能发射多颗弹丸或子弹，在一定范围内可以造成破坏，但无法精确瞄准（现已被其他火器取代）”。

11 根据《牛津英语词典》，是指“海上术语，通常为复数形式。船舷上的开口，与甲板平行，用于让水流出”。

12 升降帆的绳索。

38 玛丽号

1 引自 Bradlee，*Piracy in the West Indies*, 23-29。

2 是不是有点像黑胡子？有关海盗的一些刻板印象就是这样形成的。

3 发射失败。

4 他打扮得太讲究，无法送进地狱。

5 让我看看还有什么宝贝！

6 那是一艘船！

39 新普里西拉号

1 引自 Bradlee，*Piracy in the West Indies*, 6-7。

2 如今是皮博迪·埃塞克斯博物馆的外墙。

40 友谊号

1 塞勒姆友谊号，国家公园管理局，访问日期：2022 年 12 月 8 日，https://www.nps.gov/places/friendship-of-salem.htm。

2 引自 Ellms, *Pirates Own Book*, 226-30。

3 根据《牛津英语词典》：“海上术语。船只前部短小而凸起的甲板，早期像城堡一样耸起，以便观察敌船甲板上的情况。现已废弃，仅在古代或历史背景下使用。”

4 根据《牛津英语词典》：是指“一种绳索，用于将船首斜桅拉下，保持其稳定；用来抵消前桅的张力，防止其向上推。” Falconer Dict. Marine (1769)。

5 根据《牛津英语词典》：“马来弯刀，刀身呈波浪形。”

6 根据《牛津英语词典》：“主要是海上术语。向后；向后方。”

7 根据《牛津英语词典》：“一种牢固安装在船只甲板上的强大支柱，成对放置，用于系缆、系索等；通常以复数形式使用。主支柱为停泊支柱，用于船只锚泊时系缆；其他支柱包括前帆缆支柱、绳索支柱、卷锚机支柱等。也可以作为形容词，如支柱头、支柱销。”

8 根据《牛津英语词典》：“海上术语。绳索打结或折叠的部分，特别是用于区分绳索的主体与两端；绳索中的一个圈。”

9 根据《牛津英语词典》，“海上术语。基于轮轴原理的机械装置，水平轴运作（与垂直运作的卷锚机不同），由滚轮或横梁支撑，横梁支撑在支架上，绳索或链条从上面绕过；用于船上各种用途，尤其是起锚或拉动重物时，也可以用于在矿井口拉起煤炭或其他矿物，或从井中提起水桶。”

10 根据《牛津英语词典》：“最初主要是海上术语，指的是结绳时，绳索等部分通过另一段绳索的交叠部分。”他们基本上抬起了锚，但没有把缆绳缠得足够紧，也没有系牢，因此锚再次快速掉落，把系在上面的绳索缠成了结，导致锚失去作用且悬挂在船头，使得危险性增加。

11 根据《牛津英语词典》：“指的是船头部分切割出来供绳索通过的船孔；有时也指这些船孔本身。”

12 这段描述表明，那些宣称袭击友谊号的“海盗”，其实是像巴尔巴里海岸海盗一样依照当地领导人或军阀指令行事的人，他们这样做是为了征收贡品，而不是叛乱。

41 墨西哥号

1 几乎可以确定是一个奴隶市场。

2 引自 Bradlee，*Piracy in the West Indies*, 7-8。

42 阿米斯塔德号

1 约翰·昆西·亚当斯在美国最高法院针对美国、上诉方与辛库德及其他非洲人案件的辩论，案件涉及吉德尼中尉在阿米斯塔德号抓获的奴隶，辩论于 1825 年 2 月 16 日以及 3 月 1 日进行。

2 引自 *Argument of John Quincy Adams*....(New York: S. W. Benedict, 128 Fulton Street, 1841)。

3 根据《牛津英语词典》：“最初指的是简陋的兵营、棚屋或围栏，（最初）用于黑人奴隶、囚犯等的临时关押。该词也有比喻意义。”

附录 流行文化中的海盗故事

1 甚至还有木偶版，不过我不是很推荐。

43　约翰·西尔弗

1　巴塞洛缪·罗伯茨。

2　爱德华·英格兰。

3　可能是指豪威尔·戴维斯。

4　“出海做生意”是海盗术语，意思是干海盗营生。

5　根据《牛津英语词典》：“最初是海员俚语，指的是一种煮或蒸的甜点布丁，通常包含水果，且做成袋状”。史蒂文森犯了一个常见错误，他使用了听起来合适但不符合历史背景的俚语。这个“布丁”术语源于19世纪初，而非18世纪。

6　根据《牛津英语词典》：“最初指的是一种小船，用于将补给送到停泊在港口的船只，或将船只的垃圾搬走；（从19世纪起）指的是一种小型商船，运送食物到停泊的船只，后来在新加坡等地也用于在船只与岸之间运送货物”。

7　水手如能熟练收帆、缩帆和掌舵即可视为能手，但领航是一种完全不同的技能。大多数海上社区都有航海学校，教授必要的数学知识和计算方法，以便在海上领航。

44　詹姆斯·虎克

1　很可能以威廉·基德命名。

2　可能是指约翰·西尔弗，正如前一章提到的，他的绰号是“烤肉”。

3　像斯蒂德·邦尼特一样的绅士海盗。“公立学校”在英国等同于美国的私立学校。

4　可能是指公立学校中的“学院”，类似霍格沃茨的格兰芬多。

5　根据《牛津英语词典》，是指“一种紧身衣，带或不带袖子，14—18世纪的男子常穿（很少用于指代女性穿着的类似衣物）”。已过时，仅作为历史术语使用。类似于背心，穿在衬衫和外套之间。

6　根据《牛津英语词典》：“位于伊顿公学，最初是社交俱乐部和辩论社，成立于1811年；现在是该校的学监团体”。伊顿公学是英国最著名的公立学校之一，是牛津大学和剑桥大学的生源学校之一。霍克很可能曾就读于伊顿公学。

7　唉，真是如此。

8　约翰之前想当海盗，而不是写数学作业。

9　温蒂当然是达林家族的孩子，但到了故事这一阶段，她已经自封为所有迷失男孩的母亲。

10　根据《牛津英语词典》，是指“衣物袖口的褶边或装饰”。

Suggestions for Further Reading

延伸阅读

1. Antony, Robert J. *Pirates in the Age of Sail*. New York: W. W. Norton & Co., 2007.

2. Bassi, Ernesto. *An Aqueous Territory: Sailor Geographies* and New Granada's Transimpe*rial Greater Caribbean World*. Durham, NC: Duke University Press, 2016.

3. Bentley, Jerry H., Renate Bridenthal, and Kären Wigen, eds. *Seascapes: Maritime Histories, Littoral Cultures, and Transoceanic Exchanges*. Honolulu, HI: University of Hawaii Press, 2007.

4. Bolster, W. Jeffrey. *Black Jacks: African American Seamen in the Age of Sail*. Cambridge, MA: Harvard University Press, 1997.

5. Burgess, Douglas R. *The Pirates' Pact: The Secret Alliances Between History's Most Notorious Buccaneers and Colonial America*. New York: McGraw Hill, 2009.

6. Chambers, Anne. *Grace O'Malley: The Biography of Ireland's Pirate Queen 1530 –1603*. Dublin: Gill Books, 2019.

7. Clifford, Barry. *The Lost Fleet: The Discovery of a Sunken Armada from the Golden Age of*

Piracy. New York: William Morrow, 2002.

8. Clifford, Barry, and Paul Perry. *Expedition Whydah: The Story of the World's First Excavation of a Pirate Treasure Ship and the Man Who Found Her*. New York: Cliff Street Books, 1999.

9. Cordingly, David. *Seafaring Women: Adventures of Pirate Queens, Female Stowaways, and Sailors' Wives*. New York: Random House, 2001 and 2007.

10.Cordingly, David. *Under the Black Flag: The Romance and the Reality of Life among the Pirates*. New York: Random House, 1995.

11.Creighton, Margaret S., and Lisa Norling, eds. *Iron Men, Wooden Women: Gender and Seafaring in the Atlantic World, 1700–1920*. Baltimore, MD: Johns Hopkins University Press, 1996.

12. Davis, William C. *The Pirates Laffite: The Treacherous World of the Corsairs of the Gulf.* Orlando, FL: Harcourt, 2005.

13. Dolin, Eric Jay. *Black Flags, Blue Waters: The Epic History of America's Most Notorious Pirates*. New York: Liveright, 2018.

14. Dow, George Francis, and John Henry Edmonds. *The Pirates of the New England Coast, 1630 –1730*. New York: Dover Publications, 1996.

15. Duncombe, Laura Sook. *Pirate Women: The Princesses, Prostitutes, and Privateers Who Ruled the Seven Seas*. Chicago: Chicago Review Press, 2019.

16. Ellms, Charles. *The Pirates Own Book: Authentic Narratives of the Most Celebrated Sea Robbers*. New York: Dover Publications, 1993, Facsimile of Marine Research Society Edition of 1924.

17. Exquemelin, Alexander O. *The Buccaneers of America*. Mineola, NY: Dover Publications, 2000.

18. Flemming, Gregory N. *At the Point of a Cutlass: The Pirate*

Capture, Bold Escape, and Lonely Exile of Philip Ashton. Lebanon, NH: ForeEdge Press, 2014.

19. Geanacopoulos, Daphne Palmer. *The Pirate Next Door: The Untold Story of Eighteenth Century Pirates' Wives, Families and Communities*. Durham, NC: Carolina Academic Press, 2017.

20. Graeber, David. *Pirate Enlightenment, or the Real Libertalia*. New York: Farrar, Straus and Giroux, 2023.

21. Hanna, Mark G. *Pirate Nests and the Rise of the British Empire, 1570–1740*. Chapel Hill, NC: University of North Carolina Press, 2015.

22. Howe, Katherine. *A True Account: Hannah Masury's Sojourn Amongst the Pyrates, Written by Herself*. New York: Henry Holt & Company, 2023.

23. Johnson, Charles. Sometimes credited as Daniel Defoe. *A General History of the Pyrates, from Their First Rise and Settlement in the Island of Providence, to the Present Time.* Mineola, NY: Dover Publications, 1999.

24. Johnson, Steven. *Enemy of All Mankind: A True Story of Piracy, Power, and History's First Global Manhunt*. New York: Riverhead, 2020.

25. Kilmeade, Brian, and Don Yaeger. *Thomas Jefferson and the Tripoli Pirates: The Forgotten War That Changed American History*. New York: Sentinel, 2015.

26. Konstam, Angus. *Blackbeard: America's Most Notorious Pirate.* Hoboken, NJ: John Wiley & Sons, 2006.

27. Kritzler, Edward. *Jewish Pirates of the Caribbean: How a Generation of Swashbuckling Jews Carved Out an Empire in the New World in Their Quest for Treasure, Religious Freedomv and Revenge*. New York: Doubleday, 2008.

28. McDonald, Kevin P. *Pirates, Merchants, Settlers, and Slaves: Colonial America and the Indo-Atlantic World*. Oakland, CA: University of California Press,

2015.

29. Orihuela, Sharada Balachandran. *Fugitives, Smugglers, and Thieves: Piracy and Personhood in American Literature*. Chapel Hill, NC: University of North Carolina Press, 2018.

30. Pennell, C. R., ed. *Bandits at Sea: A Pirates Reader*. New York: New York University Press, 2001.

31. Rediker, Marcus. *Villains of All Nations: Atlantic Pirates in the Golden Age*. Boston: Beacon Press, 2004.

32. Skowronek, Russell K., and Charles R. Ewen, eds. *X Marks the Spot: The Archaeology of Piracy*. Gainesville, FL: University Press of Florida, 2006.

33. Snelders, Stephan. *The Devil's Anarchy: The Sea Robberies of the Most Famous Pirate Claes G. Compaen & the Very Remarkable Travels of Jan Erasmus Reyning, Buccaneer*. Brooklyn, NY: Autonomedia, 2014.

34. Wilson, Peter Lamborn. *Pirate Utopias: Moorish Corsairs & European Renegadoes*. Brooklyn, NY: Autonomedia, 1995 and 2003.

Index

索引